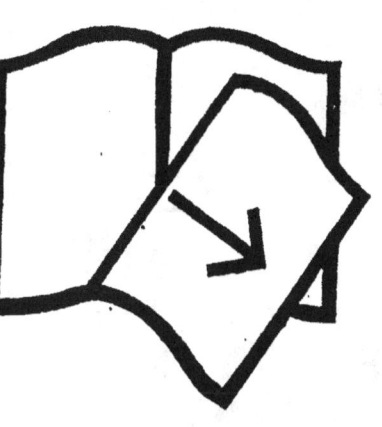

Couverture inférieure manquante

Original en couleur
NF Z 43-120-8

N° 45　　　　　　　　　　　　　　10 centimes

32 PAGES

LES GRANDS ROMANCIERS FRANÇAIS

JULES LERMINA : REINE

L. BOULANGER, éditeur, 90, Boulevard Montparnasse, PARIS

REINE

Paris. — Imp. PAUL DUPONT, 4, rue du Bouloi (Cl.) 3.97

JULES LERMINA

Reine

ROMAN HISTORIQUE

PARIS

L. BOULANGER, ÉDITEUR

90, BOULEVARD MONTPARNASSE

1897

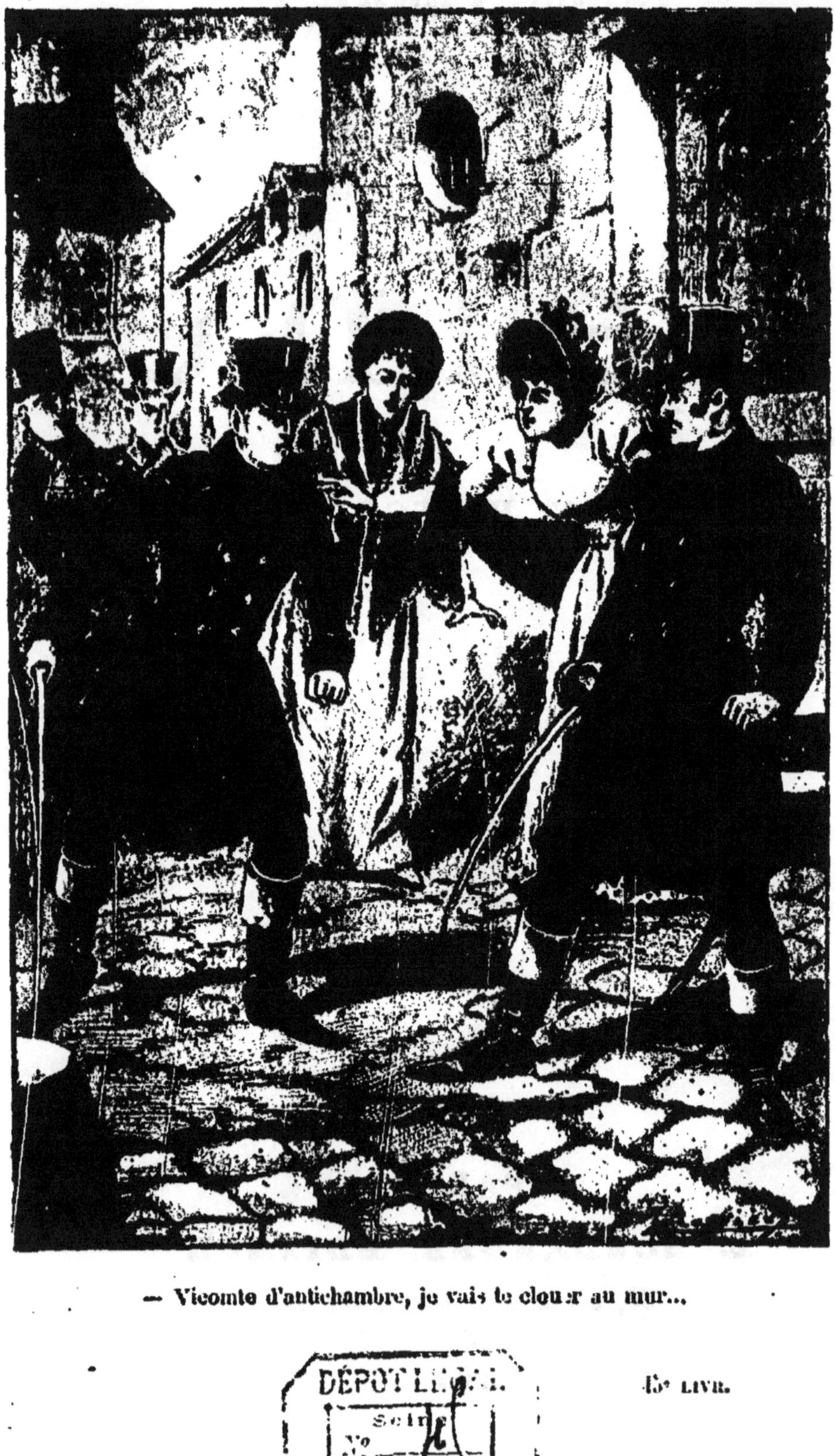

— Vicomte d'antichambre, je vais te clouer au mur...

15ᵉ LIVR.

REINE

PAR

JULES LERMINA

I

Il deviendra bientôt plus facile de reconstituer l'antique cité des Pharaons ou les capitales des anciens Celtes que de donner aux Parisiens d'aujourd'hui une idée exacte de ce qu'était leur ville, telle que l'habitaient nos pères de 1815.

Le Paris du commencement du siècle était vieux comme la société que la Révolution avait balayée, vieux comme les préjugés ; il avait contracté toutes les maladies : engorgement des poumons, hypertrophie du cœur, cancer de l'estomac. Si le cerveau restait sain, la vie ne circulait plus qu'avec difficulté dans ses veines, où l'embolie était à l'état chronique ; grâce aux opérations miraculeuses de la chirurgie civilisatrice, aujourd'hui l'air et la lumière ont pénétré dans ce corps que menaçaient, non l'anémie, mais la pléthore, l'apoplexie.

Avenues, quais, places, squares, autant de soupapes ouvertes à cette activité, jusque-là comprimée, qui se heurtait, grondait, escaladait et retombait, vague vaincue, mais non domptée, sûre de la victoire finale.

Nos enfants, qui n'ont même pas connu le Paris de 1848, ne le peuvent imaginer différent, sauf quelques nuances, de ce qu'il est aujourd'hui.

En 1815, voici : les grandes voies s'appellent rue Saint-Honoré, rue Saint-Denis, rue Neuve-des-Petits-Champs. La rue de Rivoli s'arrête à la place du Palais-Royal, qu'encombre la fontaine du Château-d'Eau.

Dans le périmètre que bornent, au nord et à l'est, les boulevards, la rue du Temple, à l'ouest la butte des Moulins, fangeuse et honteuse, au sud les quais, trempant leurs pieds dans la Seine boueuse, l'enchevêtrement est formidable.

Les rues Chausseterie, Poterie, Friperie, Grognerie, Cordonnerie, Trousse-Vache enserrent la Halle et l'étranglent.

Du quai de Gesvres à la porte Saint-Martin la place aux Veaux, les rues Brise-Miche, du Poirier, Beaubourg, Transnonnain, Frépillon, Lacroix, on ne respire qu'à la rue Meslay.

La rue de Provence s'achève en rue de l'Égout, la rue Saint-Lazare se noie dans la Pologne, ses culs-de-sacs et ses guinguettes.

Le centre du Paris disputeur, bravache, impertinent, c'est le Palais-Royal avec sa Rotonde, où les curieux, pour deux sous, lisent les journaux du jour; avec son café de Chartres, où naguère les cocardes vertes et les cocardes blanches — Montagne et Gironde — ont lutté jusqu'à la mort et où maintenant les coquilles aux champignons — mets exquis — enlèvent au café Hardy la clientèle des gourmets fatigués des rognons qui firent fureur; avec son café Lemblin, rendez-vous des bonapartistes purs, ses maisons de jeu qui puent l'or et la débauche, son magasin du Bras-d'Or, première maison de confections pour hommes qui ait réalisé la transformation instantanée du paysan en dandy; avec ses galeries de bois où l'on vend de tout, même des modes; avec ses frères Provençaux où les heureux du jour dépensent jusqu'à deux louis — 40 francs!! — pour leur dîner.

Au delà des boulevards, les Porcherons, Coquenard, la Nouvelle-France, Saint-Laurent, les faubourgs entassés, encombrés, venant, en terrains déserts, mourir au pied de l'enceinte, mur noir.

Sur la rive gauche, nous avons connu la rue de La Harpe, serpentant, dans la boue, entre les ruines de d'Harcourt et les murs sombres de Saint-Louis. Sur les plans de 1815, vaniteux et menteurs, Saint-Jacques se détache en une ligne blanche : grande voie ! Du faubourg Saint-Germain, bien délimité par les rues de Seine, de Tournon et du Luxembourg, s'étendent jusqu'à la Bièvre, labyrinthe grumeleux comme un nid de chenilles, les ruelles du Champ-de-l'Alouette, de Croulebarbe, jusqu'à l'hospice des Capucines, cloaque le jour, coupe-gorges la nuit. Le Panthéon semble porté par un animal aux tentacules enchevêtrées.

Parlerons-nous de la Cité et de ses bouges, Draperie, Calandre, Fèves, Marmousets, de l'île Saint-Louis, de l'île Louviers, qui est un désert mal famé.

Paris luxe, espace et lumière, ne commence qu'aux Tuileries et, repoussé par le faubourg Saint-Honoré, se rejette sur les Champs-Élysées, pour se heurter à Chaillot, la ville des chiffonniers. Le Carrousel est mangé par la vermine des baraques, sentines de bas commerce, où l'on vend des perroquets, des médailles, des bouquins, des crocodiles empaillés et de la ferraille, par les hôtels borgnes et les bureaux de gondoles, coucous et tape-culs.

Cherchez Saint-Germain-des-Prés, ce bijou ; Saint-Germain l'Auxerrois, ce souvenir ; Notre-Dame, cette gloire ! Tout cela disparaît, immergé dans un enlisement de choses sales.

Donc, comblez les boulevards de Strasbourg et de Sébastopol, les rues de Rivoli, du Quatre-Septembre, de l'Opéra, réduisez les grands boulevards de l'épaisseur des anciens remparts, fermez les rues Lafayette, Maubeuge, Dunkerque, les avenues Saint-Michel, Saint-Germain, effacez à l'encre noire tout ce qui est lumineux. Partout où il y a de l'espace, entassez les maisons disparates, les masures botteuses, les taudis clopinants... c'est Paris en 1815...

Et pourtant ce Paris-là, qui de loin nous paraît si noir, était dès lors et depuis longtemps la lumière du monde. De quelque capitale que l'on vînt, on se sentait, à l'entrée dans Paris, enveloppé d'une atmosphère chaude, effluve d'efforts et de pensées, pénétré par cette vitalité intense, par cette force génératrice qui contient tous les germes de l'avenir.

Un coin de la ville a, plus que tout autre, perdu son originalité d'antan — non regrettable d'ailleurs.

Entre les rues Feydeau et de la Loi — *id est* Richelieu — jusqu'à la rue Montmartre, pas d'autre communication que des sentiers noirâtres ménagés entre les palissades et les échafaudages abandonnés, autour desquels s'enroule une végétation parasite, dernière poussée du parc qui enveloppait le couvent des Filles-Saint-Thomas.

Commencés en 1809, les travaux de construction de la Bourse ont été délaissés, pour n'être plus achevés que onze ans plus tard. La rue Vivienne se casse à l'angle du bâtiment projeté. Entre les maisons se faufilent des ruelles sans nom qui, à travers des cours, faisant leur trouée finalement aboutissent dans la rue Notre-Dame-des-Victoires, étroite, sombre, et pourtant d'une animation formidable.

Chevaux piaffants, colliers sonnants, postillons jurants, cornets glapissants, cohue de gens et de bêtes, croisement de caisses et de brouettes, heurtement de roues aux bornes d'encoignures, cris d'appel ou de protestation, querelles ici, embrassades là, des: « Gare! gare! » éclatant avec des déchirements de fanfares, désordre bruyant, cliquetis de cris et de ferrailles, ainsi se résumait, en 1815, le Paris voyageur, dans ce centre unique de la cour des Messageries, béante sur la rue Notre-Dame-des-Victoires, qui s'allongeait alors sans interruption de la place des Petits-Pères à la rue Montmartre.

On était au 31 mai de cette année qui avait vu la fin piteuse de la première Restauration et l'étonnant retour de l'île d'Elbe, et, depuis la veille, l'animation prenait un caractère exceptionnel.

C'était le lendemain, 1er juin, que devait avoir lieu la cérémonie du Champ de Mai, la proclamation du plébiscite qui consacrait encore une fois l'autorité impériale, et aussi la distribution des aigles aux troupes sur le point de partir pour la frontière.

Une marée de voyageurs, venus des quatre coins de la province, affluait, s'épandait dans les bureaux, dans les cours des Messageries, se heurtant, aux chevaux, aux postillons enrubannés dont les lourdes bottes sonnaient sur le pavé.

A quelques pas de là s'ouvrait un établissement de vieille renommée, le café Loriot, salle d'attente des voyageurs fatigués de faire le pied de grue dans la vaste cour, clientèle de passants toujours renouvelée.

La rue, en ce jour béni des Loriot, était trop étroite pour la théorie de passants qui nécessairement refluaient chez eux. La chaleur orageuse pesait sur les faces luisantes, hommes et malles s'écroulaient sur les bancs encombrés.

La porte s'ouvrit, un homme parut sur le seuil et délibérément entra.

De très haute taille, les épaules saillant sous un manteau peut-être un peu lourd pour la saison, le visage à demi couvert d'un feutre rabattu, l'arrivant, avec l'aisance d'un homme qui partout est chez lui, passa droit entre les rangées de bancs et s'approchant du comptoir où trônait la belle Mme Loriot :

— La malle d'Angers est-elle arrivée ? demanda-t-il, d'une voix de basse profonde.

— Pas encore, répondit la limonadière, qui était un horaire vivant. Vous avez trente-cinq minutes à attendre.

— Merci, j'attendrai.

— A votre aise.

Il ne semblait pas que l'inconnu eût besoin de cette autorisation, car déjà, s'étant retourné, il avait avisé un coin libre, au bout d'une table, il était venu s'asseoir.

Puis de cette même voix quelque peu rogommeuse :

— De l'eau-de-vie ! dit-il.

Et comme M. Loriot plaçait devant lui, avec un des petits verres en question, un flacon microscopique dont les divisions rentraient dans les fantaisies du calcul infinitésimal :

— Un grand verre et une bouteille, reprit-il, sans colère d'ailleurs et comme s'il excusait cette méprise.

On le regardait beaucoup, ce dont il semblait d'ailleurs fort peu se soucier ; il avait rejeté son manteau sur le dossier de la chaise et était apparu, vêtu d'une casaque de drap brun, sous une redingote longue, retenue au cou par un seul bouton, et dont l'ouverture large laissait voir une ceinture de cuir, ornée d'un couteau qui ne ressemblait en rien à un poignard de comédie. Au flanc une épée. Il avait étendu ses jambes, chaussées de bottes à éperons courts, avait étiré ses bras où les muscles faisaient cordes sous l'étoffe.

Puis comme si, comédien émérite, il eût ménagé ses effets, il avait, d'un geste rond, enlevé son chapeau, montrant une face large, tannée au nez vigoureusement busqué, à narines d'étalon, aux lèvres rouges et charnues, éclairée de deux yeux impudents dont l'audace diogénesque s'augmentait encore du désordre d'une chevelure noire, grisonnante, embroussaillée, dont un Samson eût été fier...

Sans parler d'une cicatrice qui coupait un des sourcils, comme un sentier taillé à la hache dans un buisson.

Reître d'un Barberousse, condottiere d'un Sforza, il y avait de tout en lui, sauf de l'honnête homme.

Et cependant, sur ce visage que les fatigues ou les débauches avaient flétri, était appliqué comme un sceau indélébile de grandeur farouche, de sauvagerie superbe.

La bouteille diminuait, sans qu'une rougeur parût à ses pommettes. Pour boire, il relevait ses longues moustaches d'un geste presque élégant.

Soudain on entendit au dehors un grand bruit, des coups de clairon, des acclamations.

Tout le monde se dressa et courut à la porte.

Une bande d'hommes, à costumes disparates, depuis la redingote serrée au torse, jusqu'à la blouse bleue, s'était enfilée dans la rue étroite et maintenant faisait halte devant la cour des Messageries.

— Qu'est-ce que c'est que cela ? demanda une voix.
— Fédérés du Mans, répondit une voix.

Le vaillant personnage, qui absorbait si héroïquement la dure eau-de-vie du café Loriot, était venu dresser sa haute taille contre le chambranle de la porte, regardant cette foule avec un sourire de goguenardise non équivoque.

— Fédérés du diable ! grommela-t-il.

On sait que, dans les départements, les citoyens, effrayés de l'invasion possible, s'étaient enrégimentés d'eux-mêmes, réclamant des armes pour la défense du sol. Napoléon n'avait pas encore répondu franchement aux demandes de ces alliés dont il se souciait d'ailleurs assez peu : il promettait des fusils qui devaient toujours être distribués le lendemain. Eux, naïfs, ne supposant pas que l'on eût leur patriotisme en défiance, étaient accourus à Paris, remplissant la ville de leur enthousiasme, avec leurs bâtons ou leurs outils au port d'arme.

Aux questions qu'on leur avait adressées ils répondaient qu'ils étaient venus attendre des amis, de nouvelles recrues qui arrivaient.

A ce moment, se frayant passage à travers les rangs pressés, une jeune fille accompagnée d'une femme âgée qui avait toute l'apparence d'une gouvernante, s'efforçait d'atteindre la porte des Messageries.

Blonde, assez grande, d'une taille élégante que drapait un mantelet de soie brune, à franges noires, dont les bouts retombaient sur la jupe droite et courte, d'où sortaient des pieds petits et fins, bien chaussés de souliers puce, la jeune fille dont le front s'abritait sous un chapeau de paille, garni de fleurs des champs, allait, sans peur, souriant à qui encombrait son chemin et s'ouvrant la route à coups de gentilles paroles.

A son chapeau, le bouquet — marguerites, bluets et coquelicots — mettait sa note tricolore.

L'inconnu, toujours à la même place, la regardait, venant vers lui.

Les fédérés, voyant la cocarde patriotique, s'écartaient bienveillamment, avec de bons rires amicaux.

Elle arrivait devant le colosse, sans le remarquer, attirant par la main sa gouvernante, un peu troublée.

L'homme étendit le bras, et de ses doigts, cueillant le bouquet tricolore au passage, en arracha les fleurs bleues et rouges et présentant les marguerites à la jeune fille :

— Aux jolies coquines comme toi, dit-il à haute voix, le blanc fait-il donc peur !...

A la secousse subie par le chapeau, la jeune fille s'était retournée et, voyant l'homme et comprenant l'action, elle allait peut-être répondre hardiment à l'insolent, quand, de l'autre côté de la rue, un jeune homme s'élança et, ramassant la touffe de fleurs qui était tombée à terre, il en souffleta le visage du bravache, disant :

— Aux impertinents, on en fera voir de toutes les couleurs.

La jeune fille avec un cri s'était reculée.

Les deux hommes, face à face, échangeaient des provocations.

— Ah ! mon petit monsieur, il vous plaît d'avoir affaire au capitaine Laverdière, s'écria le géant en dégainant.

L'autre avait mis aussi l'épée à la main.

Il portait un costume mi-civil, mi-militaire, l'habit à la française, sans insignes, le chapeau directoire, la culotte blanche et les bas de soie, en demi-bottes de maroquin.

— A votre service, capitaine sans compagnie... et il vous déplaira peut-être fort d'avoir eu affaire au vicomte de Lorys...

— Vicomte d'antichambre, je vais te clouer au mur.

C'était dans la rue un tumulte indescriptible. Le plus grand nombre aurait voulu fuir, mais le cercle s'était fermé, s'agglomérant en muraille. La jeune fille, cernée, comprenant qu'entre ces deux hommes toute intervention serait inutile, regardait son défenseur, la tête haute, en enfant de courage qui admire le courage d'autrui.

Mme Loriot avait fermé la porte de son café, emprisonnant sa clientèle.

Le capitaine Laverdière — puisque tels étaient son nom et son grade — s'était adossé au vitrage. A peine les deux hommes avaient-ils le champ nécessaire, mais ils n'y prenaient pas garde.

Du reste, en quelques secondes, le combat, si étrangement engagé, avait pris un caractère des plus sérieux.

Très mince, les cheveux noirs et bouclés, le visage complétement imberbe, presque féminin, le vicomte de Lorys paraissait à peine vingt ans. Mais il avait vite prouvé qu'il n'était plus un enfant. Nerveux, pâle, mais très maître de lui, il avait engagé le fer, pas assez rapidement cependant, pour que l'autre, avec une traîtrise de bretteur, n'eût failli, en se fondant brusquement, l'atteindre en plein cœur.

Par bonheur le jeune homme par une volte, avait évité l'arme.

— Misérable! s'écria-t-il, insolent comme un bravo!

Et il poussa à son tour, tandis que Laverdière, en homme sûr de son fait, attaquait à fond.

Cependant, dès les premières passes, il lui fallut en rabattre. Il n'avait pas affaire à un novice, loin de là; le poignet était solide, le jeu, pour être élégant, n'en était pas moins correct.

Le visage de Laverdière, jusque-là éclairé d'un rire ironique, était devenu tout à coup grave : les mâchoires s'étaient contractées, avec ce mâchonnement inconscient que donne une fureur profonde.

Pas un cri dans la foule : la jeune fille, immobile, les yeux fixes, attendait.

Le vicomte, les yeux ardents, jouait serré, devinant en cet homme un bandit.

Et tout à coup Laverdière, quittant le fer, s'était allongé, couché presque jusqu'à terre, et le coup lancé avait été si net, si imprévu que, malgré l'agilité du jeune homme, le fer l'atteignit au sommet de l'épaule : mais par une riposte foudroyante son épée vint frapper le capitaine en pleine poitrine... et se brisa, à quelques pouces de la poignée avec un bruit sec..

— Le lâche !... cria le vicomte, il porte une cuirasse...

— Tu en as menti ! hurla l'homme, l'épée haute.

Mais la jeune fille s'était jetée entre les deux combattants, en même temps que la foule, prenant tout à coup parti, se ruait sur le capitaine...

Un cri retentit :

— La police !

Laverdière s'était accoté contre le vitrage, la pointe de l'épée menaçant les assaillants... mais le dernier cri parut l'émouvoir tout particulièrement.

Il vit le danger : les foules sont des forces aveugles contre lesquelles toute résistance est impossible ; alors d'un coup d'épaule, il enfonça la porte du café Loriot, culbuta, se redressa et, en un dernier effort, bondissant à l'intérieur, disparut, protégé d'ailleurs par Mme Loriot qui craignait la casse.

La jeune fille avait couru au vicomte :

— Ah ! monsieur ! fuyez... votre lâche adversaire se dérobe... on vous arrêterait... mais vous êtes blessé...

En effet, quelques gouttes de sang apparaissaient sur le frac à la hauteur de l'aisselle.

— Ce n'est rien, mademoiselle, une égratignure ! Quant à fuir, non pas ! et bien que je n'aie plus qu'un tronçon d'épée, malheur à qui porterait la main sur moi !...

Et le jeune homme, dont la colère se fût volontiers accommodée d'une nouvelle querelle, regardait fièrement autour de lui.

Mais aucun danger ne le menaçait plus : le flot avait repris son mouvement, et quant à la police, il n'était pas certain qu'il en eût été jamais question.

Au contraire, des patriotes se rapprochaient du vicomte avec les intentions les plus conciliantes :

— C'est bien, cela, dit une voix, de défendre les couleurs françaises....

— Et de forcer un vieux chouan à respecter le drapeau.

Le vicomte se retourna vivement :

— Hein ! fit-il, qu'est-ce que ces félicitations ?... Croiriez-vous d'aventure, messieurs de la fédération, que je suis de votre bord ?

La jeune fille intervint vivement :

— Offrez-moi votre bras, je vous en prie, pour arriver jusqu'à la cour... j'ai grand'peur...

La voix était si douce, la prière si gracieuse que le vicomte, oubliant son nouveau grief, se hâta d'obéir.

Les autres avaient mal entendu la réplique et, croyant que le jeune homme leur donnait une nouvelle preuve de civisme en se montrant galant avec celle qu'il avait protégée au péril de sa vie, le saluèrent d'un nouveau cri de : « Vive la nation ! »

— Ah çà ! que me veulent ces gens ? murmura Lorys.

La jeune fille dit :

— Ces gens (et elle prononça le mot avec une légère ironie) vous remercient, ce que j'aurais dû faire plus tôt moi-même...

— Oh ! mademoiselle, un mot de vous me suffit et au delà !...

— Je vous remercie pour moi-même, reprit-elle doucement, ceux-là vous savent gré d'avoir tiré l'épée pour défendre les couleurs de la France...

Le vicomte eut un léger soubresaut.

— Pardon, mademoiselle, mais je ne puis laisser subsister un pareil malentendu...

— Que voulez-vous dire ?...

— Avez-vous donc cru, mademoiselle, que c'était pour les bluets et les coquelicots que je me suis mis si fort en colère ?

— Mais pourquoi pas ?

— Je me ferais scrupule de vous tromper. J'ai tenté de corriger un manant qui insultait une charmante personne... Quant au bouquet tricolore, je vous dois toute la vérité... je ne l'ai jamais défendu, ni ne le défendrai jamais...

Elle tressaillit et une expression de tristesse se répandit sur son visage.

— Le drapeau français est tricolore, dit-elle doucement.

— J'ai de mauvais yeux, fit le vicomte en s'inclinant, je l'ai toujours vu blanc...

Ils étaient arrivés à l'entrée de la cour, encombrée et d'où sortaient à chaque instant des flots de voyageurs.

Ils s'étaient arrêtés, embarrassés tous deux, elle de sa reconnaissance qui ne pouvait pas être complète, lui de la franchise dont il n'avait pas dû se départir.

— Monsieur, dit-elle surmontant son embarras, je sais votre nom, mais vous ne savez pas le mien... Je m'appelle Marcelle, Marcelle Carthame... je suis patriote, non par fantaisie d'enfant, mais par conviction, par devoir... je ne voudrais pas que vous fussiez mon ennemi...

— Votre ennemi, dit le vicomte en souriant... dites tout au plus un adversaire... et non point de vous... car j'estime que vos convictions ne vous entraîneront sur aucun champ de bataille...

Elle eut un mouvement de redressement presque orgueilleux :

— Monsieur de Lorys, dit-elle, vous voyez que je n'oublie pas le nom d'un ami, ne fût-il que l'ami d'un instant, ne raillez pas plus mes convictions que vous ne permettriez à quiconque de railler les vôtres... J'aurais été heureuse... oh oui ! bien heureuse que l'intérêt que vous m'avez témoigné fût lié à celui de notre cause.... Vous parlez de champ de bataille, il en est un sur lequel nous pouvons nous retrouver, c'est quand il s'agira de défendre le pays menacé... Les femmes ne portent pas l'épée, mais partout où les honnêtes gens se dévouent, il y a place pour elles... et c'est là que nous pouvons nous rencontrer. Je suis sûre que là nous ne nous trouverons pas dans des camps ennemis... puisqu'il n'y a qu'une patrie pour vous comme pour moi...

Marcelle avait dit cela d'une voix grave, pénétrante, naturellement, sans déclamation.

Le vicomte, plus ému qu'il ne voulait le paraître, s'en tira encore par une demi-plaisanterie.

— En tout cas, fit-il gaiement, engageons-nous à nous épargner mutuellement...

— Je fais plus, repartit Marcelle, je m'engage, moi, si jamais cela devenait nécessaire, à vous rendre ce que vous avez fait pour moi, c'est-à-dire à me dévouer pour vous... J'eusse aimé, je l'avoue, que vous fussiez tout à fait des nôtres...

— J'ai, moi aussi, mes convictions, mon devoir et mon honneur, dit plus gravement le jeune homme.

Il tenait la main de Marcelle :

— Et je vous jure que, comme vous, j'aime passionnément mon pays.

— A la bonne heure!...Adieu donc, monsieur, au revoir peut-être !

A ce moment, au tintement cuivré d'un cornet, une diligence arrivait dans la cour,

— C'est la malle d'Auxerre ! s'écria Marcelle.

— Vous attendez quelqu'un ?

— J'attends mon grand-père, et, tenez, le voici...

Et, adressant à Lorys un dernier signe de tête, elle s'élança au-devant d'un vieillard, bourgeoisement vêtu, qui, d'un pas alerte, descendait de la voiture.

Il reçut sa petite-fille dans ses bras et l'enleva de terre pour l'embrasser.

Lorys, par discrétion, s'était dissimulé dans l'angle de la salle d'attente.

Maintenant le vieillard donnait des ordres à un commissionnaire qui se chargeait d'un sac de voyage.

Il le voyait bien en face, et, malgré lui, il était frappé de la beauté mâle et rude de ce visage, aux traits largement modelés, à l'expression énergique; en ce septuagénaire, dont la vigueur résistait aux années, il devinait une nature d'exception, ardente et intrépide.

— Vois donc, dit quelqu'un derrière lui, l'ancien ami de Barère... qui fut membre du Comité de Salut public.

Lorys se retourna vivement:

— C'est de ce vieillard que vous parlez ? Pouvez-vous me dire son nom...

— Certainement... Pierre Carthame... Robespierre l'estimait fort.

Lorys resta un moment immobile ; maintenant Carthame causait avec un homme à tournure militaire qui tenait les mains de Marcelle dans les siennes... et il éprouva un sentiment si bizarre de dépit, presque de colère, qu'il se plongea dans la foule et disparut.

Justement, à ce moment, Marcelle, se haussant sur la pointe des pieds, cherchait du regard son chevalier, sans doute pour le présenter à son aïeul.

Il n'était plus là.

II

Dépité, irrité même contre son propre don quichottisme, contre ce pseudo-capitaine qui savait si bien se mettre à l'abri des surprises de l'épée, contre ces fédérés, cause de tout le mal, et dont il avait pour sa part une sincère horreur, contre cette jeune fille qui avait le triple tort d'être adorablement jolie, d'arborer les couleurs révolutionnaires et exécrées, enfin d'appeler grand-père un des plus farouches suppôts de la Terreur, septembriseur et fournisseur de la guillotine, le vicomte Georges de Lorys maudissait le hasard qui l'avait attiré en ces parages dont, sous peine de se commettre avec la canaille, un homme de qualité devait soigneusement s'écarter.

Le hasard ? Etait-ce bien le hasard ? En y réfléchissant mieux, Lorys se souvint qu'il avait reçu une mission, peu importante, il est vrai — il s'agissait tout simplement d'un renseignement sur le service de la malle de Bretagne — mais que, dans l'émotion de la bagarre, il avait totalement oublié.

Et c'était, de sa part, faute d'autant moins excusable que cette mission lui avait été donnée par très gracieuse et très aimée marquise de Luciennes, à laquelle, par sa faute niaise, il ne saurait quelle excuse fournir.

Car, de lui raconter l'aventure, il ne pouvait être question.

Retourner sur ses pas ? Il n'y fallait pas songer... C'était assez d'imprudences... Il n'aurait eu qu'à rencontrer encore cette petite jacobine et son effroyable grand-père !

Pourquoi aussi se mêler d'un incident qui, en somme, ne le regardait nullement ? Que cette petite fille fût malmenée par un rustre, en quoi ceci le touchait-il ? Après tout ne s'était-elle pas exposée de gaieté de cœur à cette malencontre ? Quel besoin avait-elle — cette petite buveuse de sang — d'arborer si audacieusement un symbole qui, trois mois auparavant, tandis que le roi légitime était aux Tuileries, eût été parfaitement séditieux ?

Pour s'être conduit comme un manant, ce capitaine... Lavallière... Lambertière... au diable le nom !... n'avait-il pas donné la preuve d'un ardent royalisme ? N'avait-il pas agi, comme l'eût fait le vicomte lui-même, si la cocarde maudite l'eût provoqué, narguée à la boutonnière de quelque officier de Bonaparte ? Il est vrai que la jeune Marcelle — oui, c'était bien Marcelle qu'elle s'appelait — avait montré une délicieuse crânerie, mieux que cela même, une sorte d'exaltation dont — si elle eût appartenu au parti des honnêtes gens — Lorys eût été enthousiasmé... et puis... et puis... quiconque outrage une femme est un être digne de châtiment... un lâche qu'on soufflette, qu'on tue au besoin...

Ainsi, dans sa tête, le vicomte plaidait le pour et le contre avec la même énergie, s'éloignant d'ailleurs avec le plus de hâte possible, comme s'il eût été poursuivi ; il ne s'arrêta qu'en plein Palais-Royal, en ce jardin où les statisticiens du temps comptaient quatre cent quatre-vingt-huit arbres, autour desquels rôdait l'infatigable cohorte des castors, demi-castors et castors fins, appellation bizarre, dont les curieux pourront trouver l'explication dans le Dictionnaire de Trévoux et qui servait à désigner les divers degrés du monde de la galanterie. Du reste, depuis que le prince Lucien Bonaparte, en réintégrant le palais, avait attiré autour de lui la fleur du bonapartisme militant, le jardin présentait à certaines heures l'aspect d'une cour de caserne : ce n'étaient qu'uniformes et grosses moustaches, avec, aux boutonnières, les larges rubans rouges. Des groupes, que surmontaient des shakos démesurés, des colbacks étranges, des plumets, des aigrettes, des queues de coq, obstruaient les allées, envahies par les colporteurs de nouvelles, les prophètes bavards ou les pessimistes silencieux.

Lorys, sans savoir pourquoi il restait, passait et repassait au milieu de cette foule, agacé, piétinant prêt à surprendre le moindre regard déplaisant.

C'est qu'aussi le vicomte de Lorys était bien le gentilhomme le plus passionné et le moins raisonnable du royaume... pardon ! de l'empire.

Il avait vingt-cinq ans ; né en 1790, aux premiers jours de l'émigration, il était resté orphelin de très bonne heure et s'était trouvé, au premier âge de raison, à l'étranger, sous la tutelle d'un oncle, le baron de Tissac, tête brûlée et cerveau mal équilibré, qui l'avait entraîné à travers l'Europe, au milieu de cette tourbe de frelons qui, de loin, bourdonnait, sans jamais s'approcher pour le piquer, autour de ce Napoléon dont l'insolente fortune fournissait chaque jour pâture nouvelle à leurs prudentes fureurs, état-major *in partibus* qui rêvait de plans infaillibles, de décisives victoires et qui, enregistrant ses défaites, n'en conservait pas moins une foi indéracinable dans les chances du lendemain. En somme, il vient toujours une heure où le joueur le plus heureux se voit trahi par le sort. Tout ce monde attendait. Il n'y avait qu'à ne pas se laisser mourir.

Et c'était surtout de ce côté que le baron de Tissac, un des rares émigrés qui avait su mettre à l'abri une fortune considérable, tournait toutes ses habiletés. Le premier devoir d'un gentilhomme était, selon lui, de se tenir toujours prêt à faire bonne figure à la Cour : aussi avait-il pris soin, avant tout, de persuader à son neveu que l'escrime, la danse et la révérence constituaient le fonds et le tréfonds de toute éducation.

Avec la haine furieuse du jacobinisme et le profond mépris des brigands qui suivaient Napoléon, un de Lorys pouvait prétendre à tout.

Quelle instruction avait reçue le jeune vicomte ? De ci de là, entre deux relais de poste, sur la route d'Angleterre ou de Russie, selon que le caprice du baron de Tissac l'entraînait à tel ou tel des points cardinaux, le précepteur de Georges de Lorys lui donnait quelques rapides leçons.

Curieux personnage que ce précepteur, ancien abbé de Cour et que des revers de politique et de fortune avaient réduit à cette position subalterne. Peu correct d'ailleurs, point confit en dévotion, fort guilleret même, il avait reçu du baron l'ordre formel d'élever le vicomte en l'horreur la plus profonde de la philosophie et de la Révolution. Et voici comme il s'y prenait.

Dès que les hasards de la locomotion le lui permettaient, il s'emparait de son élève, tirait un volume de sa poche et lui disait :

— Monsieur le vicomte, apprêtez-vous à frissonner : je vais vous lire quelque chose d'horrible, une page de ce brigand de Jean-Jacques Rousseau...

Ou bien :

— Ceci est une monstruosité... un extrait de *l'Essai sur les mœurs*, de cet épouvantable Voltaire...

Seulement il lisait, très clairement, avec une complaisance d'artiste, et il concluait un temps d'arrêt :

— N'est-il pas vrai, monsieur le vicomte, que l'homme qui a dit que nous étions tous égaux était digne de la potence ?

Ainsi de l'histoire de la Révolution et des campagnes de l'Empire :

— Bandits, les soldats de Valmy, de Jemmapes, d'Austerlitz, de Wagram...

Seulement, il enlevait de vigoureuse façon le récit de la bataille, criant à pleins poumons :

— Vive la République ! ou Vive l'Empereur !

Puis, très posément, il ajoutait :

— Ainsi se battent ces criminels qui sont la honte de l'humanité !

L'abbé de Blache — comme il s'appelait — obéissait ainsi aux ordres reçus, et, de fait, il avait consciencieusement enrichi le vocabulaire du jeune homme de toutes les injures imagées que son imagination lui avait fournies pour flageller les ennemis de la légitimité; seulement, dans son zèle, sans doute, il ne s'apercevait pas que le plus souvent elles tombaient à faux: si bien que, dans le cerveau du jeune homme, c'était le chaos le plus complet, le fouillis moral le plus inextricable qui se pût concevoir.

A dix-huit ans — le baron l'avait alors entraîné à la Cour de Suède — le jeune homme se trouva seul. L'abbé n'avait pu se résigner à cette excursion en terre polaire, et, de ce moment, les idées de son élève prirent une direction plus nette. Lorys versa dans le fanatisme royaliste.

Il était temps, car déjà le baron de Tissac avait ouvert parfois de grands yeux en entendant son neveu proférer des phrases comme celle-ci:

— Il est étonnant que ce misérable d'Alembert ait dit si justement...

Ou bien:

— Ces va-nu-pieds de Valmy avaient bien du courage...

Comme tous les jeunes gens, Lorys avait besoin de s'enthousiasmer. Jusqu'ici, à tout dire, le parti royaliste avait donné peu d'aliment à ses aspirations admiratrices, et pourtant il voulait se dévouer, instinct d'abnégations: des enseignements de l'abbé il ne lui restait que des verbosités de haine. Le fonds manquait. Quelques belles dames de l'émigration vinrent fort à propos pour canaliser ces torrents de passion, encore sans direction précise. L'enseignement d'une jolie bouche, appuyé de regards charmeurs, décida de ses convictions: il devint intraitable royaliste, ultra, et M. de Blacas lui parut tiède. Il vit de très bonne foi la France souillée, déshonorée, et se jura de lui rendre l'honneur, Persée d'une Andromède vouée au monstre.

Une fois lancé, il alla plus loin que les plus intransigeants, mettant à reculer dans le passé la fougue qu'en un autre milieu il eût déployée pour aller en avant. Rêvant les temps héroïques de la féodalité, il proféra contre le Progrès le serment d'Annibal.

Avec cela, courageux jusqu'à la témérité, doué d'un sens moral auquel parfois il lui était difficile d'imposer silence, et jeune quand même, vraiment Français.

Comme il déambulait donc à travers le jardin du Palais-Royal, ennuyé de la foule et pourtant ne se décidant pas à s'en évader, pris de cette indolence qui suit les surexcitations violentes, il se sentit tout à coup touché à l'épaule, tandis qu'une voix lui disait :

— Eh ! vicomte ! à quoi rêvassez-vous ainsi ?

Il se retourna brusquement, ayant éprouvé quelque douleur de la pression, si légère qu'elle eût été, et prêt à une nouvelle incartade.

Mais, voyant celui qui s'était permis cette familiarité et qui n'était autre qu'un des aides de camp de M. de Bourmont :

— Ah! c'est vous, mon cher Trémoville. En vérité, tout autre que vous aurait eu mauvaise grâce à me tirer aussi brusquement de mes réflexions !

Trémoville se mit à rire.

— Bah ! fit-il, songeries d'amoureux ! C'est de votre âge. Vous plairait-il prendre avec moi une bavaroise, en quelque coin où nous puissions causer quelques instants à l'aise...

— Je suis à vos ordres, commandant... et justement, puisque l'occasion s'en présente, je ne serai pas fâché de vous adresser de mon côté quelques questions.

— Venez donc.

Un instant après, les deux jeunes gens s'installaient à une table, en plein air, à côté de la Rotonde, dans l'angle adossé à la galerie.

Quand ils furent servis :

— A vous d'abord, mon cher Lorys, dit Trémoville. J'attends vos questions.

— J'ai eu tort de mettre le mot au pluriel, reprit Lorys. Ma question est unique et résume toutes celles que je puis me permettre de vous adresser.

— J'écoute, prêt à répondre.

— Je vous avertis cependant qu'elle est un peu délicate.

— Tant mieux, entre hommes de notre sorte, on se comprend au besoin à demi mot.

— Eh bien, mon cher commandant, comment se peut-il faire que je puisse, en vous parlant, employer ce terme qui m'étonne ?

— Quel terme ?

— Je dis.... mon cher... commandant...

— C'est mon grade, en effet.

— Et voilà justement ce qui me surprend si fort...

— Décidément, c'est plus que délicat, c'est quintessencié.

— C'est pourtant fort simple, fit Lorys avec une certaine amertume... je m'étonne qu'à l'heure présente un Trémoville porte épaulette...

Trémoville fit un mouvement ; mais avec le plus grand calme, il reprit :

— De grâce, expliquez-vous en toute franchise.

— Eh bien, s'écria Lorys, je m'étonne, oui, que le comte de Trémoville, honoré de la confiance, je dirai même de l'amitié de Sa Majesté, n'ait pas brisé son épée !... J'ai appris, ce matin même, que le quatrième corps des armées de Buonaparte se trouvait déjà en observation à peu de distance de la frontière et que l'ordre avait été donné aux officiers et au détachement appelé à Paris pour cette mascarade du Champ de Mai de rejoindre immédiatement... Tout cela est-il exact ?...

— Absolument... Continuez...

Lorys avait rougi légèrement, ce qui lui arrivait souvent quand il cherchait à ne point pâlir.

— Je ne me reconnais pas, reprit-il, le droit de juger ni même de discuter les actes de M. de Bourmont, lieutenant général de par le roi, aujourd'hui au service de M. de Corse... Et s'il a cru devoir accepter de Buonaparte le grade de général, je me souviens que Sa Majesté ne lui a pas tenu rigueur. Mais qu'il ait encore une fois franchi le seuil des Tuileries, envahies par la tourbe révolutionnaire, qu'il se résigne à porter les armes contre nos alliés, contre les amis, les défenseurs du roi, voilà ce que j'ai peine à comprendre. Je me tais et je passe. Mais vous, mon cher ami, qu'allez-vous faire dans cette galère ? Comment se peut-il que vous vous commettiez avec cette canaille, vous exposant à combattre à côté d'un Ney, ce traître des traîtres, et de tant d'autres marqués pour le peloton d'exécution !...

M. de Trémoville était de quelques années plus âgé que Lorys. Front bas, yeux petits et bridés, lèvres pâles, il avait une de ces physionomies qui préviennent peu en leur faveur.

Il avait écouté, en souriant à demi, le discours embarrassé du jeune homme, qui, évidemment, s'était contenu pour ne pas s'écarter des termes d'une parfaite courtoisie.

— Mon cher Lorys, dit-il, cette question, je me la suis adressée moi-même.

— Et y aurait-il indiscrétion à vous demander ce que vous vous êtes répondu ?

— Ceci tout simplement : je hais et je méprise l'usurpateur autant que vous pouvez le haïr et le mépriser vous-même.

— Et vous le servez ?

— Je sers M. de Bourmont.

— Si bien, s'écria Lorys, que M. de Bourmont, aidant à la fortune de Buonaparte, livrera la France à ces hordes criminelles. Le roi a été trompé.

— Est-ce là votre fidélité ? demanda Trémoville avec une sorte de dureté. Vous oubliez qu'en la vieille France il est un axiome : le roi n'a jamais tort. Donc mon ami, cessez de vous troubler l'esprit de ces inquiétudes ; l'inexplicable d'aujourd'hui sera l'expliqué de demain.

Lorys eut un élan impatient :

— Mais, enfin, nierez-vous que, si Buonaparte est vainqueur, vous aurez, vous et vos amis, car vous n'êtes pas seul à agir de cette étrange façon, vous aurez, dis-je, aidé à son triomphe, c'est-à-dire à la ruine de toutes nos espérances ? Vous aurez condamné votre roi à l'exil.

Trémoville fronça le sourcil :

— Vous êtes tenace en vos soupçons. Aussi bien, j'estime maintenant qu'il était inutile à moi de vous aborder, pour vous prier de prêter quelque attention aux propositions que je vous apportais.

— Des propositions, à moi ?

Par-dessus la table qui les séparait, M. de Trémoville tendit sa main ouverte.

— Me tenez-vous, en dépit de vos scrupules, que je comprends, pour un gentilhomme incapable de commettre une basse action ?

— Certes !

Et Lorys, entraîné malgré lui, mit sa main dans celle de Trémoville, qui la serra vigoureusement. Lorys laissa échapper un léger cri :

— Vous ai-je fait mal ? demanda Trémoville avec inquiétude.

— Un peu seulement. Une égratignure que, tout à l'heure, j'ai reçue à l'épaule et qui n'a pas encore été pansée.

— Un duel ?

— Une escarmouche... contre un manant qui insultait une charmante fille... et que j'ai mis à la raison.

— Ah ! chevalier errant... toujours flamberge au vent pour les dames !... Mais si certaine marquise que point ne veux nommer apprenait cette belle prouesse ?

— Prouesse bien sotte, d'ailleurs, car je me reproche d'être intervenu.

En deux mots, il conta l'aventure.

Trémoville éclata de rire.

— Et vous nous reprochez de servir... à notre façon, M. de Buonaparte, quand vous, l'intraitable, vous vous constituez le champion des couvées de Robespierre... Pardieu ! vicomte, vous vous commettez encore en plus mauvaise compagnie que nous !

Lorys rougit encore : cette fois, il lui déplaisait que Marcelle — dont, d'ailleurs, il n'avait pas prononcé le nom — fût traitée aussi cavalièrement.

— N'en parlons plus, fit-il. Et, pour expier ma faute,

je suis prêt à écouter sans protestation ce que vous avez à me dire.

— A la bonne heure... Eh bien, mon cher vicomte, voici ce dont il s'agit. Comme vous le savez, nous devons, aussitôt après cette pasquinade du Champ de Mai, prendre poste pour aller rejoindre M. de Bourmont.

— Assisterez-vous donc à ce que vous appelez une pasquinade ?

Trémoville ricana :

— Nous sommes commandés, mon cher, et le soldat ne connaît que sa consigne. Nous devons figurer à notre rang. Il y aura là le marquis de Trézec, le baron de Vaudeval, Guichemont, tous vos amis en un mot ; mais il en est un pourtant qui manquera à l'appel.

— Quelqu'un qui partage sans doute mes opinions, qui s'est ravisé.

— Point !... Quelqu'un qui est mort.

— Et qui donc ?

— Le chevalier de Chambois, lieutenant de la quatrième compagnie.

— Pauvre garçon... un brave.

— Qui a été tué en duel, il y a trois jours.

— Lui ! une de nos meilleures lames... et par qui ?

— Par un officier de lanciers.

— Mais il faut venger notre ami !

— C'est fait, l'officier a été tué ce matin.

— Vous vous êtes battu ?

— Moi ? fit Trémoville en haussant les épaules, me commettre avec ce jacobin, car c'en était un de l'eau la plus malpropre !

— Chambois s'était battu, lui !

— Et il avait eu tort..., on a du monde pour bâtonner ou tuer ces gens-là... Justement, nous avions sous la main un bon chouan, qui s'est chargé de la besogne ; je vous le ferai connaître.

— Merci, dit sèchement Lorys, je fais mes affaires moi-même.

Décidément il était peu de points sur lesquels il se

trouvât d'accord avec son interlocuteur... Il déplaça la conversation.

— Je vous ai interrompu... donc Chambois est mort.

— Tous ces préambules étaient nécessaires. Chambois n'est plus là... nous avions pleine confiance en lui, et nous savions que, l'heure venue, Sa Majesté trouverait en lui le dévouement le plus complet, le plus soumis, le... moins raisonneur, ce qu'il nous faut. Ainsi en doit-il être dans le corps d'officiers qui entoure M. de Bourmont. J'ai vu ce matin le ministre de la guerre et, sur la demande expresse de notre général, j'ai obtenu une commission de lieutenant, sur laquelle il ne reste plus qu'à écrire un nom... le vôtre si vous vous voulez.

Et, tirant de sa poche une feuille aux allures officielles, Trémoville la plaça sous les yeux du jeune homme.

Celui-ci eut un mouvement de recul.

— Vous voulez, dit-il lentement, que, reniant tous les enseignements de ma jeunesse, toutes les traditions de ma race, je me mette, moi, vicomte de Lorys, à la solde de l'usurpateur ?

— Monsieur de Lorys, dit gravement Trémoville, le père de M. de Trézec est mort à Nantes, sur l'échafaud. Le père de M. de Vaudeval a été auprès de Cadoudal, exécuté en place de Grève. Guichemont, il y a un mois encore, se battait en Vendée. Moi, comte de Trémoville, j'aidais, il y a dix ans, en 1805, à l'évasion de M. de Bourmont, détenu par Buonaparte, et je me suis battu contre dix gendarmes lancés à sa poursuite. Croyez-vous, monsieur le vicomte de Lorys, que nous soyons d'assez bonne maison pour que vous ne dérogiez pas en venant parmi nous ?

Lorys frappa de la main sur la table :

— Eh bien, non ! cent fois non ! si honorables que soient les motifs qui vous font agir, je ne les comprends pas et ne me sens pas le courage de vous imiter. Je ne sais pas aimer et haïr à la fois... je ne veux pas m'exposer à me battre contre nos alliés, contre le roi... et je ne vendrai pas mon épée.

— Nous accusez-vous de nous être vendus ? dit Trémoville en se levant à demi.

D'un geste, Lorys le contraignit à se rasseoir.

— Excusez la vivacité de mes paroles : je ne sais pas dissimuler. Votre offre heurte mes sentiments intimes, je vous en prie, n'insistez pas. Je ne voudrais pas que mon refus laissât subsister entre nous-même l'ombre la plus légère. Serrons-nous la main, comte, et servons notre cause, chacun à notre façon... Je ne sais encore ce que je ferai moi-même, mais soyez certain que je ne resterai pas inactif. Je suis jeune, avez-vous dit. Je le sais. Je sens en moi des forces que je veux employer au salut de mon roi, à la ruine de ceux qui lui ont volé le trône et ont mis le pied sur tout ce que j'aime et respecte... Soldat de Buonaparte... me voyez-vous me faisant tuer pour lui !

Et il éclata d'un rire nerveux.

Trémoville l'avait écouté attentivement.

— Nous ne nous comprenons pas, murmura-t-il.

Il s'arrêta comme s'il retenait des paroles prêtes à s'échapper de ses lèvres. Puis il reprit d'un ton léger :

— N'en parlons plus. J'avais espéré annoncer à nos amis un bon compagnon pour remplacer celui que nous avons perdu... j'y renonce. Surtout gardez-moi le secret. Je serais assailli de demandes, car nombre de gens verraient peut-être plus haut et plus loin que vous, et nous tenons à choisir... et puis qui sait si c'est là votre dernier mot ?

Et, sans attendre une nouvelle protestation du jeune homme :

— Nous nous reverrons sans doute ce soir chez Mme de Luciennes ?

— Je crois, en effet, que j'aurai l'honneur de me présenter ce soir chez Mme la marquise. Je viendrai peut-être un peu tard, ajouta Lorys en rougissant légèrement de cette formule dubitative qui cachait un gros mensonge, car il était attendu bien avant les indifférents dont faisait partie Trémoville, et vous me prouverez, ajouta-t-il encore, que vous ne me gardez pas rancune.

— A Dieu ne plaise ! A ce soir donc, cher ami.

— A ce soir. De votre côté, le silence, n'est-il pas vrai ? sur mon incartade...

— Soyez tranquille... et n'oubliez pas votre égratignure.

Et les deux gentilshommes se séparèrent.

— Brave garçon, murmura Trémoville en s'éloignant, mais un peu niais... Comme s'il s'agissait de se battre pour Buonaparte !

Il paraît que Lorys n'avait pas compris.

III

Rentrée en France en 1814, lors de l'abdication de Napoléon, veuve à vingt-deux ans d'un vieillard, épousé à la cour de Vienne par convenances aristocratiques, et qui n'avait pas eu le bonheur de lui offrir le poing pour monter le grand escalier des Tuileries, la marquise Reine de Luciennes avait aussitôt conquis sa place au grand soleil de Paris.

Elle appartenait à une des plus anciennes et des plus indomptables familles de la basse Vendée, les Sallestaines. Son père, le dernier duc, avait été fusillé auprès de La Rochejacquelein. Bertrande de Champleteux, sa mère, était accourue, la portant dans ses bras, sur le champ de bataille de Quiberon, et avait donné à son fils mourant le baiser d'adieu, avant de s'embarquer pour l'Angleterre.

Reine, sacrée par ce double baptême de sang, avait grandi à l'étranger, conservant ardemment intactes, en son cœur d'enfant, puis en sa conscience de jeune fille, les traditions de sa race, ayant un mépris certifié de cette France qui, de loin, lui apparaissait comme à travers un voile rouge, livrée à des hordes de barbares dont les chefs, quoique s'appelant successivement Robespierre, Barras, Bonaparte, n'étaient à ses yeux que l'incarnation d'une même personnalité diabolique, sur laquelle, dans ses prières, elle appelait les foudres du Ciel.

D'une imagination enthousiaste, d'une nature passionnée, qu'avaient exaltées les espérances, toujours conçues, sans cesse déçues, qui avaient enivré le monde de l'émigration, la marquise Reine, dès qu'elle avait eu l'âge de l'action, s'était vouée, comme on prend le voile, à une sorte d'apostolat pour la cause royale. A dix-huit ans, saisie de cette folie de la délivrance qui fait les Charlotte Corday aussi bien que les Jeanne d'Arc, elle était déjà le centre de toutes les conspirations tramées contre le régime impérial : elle se trouvait en relation avec les agents les plus actifs de la Restauration future, les Puisaye, les Bouillon, les Prigent, mettant au service du parti l'immense fortune qu'elle avait héritée de sa mère, véritable héroïne, ayant renoncé à toutes les joies féminines, insensible aux adulations, dédaigneuse des admirations banales, déployant parfois un véritable génie de diplomate, relevant après chaque échec les courages abattus, réveillant les énergies endormies, hâtant les efforts trop lents et répondant à toutes critiques par la fière devise de sa famille :

— *Non sibi, sed regi !*

Et de fait, elle ne s'appartenait plus, s'étant donnée tout entière. Son royalisme était plus qu'une religion, les deux mots : Dieu et le roi, se confondant pour elle en une seule entité.

Rien d'une amazone cependant : nulle n'était plus femme dans la parfaite acceptation du mot, nulle plus chaste, nulle plus délicate.

Si elle avait accepté le titre et le nom de M. de Luciennes, ancien roué qui traînait de Cour en Cour sa vieillesse podagre et millionnaire, c'avait été pour conquérir son indépendance absolue, sa complète liberté. Vierge de corps et de cœur, elle consacrait à la mission qu'elle avait embrassée — comme une carmélite voue sa beauté à son

Dieu — toutes les aspirations, toutes les énergies de sa jeunesse active et vivace.

C'était peu de temps avant la campagne de France qu'elle avait rencontré le vicomte de Lorys. Elle était alors veuve depuis une année. La passion naïve du jeune homme, mélange de mysticisme royaliste et de platonisme sentimental, la saisit, l'enveloppa, la pénétra. En lui elle avait trouvé le frère d'armes, le compagnon missionnaire, le chevalier sans peur et sans reproche qui, devant elle et pour elle, combattrait jusqu'à la mort.

Ils s'aimaient, certes, mais comme s'aiment deux soldats qui vont du même pas à la bataille, qui seront heureux de mourir dans les bras l'un de l'autre. Un lien qu'ils croyaient plus fort que l'amour — qu'ils lui substituaient dans leur ignorance passionnée — les unissait, comme en un pacte secret, mystérieux, par des effusions qu'ils estimaient sans danger, tant ils se dépensaient en rêves et dédaignaient la réalité. C'était — et il est un âge où ces folies ont d'infinies douceurs — un parfait renoncement à toutes pensées égoïstes.

— Oui, je vous aime, avait dit Reine, je vous aime saintement, mon âme vous appartient à toujours. Le jour où notre devoir sera accompli, ce jour-là, orgueilleuse de vous et de moi, je serai votre femme.

Et lui, dans la pieuse ingénuité de sa jeunesse, avait accepté le pacte, certain, comme elle, de ne pas l'enfreindre, prenant une sorte de plaisir aigu à braver le péril, vivant en une entière communion d'existence, affrontant les tentations comme les martyrs défiaient les tortures, attisant avec une héroïque insouciance le feu qui couvait en leurs veines et qui ne devait brûler que devant l'autel de la royauté ressuscitée.

En lui parfois s'élevaient des révoltes, soigneusement cachées ; il aimait Reine avec toute l'impétuosité de ses vingt-cinq ans, de sa fidélité honnête. Parfois, le voile qu'ils avaient volontairement tendu entre eux s'écartait brusquement, et il la voyait telle qu'elle était, femme, belle, désirable… mais elle le regardait et, dans ses yeux, il ne trouvait que la dévouée, exaltée, jusqu'au martyre.

C'est qu'aussi il y avait une véritable grandeur dans cette lutte très réelle d'une femme contre tout un monde. Napoléon — en ses défiances — avait toujours ignoré cet adversaire, peut-être de tous le plus terrible, parce qu'il était le plus mystérieux.

Jusqu'ici, en elle, il n'y avait pas eu place pour une faiblesse : elle avait le mépris de tous les dangers.

Audacieuse, elle ne prenait même nul souci de sa réputation : Elle savait que tous lui prêtaient Lorys pour amant. Mais elle se connaissait pure. Que lui importait le reste ? Elle s'estimait assez haut pour imposer l'estime aux autres, et elle savait faire baisser les yeux aux plus hardis.

Un seul avait dit d'elle :

— La belle Mme de Luciennes est une Jeanne d'Arc qui brûlera avant le bûcher.

Il est vrai que ce quelqu'un-là était le roi Louis XVIII, qui connaissait peut-être mieux les femmes que la politique.

Quand l'évènement du 20 mars avait, en quelques heures, détruit l'œuvre de toute sa vie, elle n'avait pas eu une minute de découragement ni d'hésitation; elle approuvait le roi de n'avoir pas attendu l'usurpateur au seuil de son palais. Ce n'était pas à lui de mourir en soldat.

Elle était restée à Paris, bravant la proscription possible, la prison, voulant voir l'ennemi de près, en face.

Elle occupait un hôtel, à l'extrémité de Paris, au bout de la rue de l'Université; son parc s'étendait jusqu'à l'esplanade des Invalides. Là, elle vivait seule, avec une dame de compagnie et des domestiques; sa maison était un centre vers lequel convergeaient toutes les espérances militantes.

Ce jour-là, c'est-à-dire à la veille du Champ de Mai, Mme de Luciennes, dans un petit salon du rez-de-chaussée, ouvert sur le jardin, dont les effluves embaumaient la maison, était accoudée sur un petit bureau de laque, lisant des lettres venues de l'étranger.

La coalition, loin de désarmer, s'apprêtait à un suprême effort : Napoléon était mis au ban de l'Europe ; ses émissaires étaient impitoyablement arrêtés aux frontières ; à ses lettres, à ses appels conciliants, à ses offres, nulle réponse : il était déjà comme s'il n'était plus.

Étrange et douloureuse minute de notre histoire ! universelle malédiction rappelant les excommunications du moyen âge, anathème qui avait un écho dans tous les cœurs, dans toutes les consciences sur lesquelles avait pesé le despotisme impérial, et contre lequel se raidissait cependant la vraie France, généreuse encore pour celui qui l'avait mise hors la loi des nations !

Était-il, d'ailleurs, symbole plus frappant, plus navrant des troubles que la brutale ambition de cet homme avait soulevés dans toutes les âmes que l'attitude de cette femme, gracieuse de toute sa jeunesse, destinée à la vie, à l'amour, et qui, seule, les sourcils froncés, combinait, en une étude passionnée, les moyens de renverser cette grandeur factice par tous les moyens, fût-ce en tuant la patrie ?

En ce moment, Reine de Luciennes était tout entière possédée par ce démon de l'intrigue auquel elle s'était livrée.

La femme était exquise : vêtue d'une robe de drap léger à taille longue, en mépris des modes impériales, portant sur son corsage de vierge femme, que la moindre coquetterie eût fait provocant, le modeste fichu à la Charlotte Corday et sur ses cheveux noirs, opulente couronne qui appelait les diamants, le bonnet Marie-Antoinette, Reine était à la fois belle et étrange.

Belle de ses lèvres rouges et jeunes, de ses grands yeux bleus, de son nez fin et légèrement busqué, de l'ovale pur de son visage au teint rosé, duveté.

Jamais créature ne réalisa mieux l'idéal de l'amante, de l'épouse, de la mère, elle était là ni amante, ni épouse, ni mère, faisant besogne d'ambitieux, et sans que l'ambition eût sur son âme sincère aucune prise ?

Les temps troublés présentent de ces anomalies.

Soudain, elle leva la tête : un timbre extérieur avait résonné, lui annonçant un visiteur.

Sa femme de chambre entra, lui présentant une carte.

Elle regarda le nom, eut un sourire singulier et donna l'ordre d'introduire l'arrivant.

Celui qui entra était petit, maigre, presque étique, si mince qu'on comprenait qu'il pût s'introduire par les fentes des fentes les plus étroites, se faufiler dans les foules les plus compactes.

Il marchait sans bruit, à peine visible sur le fond des tentures, comme une grisaille effacée. Il s'inclina profondément devant Mme de Luciennes.

Elle regardait cet homme avec une involontaire expression de dédain :

— C'est vous qui vous appelez M. Baudus? demanda-t-elle.

Nouveau salut.

— Et vous venez de la part?...

— De M. le duc d'Otrante.

— Personne ne vous a vu entrer?

L'homme sourit.

— On ne me voit jamais.

— Réussirez-vous?

— J'ai réussi...

Reine tressaillit.

— Vous avez ces papiers?

— Je les ai.

— Comment vous les êtes-vous procurés?

— Madame la marquise tient-elle absolument à le savoir?

— Curiosité de femme, si vous voulez; je le désire.

— La chose vous paraissait donc bien difficile.

— A ce point que je doute encore. Quelle apparence que l'usurpateur soit assez imprudent pour que des notes aussi importantes lui puissent être dérobées?

— Oh! dérobées! le mot n'est pas politique.

— Mettons empruntées, si l'expression vous plaît mieux.

— Pas même. Napoléon dicte... Quatre oreilles écoutent

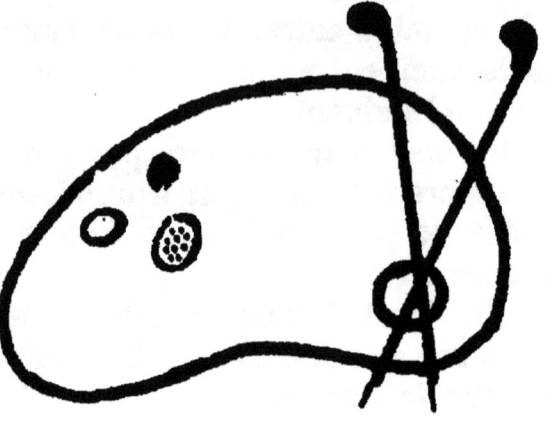

Couvertures supérieure et inférieure
en couleur

Ont paru dans :

LES GRANDS ROMANCIERS FRANÇAIS :

LE FILS DE FAMILLE
Par XAVIER DE MONTÉPIN
Livraisons 1 à 10

LE JEU DE LA MORT
Par PAUL FÉVAL
Livraisons 10 à 21

LA TONTINE INFERNALE
Livraisons 21 à 32

FLEURETTE
HISTOIRE D'UNE BOUQUETIÈRE
Par E. SCRIBE
Livraisons 32 à 44

Après cette charmante histoire, nous continuons par :

REINE
Par JULES LERMINA
Livraisons 45 à 52

Paris.—Imp. Paul Dupont (Cl.)

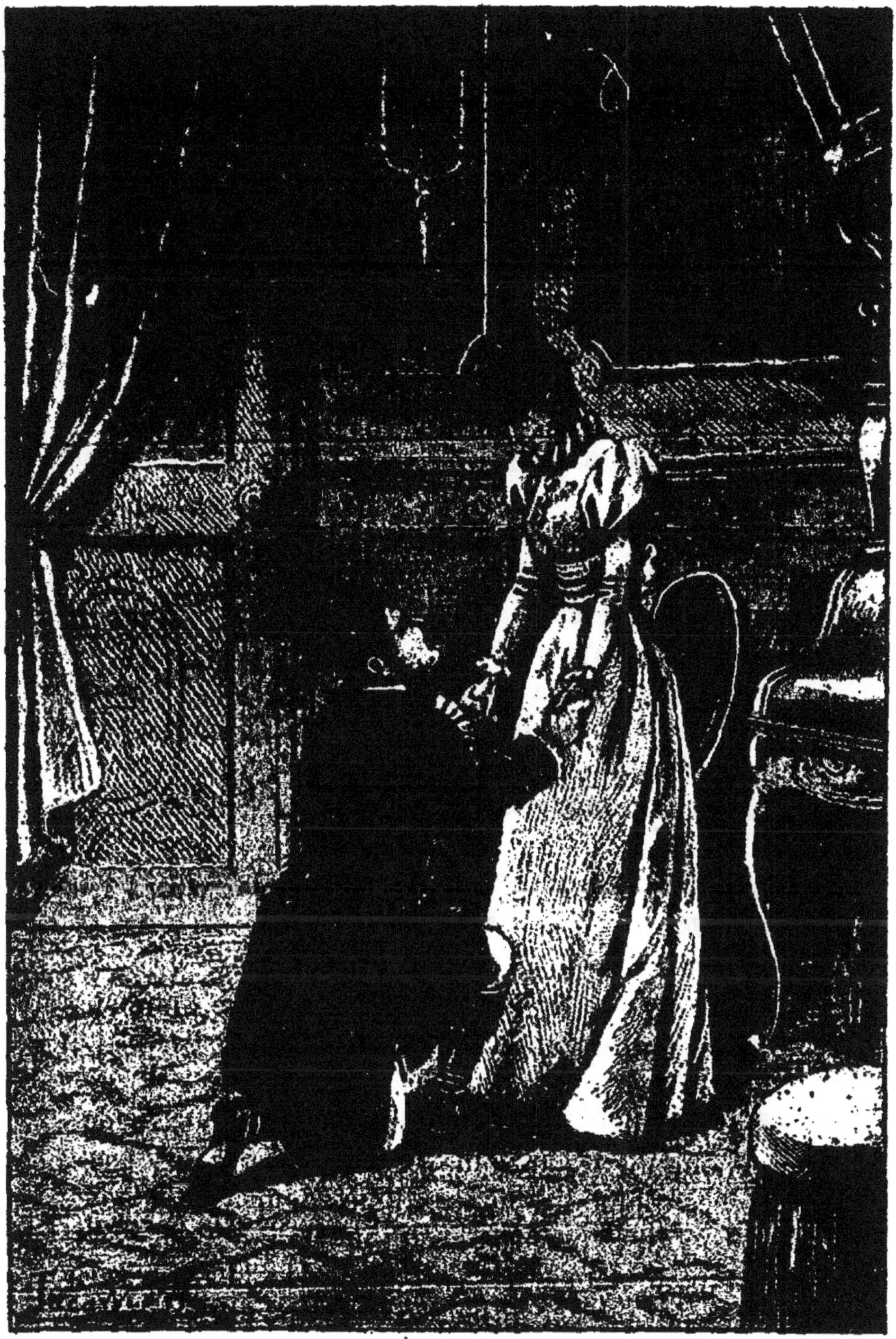

— Regardez-moi Georges, et dites-moi..

46ᵉ LIVR.

au lieu de deux, mais deux mains écrivent au lieu d'une...
Il ne s'agit que de placer en bon lieu la seconde main et les deux autres oreilles.

— Ainsi, c'est de la bouche même...
— De Sa Majesté que ces notes ont été recueillies.

La marquise avança la main :

— Remettez-les-moi.

L'homme ne bougea pas.

— Vous semblez hésiter... N'avez-vous pas reçu l'ordre de vous fier à moi ?

— Si fait, madame la marquise, mais nous avons nos usages.

— Je ne comprends pas.

— Madame la marquise sait ce qui a été dit souvent des écrits et des paroles.

— Ce qui signifie ?

— Que, si madame la marquise y consent, j'aurai l'honneur de lui dicter... ce qui a été dicté.

Reine sourit. Habituée à ces façons mystérieuses, ... ne lui déplaisait pas qu'on usât de ces précautions soupçonneuses.

En tout conspirateur, il est un côté enfantin. L'ombre dont on enveloppe toute démarche semble rendre l'acte plus solennel et plus majestueux.

— Soit, fit la marquise. M. Fouché est un maître.

— C'est le mien, madame, et je ne fais que lui obéir.

— Dictez donc.

Elle s'assit devant son bureau, la plume levée.

Alors Baudus, le confident intime du ministre de la police, l'homme dévoué qui l'aidait à tisser les trames inextricables dans lesquelles il enveloppait ses adversaires, sans jamais s'y prendre lui-même, lut à voix haute, s'arrêtant pour donner à la marquise le temps d'écrire, deux pages de notes... le plan clair et détaillé de la campagne qui allait s'ouvrir dans quelques jours.

C'était de la haute trahison dans tout son cynisme et le but évident, avoué, c'était de contrecarrer ces plans, aux dépens de la France, au bénéfice de l'étranger.

Et telle était l'inconscience de cette femme qu'elle souriait en écoutant cela, notant d'un joli signe de tête, les détails les plus importants.

— Toujours le même système, murmura-t-elle. Napoléon espère séparer ses ennemis et les battre l'un après l'autre. Heureusement que la concentration se fera à temps. Est-ce tout ? ajouta-t-elle, comme Baudus s'arrêtait.

— Oui, madame. Maintenant, me sera-t-il permis de vous demander quel usage vous comptez faire de ces notes.

— Avez-vous l'intention, vous aussi, d'écrire sous ma dictée ?

— Non, madame, seulement, je désire vous avertir que ce sont des documents dangereux à garder chez soi, de quelque main qu'ils soient écrits... et que, dans le temps où nous vivons, il est bon de se mettre en garde, fût-ce contre une perquisition possible.

— Une perquisition ! M. Fouché oserait ?

— M. le duc d'Otrante n'ose rien de son chef, mais, s'il reçoit des ordres, il obéit.

— Suis-je donc en suspicion ?

— Qui sait ?...

— Nous ne sommes ici que deux, vous et moi ; qui pourrait me trahir ?

— Axiome, dit Baudus : on est toujours trois.

— C'est bien. Mes précautions seront prises, soyez tranquille !

Elle ouvrit un tiroir, prit une bourse dont les mailles laissaient voir de l'or et la présenta à M. Baudus, qui fit un pas en arrière, s'inclina et dit doucement :

— Nous travaillons pour l'honneur, madame.

Et ce diable d'homme avait en son accent une ironie latente.

D'un geste irrité, la marquise rejeta la bourse dans son tiroir.

Puis elle sonna et donna l'ordre de reconduire le visiteur.

L'homme sortit.

Reine, seule, resta un moment immobile.

Les consciences les plus sûres d'elles ont des instants d'obscure défaillance, comme si un souffle de justice incomprise passait sur elles.

Le jour baissait; rapprochée de la fenêtre, Reine relisait ces notes et, vaguement, dans un éveil d'imagination, apercevait la France meurtrie, écrasée.

Soudain, comme si elle se fût éveillée subitement :

— Ce n'est pas la France, dit-elle avec un geste de révolte, c'est Napoléon !

Elle se remit à son bureau, puis sonna de nouveau :

— Quand M. le vicomte se présentera, dit-elle, vous l'introduirez dans mon oratoire. Ce n'est pas tout, j'attends un homme, une manière de soldat qui, pour se faire reconnaître, vous montrera une cocarde blanche. Vous le conduirez ici.

Et, la porte refermée, la marquise, de son doigt effilé, étudiait la marche probable des armées qui se heurteraient là-bas, sur la frontière flamande.

IV

Sans prononcer une parole, sans crier gare, se ruant comme un boulet de canon à travers les tables et les consommateurs, le capitaine Laverdière était allé droit devant lui, bousculant le cafetier Loriot qui voulait l'arrêter instinctivement au passage, avait trouvé une porte à côté du comptoir, l'avait ouverte, s'était jeté dans une petite cour, avait escaladé un tas de barriques vides, sauté par-dessus un mur, et finalement s'était trouvé dans un coin de l'impasse Saint-Pierre, au milieu d'un enchevêtrement de voitures de toutes formes et de toutes dimensions, entassées là en attendant le bon plaisir des postillons et des voyageurs.

C'était une arrière-cour des Messageries.

Là, pour souffler un peu et se reposer, Laverdière, délibérément, ouvrit la porte d'une berline et s'affala sur les coussins.

— Ah çà ! murmura-t-il, qu'est-ce qui m'a pris ? Un godelureau me provoque, et moi, qui n'ai jamais manqué mon homme, je me laisse toucher comme un élève de dixième ordre, et pour quelques cris populaciers, pour quelques poings de manants dressés vers moi, je perds la tête !

Il réfléchit un instant :

— Ceci n'est pas clair, reprit-il. Je n'ai jamais eu peur. Ce matin j'ai tué mon homme. Une, deux ! la chose n'a pas traîné. Ce damné jacobin est tombé sans dire ouf !

Il eut comme un frisson.

— N'empêche que, tout à l'heure, j'ai failli être embroché comme un simple lapin... Très fort, ce petit vicomte de je ne sais quoi... et puis, il y avait les yeux de cette diablesse de fille qui me brûlaient le visage... Jolie, cette petite... et puis...

Il s'arrêta brusquement.

— C'est singulier ! mais on dirait que ce visage-là me rappelle... quoi donc ? Je ne sais pas... Allons !... est-ce que je tombe en enfance ?... Je suis solide, que diable !... J'ai bon pied, bon œil, et pour un accident... Je me mettrais martel en tête... Après tout, c'est vrai, l'affaire de ce matin m'a porté malheur... mais le malheur est arrivé... c'est fini... il ne s'agit plus que de sortir d'ici. Je ne tiens pas, pour le moment, à faire de rencontres. Quand il a plu, il faut d'abord se sécher. Je trouverai bien une issue pour sortir sans encombre... Quant aux camarades que je venais cueillir au saut de la diligence... pardieu, je sais bien où les retrouver. Et maintenant du sang-froid, j'en ai vu bien d'autres.

Le capitaine allongea le cou vers une glace, puis vers l'autre, et, finalement, mettait la main sur la poignée de la portière, quand, tout à coup, il entendit des voix. C'était derrière la patache, on parlait bas.

Le capitaine tendit l'oreille.

— Ainsi, tu as bien compris, disait quelqu'un. A dix heures, à l'angle de la rue de l'Éperon. Une maison basse. Six coups à la porte, espacés de deux en deux. Répète-moi le mot de passe...

— *Pro virtute*...

— Et on te répondra... *Pro patria.*

— C'est dit... Et tu es sûr des gens que nous trouverons là ?

— Comme de toi-même...

— Pas d'espions ?

— Les précautions sont trop bien prises. Le signe de ralliement change toutes les semaines. Ce soir, c'est, tu le sais, la main droite posée à plat sur l'épaule gauche... et le masque... Si fins que soient les policiers de Bonaparte...

— Bravo ! et puisse la République...

Les trois hommes s'éloignaient ; leurs voix se perdirent dans un chuchotement.

Laverdière n'avait pas bougé ; il n'était pas homme à troubler des causeurs qui se croyaient si bien seuls, à l'abri de ces véhicules protecteurs et discrets.

— Mordieu ! grommela-t-il, voilà qui prouve que la chance me revient ! Une conspiration, une société secrète, et républicaine encore : je sais bien qui me payera ce renseignement-là. Voyons, il s'agit de ne rien oublier.

Il tira un carnet de sa poche et inscrivit :

— L'adresse au coin de la rue de l'Éperon. Fort bien. Les mots de passe : du latin. Dieu me damne ! phraséologie à la Robespierre. Ah ! j'oubliais... le signe : la main droite sur l'épaule gauche.

Il esquissa le mouvement.

— Très simple ! Ah ! la police ne peut pas connaître tous ces détails ! C'est selon de quelle police vous parlez, mes maîtres ! Et, là-dessus, un copieux repas, avec quelques bonnes bouteilles pour rétablir l'équilibre... et puis au rapport !

Cette fois, aucun incident ne retarda son départ. Il traversa un hangar, se glissa entre les voitures, découvrit une petite porte simplement poussée et, finalement, se trouva dans la rue Montmartre.

Il descendait vers les Halles où, au coin de la rue du Jour, il connaissait un restaurant privilégié, crédit et bonne chère. Et quand il ressortit de là, après une longue station devant le comptoir, où il avait dégusté les liqueurs les plus variées, il se redressait encore plus que de coutume, faisant claquer ses talons et se dirigeant vers le faubourg Saint-Germain.

Qu'était-ce que ce capitaine d'aventures, doublé d'un espion et d'un bravo ?

Sans doute un ardent royaliste, car il avait naguère combattu en Vendée — il y avait quelque quinze ans. Seulement, n'avait-il attaqué que des fourgons d'artillerie ? Et les diligences ne lui étaient-elles pas apparues quelquefois comme butin de guerre ? Et puis il y avait dans sa vie des trous subits, des disparitions inexpliquées. Où se trouvait-il pendant ces éclipses ? Rovigo l'avait attaché pendant quelque temps à sa police. Aujourd'hui, il reparaissait, plus arrogant, plus audacieux que jamais, prêt à toute pêche en eau trouble.

Les époques fiévreuses sont, pour ces sortes de gens, occasion de fortune possible : il était d'ailleurs décidé à tout, fût-ce à risquer sa tête. Il doublait le cap de la quarantaine et entendait se créer une situation définitive et à l'abri des hasards politiques ou autres.

Bref, à se vendre le plus cher possible.

On lui avait indiqué acheteur. C'est pourquoi maintenant il se rendait chez M*me* de Luciennes, à laquelle il était décidé à se dévouer, autant que son intérêt l'y engagerait.

V

A cinq heures, le vicomte de Lorys s'était présenté à l'hôtel de Luciennes.

Il se trouvait dans une singulière disposition d'esprit, estimant que la matinée avait été mauvaise. En deux circonstances, ses sentiments intimes avaient été heurtés : la première fois lorsque, obéissant à un élan irraisonné, il avait pris la défense d'une ennemie de sa cause, — et il lui en voulait si fort de le lui avoir avoué ! la seconde, quand il avait été l'objet de propositions qu'il considérait presque comme outrageantes.

Aussi avait-il hâte de parler à celle qu'il considérait comme sa conscience vivante, de jeter un cri de colère auquel un cri pareil répondrait.

Reine l'avait accueilli avec plus de joie encore que de coutume.

Leurs entrevues intimes avaient lieu dans un petit salon, qualifié du nom d'oratoire, ce qui ne lui déplaisait pas, puisqu'il s'y trouvait seul avec l'adorée, mais qui était en réalité une sorte de chapelle.

La pièce était toute tendue de soie blanche fleurdelisée, avec, au plafond, une sorte de dais dont une couronne formait le centre. Sur l'un des panneaux, le portrait en pied de Marie-Antoinette ; devant elle, sur un fût d'onyx, le buste de Louis XVI. Puis, en face, sur une console du plus pur marbre blanc, un vase de Sèvres avec le médaillon de Louis XVIII.

Des sièges bas, en velours frappé, blanc et or, avaient des allures de prie-Dieu, et, de la fenêtre, garnie de vitraux, les dernières lueurs du jour tombaient sur le tapis, adoucissant les lignes d'un reflet de sacristie.

C'était là que les deux amants — dans le sens le plus

élevé et le plus chaste du mot — amants par l'identité de leur religion, de leurs passions, de leurs espérances, avaient passé de longues et douces heures, emportés dans le monde des rêves, poétisant leurs ambitions, adressant à leurs idoles les effusions qu'ils n'osaient consacrer aux profanes amours. Ainsi, dans l'église, ceux qui ne se peuvent parler, unissent leurs vœux dans le giron de la Vierge souriante.

— Ah! comme il me tardait de vous voir! s'était écriée Reine. Il est des jours où la joie, comme en d'autres la douleur, est trop lourde à porter. Regardez-moi, Georges, et dites-moi que vous me trouvez belle!

Sous le charme profond qui se dégageait de cette femme, Lorys, déjà oubliant tous les soucis du jour, lui avait pris les mains et, se laissant glisser sur le tapis, s'était à demi agenouillé devant elle.

— Oh! oui, murmura-t-il, si belle qu'en vérité quelquefois j'ai peur de ne pas vivre jusqu'au jour béni où cette main pourra, pour toujours, se placer dans la mienne. Comme il me tarde de nous arracher à ce monde de pervers et de traîtres, et, ayant accompli notre tâche, de rentrer dans l'obscurité sacrée où nul bruit du dehors ne viendra plus nous troubler.

Reine, qui avait posé ses deux mains sur ses cheveux, éloigna un peu son visage :

— Eh bien, ami, dit-elle, notre rêve est bien près de se réaliser, si près que nous n'avons plus qu'un effort à faire pour l'atteindre.

— Parlez, bien-aimée. Si vous saviez comme j'aime le son de votre voix! Quelles sont vos espérances nouvelles?

— Dites mes certitudes. A l'heure qui sonne, je tiens entre mes mains, ces faibles mains de femme, tout l'avenir de la France. Nous touchons au but. Pouvais-je douter du succès, d'ailleurs, avec des alliés tels que vous?

— Ne parlez pas de moi : je ne suis qu'un enfant et ne sais que vous obéir... et vous aimer.

— N'est-ce donc rien que cette obéissance, que cette confiance qui vous donne à moi tout entier? Vous exaltez bien haut ce que j'ai fait, mon ami, mais aurais-je la hardiesse d'aller jusqu'au bout de la voie que je me suis tracée, si je n'étais encouragée, approuvée par votre cœur et votre conscience?

— Et ce cœur, cette conscience, comment ne vous appartiendraient-ils pas? N'est-ce pas vous qui les avez formés? n'est-ce pas vous qui, en votre adorable franchise, m'avez donné cette horreur du mensonge, de l'hypocrisie, qui est la seule règle de ma vie? n'est-ce pas vous enfin qui m'avez appris à sacrifier tout, fût-ce mes intérêts les plus chers, à l'honneur et à l'estime de moi-même?

— Je suis fière de vous, mon Georges, fière de cette exaltation héroïque qui, pour notre cause, vous ferait supporter les plus terribles épreuves. Pour notre Dieu, pour notre roi, et cet honneur même, ne seriez-vous pas prêt à le sacrifier, quitte à en mourir, pour avancer d'une minute l'heure du succès?

Lorys, toujours agenouillé, les lèvres sur les doigts de Reine, entendait à peine les mots prononcés, en cet engourdissement doux qui l'enveloppait.

Il l'attirait doucement vers lui, sans qu'elle s'en défendît, et il lui disait tout bas :

— Reine, ma Reine, je me suis dit souvent : Que sont toutes les ambitions, que sont toutes les gloires? Il n'en est qu'une pour moi : votre amour! Ah! si vous m'aimiez comme je vous aime!...

— Enfant! cher enfant!

A peine maître de lui, il avait maintenant passé son bras autour de la taille de la jeune femme, s'enivrant du parfum irisé qui s'exhalait d'elle, sentant son cœur battre près du sien...

Elle lui dit, en des mots qui, pour elle, contenaient toute une promesse :

— Avant quinze jours, Napoléon, vaincu, pleurera ses armées détruites, et notre roi sera aux Tuileries...

Et lui, en la naïveté franche de son adoration impatiente :

— Eh! que m'importe Napoléon? s'écria-t-il, que m'importe le roi? Je ne vois que vous, je ne pense qu'à vous, je vous adore...

Elle se dégagea brusquement, se dressant :

— Que dites-vous? s'écria-t-elle à son tour, quelle parole sacrilège avez-vous prononcée? Georges, rétractez-la. Oubliez-vous donc qui je suis? Égoïste que vous êtes, lorsque se joue la partie suprême, quand l'heure qui va sonner peut être le signal de notre triomphe ou de notre ruine, c'est à moi, c'est à vous que vous pensez! Amour, amour! en est-il un plus pur, plus divin que celui qui nous lie à la cause sacrée de notre roi, le représentant de Dieu ici-bas? En vérité, Georges, si je ne vous connaissais pas mieux que vous ne me connaissez vous-même, je me demanderais si vous avez toute votre raison.

Le vicomte était resté à demi agenouillé, surpris, un peu penaud, pour tout dire.

Certes, il aimait Reine de toutes les forces de son âme, et les mots qu'il avait prononcés n'étaient que la traduction de ses sentiments les plus intimes. Comment pouvait-elle s'en irriter? ne l'aimait-elle donc pas, elle, à lui tout sacrifier?

Elle revint vers lui et lui posant la main sur le front :

— Georges, dit-elle, il ne faut pas de malentendu entre nous. Je ne sais quel doute sinistre a traversé mon esprit. Seriez-vous de ces hommes qui subordonnent les intérêts du ciel aux passions de la terre? « Que vous importe le roi? » avez-vous osé dire! Et c'est à moi que vous avez dit cela? Ah! je vous l'affirme, Georges, je vous aime de toute mon âme, mais si, demain, pour que les portes de Paris fussent ouvertes devant mon roi, il fallait me frapper au cœur et vous frapper avec moi, je n'hésiterais pas! Non, non, vous ne me connaissez pas bien. Il n'est pas d'intérêt, d'affection qui, en moi, puisse dominer cet invincible attachement. Ne lui ai-je déjà sacrifié mes sympathies les plus chères, les plus profondes, à ce point que, si je n'étais certaine de la justice de ma cause, je m'épouvanterais de n'être qu'une ingrate?

Georges la regardait avec une sorte d'inquiétude. Jamais

elle ne lui était apparue en cette frénésie passionnée. A quel fait ignoré faisait-elle allusion? Il s'effrayait presque de l'interroger.

Elle s'était écartée de lui, très pâle, et, accoudée au socle d'onyx, elle semblait regarder dans le passé un souvenir qui la torturait. Elle était maintenant de cette blancheur de nonne qui prouve le renoncement impitoyable.

— Mais qu'avez-vous, Reine? que signifient ces paroles? Je vous en prie, reprenez votre sang-froid. Ai-je donc, sans le vouloir, évoqué, réveillé en vous de terribles souvenirs?

— Oui, fit-elle, terribles, vous l'avez dit. Mais c'est dans ces souvenirs mêmes que je puise ma force.

— Quels sont-ils? Ne suis-je donc plus, pour une parole imprudente et dont je n'ai même pas calculé la portée, ne suis-je plus digne de votre confiance?

— Si, mon ami, dit-elle avec un sourire triste, et je vais vous en donner la preuve. Aussi bien, celle qui doit porter votre nom ne doit pas avoir de secret pour vous; mais, en même temps, l'aveu que je vais vous faire, Georges, vous prouve une fois de plus que, dans mon cœur, il n'y a pas aujourd'hui place pour deux amours! Je me suis donnée, donnée tout entière, et ce sera seulement lorsque j'aurai obéi à ce que je veux appeler ma mission que je redeviendrai moi-même.

Georges baissa la tête : il ne sentait pas en lui-même une pareille grandeur de désintéressement.

— Écoutez-moi donc, dit-elle.

Sa voix prenait des duretés presque métalliques.

— Sachez ceci. Je n'ai pas été seule à porter ce nom de Sallestaines, qui est pour moi non seulement un orgueil, mais un enseignement : une autre femme l'a porté. Cette femme était ma sœur...

— Vous avez eu une sœur? Nul jamais ne m'en a parlé.

— Elle est morte, dit Reine, et jamais plus son nom n'a été prononcé. Elle était de dix ans plus âgée que moi. C'est elle, qui, alors que j'étais tout enfant, m'a fait jouer mes premiers jeux, m'a fait prier mes premières prières.

— Comme vous deviez l'aimer !

— Je l'ai aimée, dit Reine, dont la voix trembla d'abord, puis promptement se raffermit. Aujourd'hui, je ne dois même plus me souvenir d'elle et je n'en parle qu'en frissonnant.

— Et vous dites qu'elle vous a élevée, qu'elle vous a aimée !

— J'avais seize ans, reprit Reine froidement, quand notre père a chassé de chez lui l'homme qui venait lui demander la main de sa fille aînée.

— Quelque roturier ?

— Non, un gentilhomme, de nom tout au moins ; mais cet homme, élève des La Fayette et des Mirabeau, avait embrassé la cause de la Révolution. Ma sœur l'aimait ; elle s'enfuit avec lui. Mon père, l'impeccable gentilhomme, les a maudits tous deux.

— Et cet homme s'appelait ?

— Qu'importe son nom ! Il s'appelle le crime et la honte ; il portait au front un stigmate de sang... du sang de la victime qui est là...

Et, de sa main qui tressaillait, elle montrait le buste de Louis XVI.

— Un jour, continua-t-elle — les yeux fixes, comme hypnotisée par ses souvenirs, — c'était en 1800, — il y eut un dernier soulèvement dans le Bocage ; nos paysans, affolés de colère, se portèrent au château qu'habitaient cet homme et celle qui avait changé notre nom si beau contre son nom infâme. Il se défendit... le château fut pris, saccagé, brûlé... il fut tué... Sa femme, ma sœur, ayant tenté de fuir avec son enfant dans les bras, fut trouvée morte dans un fossé, deux jours plus tard.

— Mais l'enfant ?...

— Avait disparu... tué, sans doute, lui aussi.

Elle s'arrêta un instant, comme pour bien peser les paroles qu'elle allait prononcer ; puis elle dit lentement :

— Georges, regardez-moi bien en face. Cette femme était de ma famille, de mon nom, de mon sang. Entre elle et moi la malédiction de mon père a élevé une barrière infranchissable, car au-dessus de tout, affection, amour, famille, patrie, il y a ceci : Dieu et le roi! Qui les trahit me trahit, qui les combat me frappe. Et maintenant comprenez-vous, vicomte de Lorys, pourquoi tout à l'heure vos paroles m'ont percé le cœur, comme la pointe d'une épée?

Jamais en cette femme qu'il aimait, Lorys n'avait compris, deviné cette fièvre qui ressemblait à l'inspiration d'une prophétesse.

En vérité, sa physionomie elle-même s'était transformée. Une rougeur était montée à ses joues, tandis que dans tout son être il y avait une sorte de frémissement, comme si elle eût été emportée dans un tourbillon de passion.

Et, pour la première fois, il ne se sentait pas gagné par cette ardeur, pénétré de ce frisson, brûlé de cette flamme.

— Mais l'enfant, murmura-t-il, cet enfant de votre sœur qui a disparu, en ces catastrophes terribles de guerre civile, n'avez-vous jamais songé à lui? N'avez-vous pas cherché à savoir ce qu'il était devenu?

— Que m'importe! fit Reine d'une voix sourde. Oubliez-vous que cet enfant est né d'un de ces hommes qui ont nié Dieu, tué le roi, déshonoré la France!

Georges se tut. Il ne lui plaisait pas d'insister; il avait peur d'en entendre davantage. Quelque chose protestait en lui, un instinct de pitié, de justice, qui résistait encore à ces prédications fanatiques.

Reine reprit :

— Mon ami, mon frère; peut-être ai-je eu tort de vous parler ainsi; mais, à la veille d'entamer la lutte suprême, de me séparer de vous...

Il jeta un cri :

— Vous séparer de moi! Que voulez-vous dire?

Elle continua, lui prenant la main :

— Séparation qui sera courte, n'en doutez pas, mais j'ai des devoirs à remplir et vous savez que je ne transige pas. Oui, je vais partir.

— Mais quand cela?

— Demain, après le Champ de Mai.

— Et où allez-vous ? Ne puis-je pas vous accompagner, vous suivre.

— Non... il faut que je sois seule à agir... aussi à prendre certaines responsabilités qui seraient trop lourdes pour un homme. C'est pourquoi, Georges, je m'adresse à vous, faisant appel à toute la sincérité de votre conscience. Il se peut que, dès maintenant, notre calvaire vous paraisse trop dur à monter. S'il en est ainsi, si votre foi est ébranlée, si la tâche entreprise vous semble au-dessus de vos forces, ne reculez pas devant un aveu que l'honneur même vous commande. Je vous tendrai la main et je vous dirai : « Frère, à chacun sa voie, laissez-moi suivre la mienne. »

— Et vous croyez que je pourrais avoir cette lâcheté de vous laisser courir des dangers que je ne partagerais pas ? Est-ce donc ainsi que vous avez foi en mon amour ? Reine, jurez-moi de ne point partir seule, de ne point me quitter ? Où vous irez j'irai... exécutant vos ordres, comme un esclave soumis. Ah ! Reine, est-il donc vrai que vous ayez douté de moi ?... de moi qui ne vis, qui ne respire que pour vous ?

Elle posa sa main sur ses lèvres.

— Si vous saviez combien je désire vous croire !

Le soir était venu ; à travers les vitraux, un dernier rayon de soleil couchant glissait jusqu'à elle, l'enveloppant d'un nimbe lumineux.

— Je suis vôtre, murmura-t-il, à jamais, à toujours. Je ne veux rien qu'être digne de vous.

— Merci ! dit-elle. Dans une heure, soyez ici. Nous avons ce soir une importante réunion. De graves résolutions seront prises. Je compte sur vous.

Georges eût voulu parler, défendre je ne sais quelle cause mal formulée en lui. Il eût voulu crier son amour, sa passion de justice, ses volontés de dévouement. Les mots sortaient à flots de son cœur, mais sur ses lèvres ne trouvaient pas d'expression.

Il s'inclina sur les mains qu'elle lui tendait, les baisa longuement et sortit.

Reine resta un instant immobile ; elle se sentait profondément émue de cet amour jeune, enthousiaste, et, en dépit de ses protestations, il y avait en elle comme un orgueil de se savoir placée au-dessus de tout et de tous.

Reine n'avait jamais aimé; toutes ses énergies s'étaient concentrées en ces passions politiques qui lui donnaient l'illusion de la vie réelle.

Parfois il lui semblait à elle-même qu'elle allait faiblir. Puis elle se souvenait; l'orgueil la clouait de nouveau à sa fidélité royaliste; non, elle n'avait pas le droit d'être femme, c'était la devise familiale : *Non sibi, sed regi !*

Et, passant la main sur son front, elle se rendit dans son cabinet de travail, auprès du capitaine Laverdière, qui l'attendait.

VI

Une heure s'était à peine écoulée quand Georges de Lorys se présenta de nouveau à l'hôtel de Luciennes.

Cette heure avait été pour lui lourde d'angoisses, de troubles indéfinissables. L'amour tout-puissant avait repris sur lui son empire, et, maintenant, il se demandait sincèrement s'il était digne de Reine, si, par ses hésitations, par ses faiblesses, il ne lui avait pas donné le droit de douter de lui.

A travers les rues qu'il parcourait, pour atteindre l'heure du retour, une animation singulière régnait. Allant vers le Champ de Mars — où devait avoir lieu la cérémonie du lendemain — des compagnies de soldats passaient, ayant au canon de leurs fusils des bouquets tricolores. Puis c'était la *Marseillaise* qui montait dans l'air, en une étrange et vibrante mélopée. Jusqu'à un ivrogne qui, debout au milieu de la rue, criait, la face enluminée :

— A bas les étrangers !

Georges se hâtait, attristé plutôt qu'irrité.

Il se jetait dans les rues désertes, pour se livrer de nouveau à son rêve, pour évoquer l'image de Reine, et, tout heureux, il se sentait de nouveau ressaisi, dominé.

Puis il se disait avec effroi qu'elle allait partir, le quitter. N'était-ce pas une séparation définitive? Peut-être n'avait-elle pas voulu lui avouer qu'elle ne l'aimait plus! Il craignait de devenir fou de douleur et d'angoisse. Ne l'avait-il pas été, d'ailleurs, quand il avait osé une absurde tentative de rébellion!

Enfin le temps se passa : il se hâta vers l'hôtel.

Le salon de la marquise était déjà presque rempli.

A la lueur des bougies, des uniformes scintillaient, aussi des costumes d'hommes de Cour. On eût dit une réception princière.

D'unanimes sympathies accueillirent le jeune homme ; tous lui serrèrent les mains.

C'étaient, avec le comte de Trémoville, les officiers dont il avait dit les noms et qui appartenaient à l'état-major de Bourmont: le marquis de Trezec, le baron de Vaudeval, le comte de Guichemont; puis d'anciens émigrés qu'il avait connus naguère, quand il courait le monde avec son oncle, le baron de Tissac, vieillards qui se redressaient avec la fierté des revanches prochaines et décisives.

De l'incident de l'après-midi, entre lui et Trémoville, point de trace apparente.

Tous causaient librement, traitant l'usurpateur et ses bandes avec la désinvolture la plus insolente.

Soudain, une voix aigrelette dit tout haut :

— J'ai honte de revoir à Paris ces misérables qui ont battu l'Autriche à Austerlitz, les Prussiens à Iéna, la Russie à la Moskowa. Mon cœur se révolte en songeant que ces bandits ont montré tant de courage, tant d'ardeur, et aussi, dans la mauvaise fortune, une constance, qui, de la part de tous autres que ces monstres, serait tout simplement sublime. Quels brigands!

Lorys s'était brusquement retourné.

— Vous! mon cher abbé, s'écria-t-il en allant vers lui

les mains ouvertes, que je suis heureux de vous revoir! Qu'êtes-vous donc devenu?

L'abbé Blache — car c'était lui, toujours mincelet, avec sa perruque poudrée et son habit à la française, personnage falot à profil de fantoche, aux yeux petits et clignotants — embrassa cordialement son élève.

— Eh oui! c'est moi, fit-il. Je suis venu voir comment cet imbécile — j'ai nommé Buonaparte — se tirerait d'affaire! C'est vraiment miracle, miracle diabolique, bien entendu, que cette conquête de la France du golfe de Fréjus aux tours de Notre-Dame! Notre roi a eu la dignité, la grandeur de ne pas l'attendre au seuil de son palais. C'est sublime! On ne se commet pas avec de pareilles espèces!

Et le petit abbé, de son accent ironique, arme à double tranchant que Lorys reconnaissait bien, lançait les prosopopées les plus folles.

Tous ricanaient, affectant d'applaudir.

A ce moment, il se fit un léger mouvement: un homme, mince, de haute allure, portant avec une élégance exquise sa quarantaine de courtisan, entra et se vit aussitôt le centre des groupes empressés. L'abbé Blache, comme les autres, alla au-devant de lui.

En un instant, Lorys se trouva seul. Curieux, il se rapprocha. Le nouveau venu accueillait avec une condescendance pleine de dignité l'hommage très réel dont il était l'objet.

Lorys toucha Trémoville à l'épaule:

— Quel est ce gentilhomme? lui demanda-t-il à l'oreille.

— Ne le connaissez-vous pas, fit Trémoville sur le même ton. C'est M. de Malarvic, un des plus fidèles serviteurs de Sa Majesté, ou, pour mieux dire, son confident, le seul qui puisse contre-balancer l'influence de M. de Blacas.

— Et ce jeune homme qui est entré avec lui?

— C'est son fils. A propos, mon cher ami, je vous donnerai un avis amical.

— Lequel?

Trémoville attira Lorys dans l'embrasure d'une fenêtre.

— Ceci est une grosse indiscrétion : promettez-moi de n'en parler à personne.

— Vous me connaissez, Trémoville.

— Pas même à Mme de Luciennes ?

— En vérité, et pourquoi ?

— Parce que... le baron de Malarvic est, m'a-t-on dit, de par la volonté du roi, un prétendant à la main de la marquise.

Lorys étouffa un cri de colère.

— L'impertinent ! Ne sait-il pas que Mme de Luciennes m'a donné sa parole ?

— Permettez-moi de vous faire observer que cette parole échangée est tout intime, car aucune publicité n'a été donnée à ces... fiançailles que j'ignorais ou devais ignorer moi-même.

Lorys se mordit les lèvres. Trémoville disait vrai, et, dans un premier mouvement de dépit, il avait trahi un secret qui n'était pas le sien.

— Ce prétendant, je vous en avertis, ne se laissera pas évincer sans lutter. Le roi a d'ailleurs promis, à ce qu'on m'a assuré, de lui conférer, lors de son mariage, le titre de marquis... et une dot princière. Vous aurez, malgré tout, affaire à forte partie, d'autant que M. de Malarvic, le père, vient de rendre à notre cause un signalé service.

— Lequel ?

— Oh ! ne me demandez pas de politique transcendante, à moi.

Lorys allait redoubler ses questions, quand tous les rangs s'écartèrent : la marquise venait d'entrer.

Toute vêtue de satin blanc, sans un bijou, sans un ruban, elle semblait une statue de marbre descendue de son socle.

Avant que Lorys eût pu faire un pas vers elle, M. de Malarvic s'était approché et l'avait saluée profondément.

Elle lui tendit la main.

— Soyez le bienvenu, lui dit-elle. Messieurs, vous savez tous que M. de Malarvic vient de montrer jusqu'où peut aller son dévouement au roi. C'est grâce à lui que vient de se conclure une trêve entre nos braves Vendéens et les troupes de l'usurpateur.

— Une trêve ? s'écria Lorys, impatient de se mettre en avant. N'était-il pas, au contraire, du devoir des soldats du roi de combattre jusqu'à la mort, attirant vers l'Ouest les troupes de Buonaparte, ainsi éloignées des frontières ?

M. de Malarvic s'était tourné vers le jeune homme, sans doute surpris de cette intervention inattendue.

— Monsieur de Lorys, dit la marquise en prenant place sur un sofa et en invitant du geste le Vendéen à s'asseoir auprès d'elle, tandis que les autres se groupaient en un cercle attentif, vous êtes un vaillant serviteur du roi. Mais peut-être n'avez-vous pas été à très bonne école politique. Ceci soit dit sans vous offenser, mon cher abbé Blache. Vous eussiez dû expliquer à votre cher élève que parfois il faut se résigner à une concession pour obtenir un avantage plus important. Si nous avons consenti à laisser reposer les armes de nos meilleurs défenseurs, ce n'a pas été, croyez-le bien, sans stipuler des compensations d'une importance capitale. M. Fouché s'est prêté à cette délicate négociation, et Sa Majesté lui en témoignera à l'occasion sa satisfaction.

— M. Fouché ! s'écria l'incorrigible, pactisons-nous donc maintenant avec les régicides ?

Il y eut un silence glacial; de fait, Lorys, avec son imprudence juvénile, embarrassait tout le monde.

Mais la marquise, sans rien perdre de son aisance ordinaire :

— Haute diplomatie, monsieur de Lorys. Je suppose d'ailleurs que vous me faites l'honneur de ne pas douter de moi.

Lorys se sentit pâlir. En une nuance imperceptible de voix de Reine, il avait compris qu'il commettait une lourde faute, et cela juste au moment où on venait de l'avertir d'un péril imprévu.

— Monsieur de Trézec, reprit Reine, j'ai reçu ce matin même un billet de M. de Bourmont; il attache la plus grande importance à ce que M. de Chambois, ce noble gentilhomme assassiné par les jacobins, soit remplacé le plus promptement possible. Vous savez de quel intérêt il est pour nous que le corps d'officiers qui entourent le lieutenant général soit dévoué au roi. Je vous ai remis une commission. Avez-vous fait votre choix ?

Lorys tressaillit. Décidément, il devait marcher ce soir-là de surprise en surprise. Ainsi, c'était Mme de Luciennes qui recrutait des officiers pour l'armée de Napoléon !

— J'avais chargé M. de Trémoville, dit Trézec, de faire ce choix. Je sais qu'il avait à cœur de désigner lui-même...

— Eh bien, monsieur de Trémoville, quel est notre nouveau lieutenant ?

— A mon grand regret, madame la marquise, je dois vous avouer que mes prévisions ont été absolument trompées. Le gentilhomme auquel, dans ma pensée, ce grade était destiné a obstinément refusé de l'accepter.

— Et vous dites que c'est un bon serviteur de notre cause ?

— Je ne crois pas en connaître de meilleur...

— Son nom ?

— Je me suis engagé sur l'honneur de le taire...

— Et il vous rend votre parole, monsieur de Trémoville, s'écria Lorys. Ce gentilhomme, qui s'est étonné qu'on lui demandât de servir dans l'armée de Buonaparte, c'est moi !

Cette fois Reine n'avait pu réprimer un mouvement d'impatience.

Lorys vit ses yeux s'attacher sur les siens, avec une expression de colère, presque de menace.

— J'ignorais, balbutia-t-il, que cette offre vînt de vous.

— Ce motif ne saurait prévaloir contre votre volonté.

— Il me semblait, dit-il de plus en plus troublé, qu'il était contraire à mon devoir...

— Votre devoir est de servir le roi.

— Et je suis prêt à me faire tuer pour Sa Majesté, mais non pour l'homme que je méprise et que je hais.

— Eh! qui parle ici de se faire tuer pour M. de Buonaparte. Il s'agit de M. de Bourmont, de lui seul, et je vous affirme qu'il n'est point de meilleur soldat du roi.

— Aussi, madame, dit le baron de Malarvic en prenant pour la première fois la parole, je m'estimerais trop heureux si, au refus de M. le vicomte de Lorys, vous vouliez bien inscrire mon nom sur ce brevet.

Trémoville et Lorys échangèrent un regard.

— Vous avez dit... au refus de M. de Lorys, dit Trémoville.

— Et j'accepte, ajouta Lorys en s'inclinant devant Mme de Luciennes.

Le baron Hector de Malarvic se retourna et les deux hommes restèrent un instant immobiles, les yeux dans les yeux.

Les officiers avaient entouré Lorys et le félicitaient chaudement de sa décision.

Et lui, en une sorte d'ivresse, les écoutait sans les entendre.

— Il n'y a pourtant pas deux façons de servir, murmura-t-il.

— Si fait, dit une voix ironique à son oreille. Voyez les Saxons à Leipzig.

Lorys frissonna. Ce souvenir subitement évoqué d'une trahison épouvantable sur le champ de bataille le pénétrait d'horreur. Mais comme il allait rejoindre l'abbé Blache — car il avait bien reconnu sa voix — et lui demander l'explication de ses sinistres paroles, il vit le baron Hector s'approcher de la marquise qui l'accueillait avec son meilleur sourire.

Il revint prendre sa place dans le groupe qui entourait Mme de Luciennes.

Et la conversation s'engagea pendant quelques instants encore. On parlait de la cérémonie du lendemain. Quelques-uns affirmaient que Napoléon serait accueilli par des huées.

— N'oubliez pas, dit Trémoville à Lorys, que demain nous montons au Calvaire.

— J'y serai, répondit Lorys, et je ne sais si je pourrai me défendre de crier : « Vive le roi ! »

La marquise lui fit un joli geste de menace.

— Vous obéirez à la consigne... qui est d'observer le silence le plus absolu.

Elle avait donné le signal du départ, comme une souveraine congédiant sa Cour.

M. de Malarvic avait sollicité pour son fils la permission de venir présenter ses hommages à Mme de Luciennes.

Elle avait regardé Lorys et avait répondu en s'excusant, quant à présent, sur son prochain départ.

Elle ne lui tenait pas rigueur.

Et comme, avec la versatilité de la jeunesse, il se sentait fou de joie :

— Laissez partir tout le monde et revenez ici dans dix minutes, lui dit-elle à voix basse.

VII

Que s'était-il passé entre Mme de Luciennes et le capitaine Laverdière ?

L'attente du visiteur avait été assez longue — c'était pendant l'entretien entre Reine et Lorys dans l'oratoire — pour que le capitaine — ayant plantureusement réparé les fatigues de la journée — se fût trouvé porté aux douceurs d'une sieste bien gagnée. Si bien qu'oubliant les règles les plus élémentaires de la politesse française, très négligemment il s'était étendu sur le sofa qui, dans le cabinet de travail de la marquise, faisait face à la fenêtre, puis s'était consciencieusement endormi.

Il n'avait pas entendu la porte s'ouvrir.

La marquise, sans y songer, s'était arrêtée à l'examiner, et une expression de pitié mettait un pli à sa lèvre. Elle avait l'intuition que cet homme appartenait à une race d'élite, elle le plaignait d'être tombé si bas.

Tout à coup il ouvrit les yeux et, dans l'effarement du réveil, il se dressa au port d'arme, le chapeau à la main.

— Pardonnez-moi, madame la marquise, mais la lassitude, la chaleur...

Elle l'interrompit d'un geste hautain :

— Inutile de vous excuser. Répondez à mes questions. Les hommes sur lesquels vous disiez devoir compter...

— Sont à vos ordres, madame, comme leur chef.

— Quels sont ces hommes?

Le capitaine eut un léger ricanement :

— De fort honnêtes gens, prêts à toutes besognes bien payées.

— Et à la trahison sans doute, en faveur de qui les payerait mieux?

Laverdière sembla réfléchir un instant et, de la meilleure foi du monde, il répondit :

— C'est probable.

— Courageux?

— Jusqu'à la potence... vieux style.

— Sont-ils nombreux?

— Six, pas un de plus, pas un de moins. Je ne sais encore quelle mission madame la marquise a l'intention de me confier, mais je lui affirme, avec mon expérience de batailleur, que le petit nombre, en beaucoup de circonstances, est une garantie de succès.

— Je le crois... Cependant, il est un point sur lequel je dois insister...

Elle le regardait bien en face.

— Il me déplairait fort que des hommes, luttant pour une cause respectable entre toutes et qui peuvent courir de grands dangers, par exemple celui de tomber aux mains de nos adversaires politiques, eussent dans leur passé des taches si déshonorantes que la boue pût en rejaillir sur le drapeau qu'ils auraient servi.

— Madame la marquise ne suppose cependant pas que,

pour des besognes mystérieuses en lesquelles on est toujours à la peine et jamais à l'honneur, où on risque sa vie pour quelques écus, je puisse racoler des prix de vertu.

Il avait dit cela rudement, presque impoliment.

— Ces hommes, peu importe en somme ! Mais leur chef ?

Laverdière eut un singulier mouvement :

— Madame, vous plairait-il de traiter leur chef, non plus comme un instrument qu'on achète, mais comme un homme qu'on associe à son œuvre. Oh ! en ce cas, le chef est tout prêt à vous faire sa confession entière et à vous laisser juge vous-même de son indignité.

Et comme la marquise, surprise du ton presque solennel dont il avait prononcé ces paroles, gardait un instant le silence :

— Et maintenant, madame, ajouta-t-il, j'attends vos ordres.

— C'est à vous d'abord à stipuler vos conditions.

— Soit, cinquante louis par homme, pour un service de quinze jours.

— J'en donnerai cent.

— Ils accepteront.

— Et pour vous ?

— Rien, si vous voulez.

C'était la seconde fois qu'il proposait à la marquise une sorte de pacte qui le placerait sur un pied d'égalité avec elle.

— Ce serait trop cher, dit-elle. En argent ?

— Le double de ce que recevront mes hommes.

— C'est convenu, six cents louis pour vos hommes, douze cents pour vous.

— Pardon, madame la marquise n'a pas compris, je ne demande que le double de la solde d'un homme, deux cents louis.

— Veuillez m'épargner ces discussions, j'ai dit.

— Je m'incline, c'est royal ; seulement...

— La récompense se mesure au service rendu... Réussissez et vous me demanderez ensuite ce que vous voudrez...

— J'espère que nous réussirons et j'aurai l'honneur de vous rappeler votre promesse... peut-être alors me permettrai-je de vous demander...

— Quoi donc?...

— Plus que de l'argent peut-être.

— Soit!... ceci viendra en son temps. Encore une question. Aucun lien d'intérêt, d'affection, de reconnaissance ne vous attache...

— A qui donc, madame? fit Laverdière cherchant avec une curiosité très réelle pour qui on pouvait lui supposer un sentiment quelconque.

— A l'usurpateur, à Napoléon?

— Ah! pour celui-là! s'écria Laverdière, soyez sans inquiétude!

Et il ajouta étourdiment :

— L'empereur et les gendarmes, mes deux haines!

Il entrait décidément dans la voie des confidences.

— Si bien, dit-elle, que s'il fallait vous attaquer directement à Napoléon.

Le capitaine eut un geste muet, mais expressif, qu'un poulet eut reconnu.

Et il ajouta :

— La campagne commence à singulièrement me plaire, je vous l'avoue, et je serais capable de l'entreprendre gratis. Un seul mot, agirai-je moi-même, ou serai-je soumis à un chef?

— N'ayez crainte. Le chef qui vous dirigera vous laissera assez de latitude pour que vous ayez à user largement de votre initiative.

— Donc, je me résigne. Et à quand l'expédition? Il me tarde de me mettre en route.

— Pouvez-vous partir demain?

— Demain, soit! Où allons-nous?

— Ecoutez.

Elle alla vers son bureau, ouvrit un tiroir et en tira un pli cacheté; puis, posant son doigt sur la carte étendue :

— Ici, dit-elle, à deux lieues au plus de Maubeuge, se trouve un village, Bergstein. Vous irez là, à une auberge qui a pour enseigne : *Au Cygne bleu;* vous attendrez, sans donner d'autre indice de votre présence que de boire et manger, ainsi qu'il vous conviendra. Au bout d'un, de deux jours, peut-être plus, quelqu'un arrivera à cette même auberge, — ne vous inquiétez pas, on vous reconnaîtra, — vous vous mettrez aux ordres de cette personne, auprès de qui la lettre que voici vous accréditera. Il se peut qu'on vous charge de quelque mission, vous obéirez; cependant, quoi qu'il arrive, vous devrez vous trouver le 15 au plus tard à Philippeville, sur la frontière belge. C'est aussi le rendez-vous de vos hommes, qui devront se cacher chez quelque paysan et ne pas attirer l'attention. Vous avez bien compris ?

— Et j'ai pris ces détails en mémoire. Et après le 15 ?

— A Philippeville, vous recevrez vos instructions décisives. Surtout pas d'imprudences, pas de bagarres, pas d'ivresse, pas de débauche. Pouvez-vous me donner vous-même votre parole que vous n'accepterez aucune provocation, que vous vous déroberez à toute querelle ?

— Sauf cas de force majeure, bien entendu. Je vous fais cette promesse avec d'autant plus de facilité qu'elle concorde avec une résolution prise par moi, il y a quelques heures, à la suite d'une fort sotte querelle, un duel en pleine rue.

— Vous avez été blessé ?

— Peu s'en est fallu que je ne fusse tué, une fine lame que mon adversaire, un certain vicomte de... ma foi ! j'ai à peine entendu le nom, qui avait pris fait et cause pour une petite jacobine, à laquelle sans doute il fait les yeux doux.

En deux mots, il conta l'affaire.

— Et ce qui m'agace le plus, dit-il, c'est que ce freluquet se croit en droit de me taxer de lâcheté.

— Qu'importe tout cela ?... vous ne reverrez sans doute jamais votre adversaire.

— Oh ! je lui dois une revanche, je le retrouverai.

— Prenez ce portefeuille, il contient une partie de l'argent que je vous ai promis ; dépensez d'ailleurs sans compter, surtout au moment décisif.

— Je ferai de mon mieux.

— Soyez parti dès demain matin.

La marquise s'était levée : l'audience était terminée. Laverdière s'inclina et fit un pas vers la porte. Tout à coup, s'arrêtant :

— A propos, madame la marquise, le hasard m'a mis tantôt en possession d'un renseignement qui pourrait vous intéresser, peut-être.

— Dites.

Laverdière lui répéta la conversation mystérieuse qu'il avait surprise dans l'arrière-cour des Messageries.

— Je ne sais pas quels sont vos projets, dit-il, mais il est bon de savoir que nos pires adversaires conspirent.

— En effet, fit Reine songeuse, ces Jacobins ne désarment pas et croient que l'heure est bonne pour la pêche en eau trouble. Je vous remercie ; ce renseignement peut m'être fort utile.

— Vous avez bien retenu l'adresse, le mot de passe, le signe ?

— Oui, oui.

— Et si j'avertissais Fouché ?

La comtesse ne répondit que par un geste d'insouciance.

Le capitaine salua une dernière fois et se retira.

VIII

On devine avec quelle émotion Lorys avait entendu la marquise lui donner à voix basse l'ordre de revenir auprès d'elle.

A cette heure, une seule sensation dominait toutes les

autres. Il aimait. Reine, héroïne ou femme, s'était emparée de lui tout entier et, si encore, tout au fond de sa conscience, restait un trouble inexpliqué, il ne voulait plus le subir. Reine l'avait dit, l'heure approchait où elle serait à lui, où tous ses dévouements recevraient leur récompense.

Que lui importait le reste? Il se livrait avec délices au tourbillon qui l'entraînait et, s'il devait être écrasé dans la tempête, il rêvait cette mort, exquise de par la main qui le frapperait.

A onze heures, il se présentait de nouveau à la porte du petit salon de Mme de Luciennes.

Elle ouvrit elle-même et Lorys laissa échapper une exclamation de surprise.

Reine avait revêtu un costume de drap qui tenait à la fois de l'habit masculin et de la robe d'amazone. Un chapeau de soie, bas, à bords cambrés, était posé sur ses cheveux relevés et soigneusement cachés.

Et comme il la regardait ou plutôt l'admirait, sans songer à l'interroger :

— Monsieur le vicomte, dit-elle en souriant, consentira-t-il à m'offrir son bras?

— Vous sortez? s'écria-t-il.

— Nous sortons! affirma-t-elle.

— A pareille heure!

— Oh! fit-elle, ne saurez-vous donc jamais obéir sans protestation.

Protester! il y songeait bien! Jamais Reine ne lui avait paru plus divinement jolie, égayée, sans doute, à la pensée de cette fugue nocturne.

— Aidez-moi, dit-elle.

Il dut poser à ses épaules un léger manteau qui l'enveloppait tout entière.

— Mais, fit-elle, vous ne me demandez pas où nous allons?

— Que m'importe, dit-il, puisque vous y allez!

— A la bonne heure, voilà comment je veux être aimée!

En parlant, elle avait ouvert un petit coffret et y avait

pris deux pistolets à crosse d'ivoire, véritables bijoux, et les avait glissés dans sa poche.

— Allons-nous donc à une bataille?... demanda Lorys, croyant à quelque insignifiante précaution de femme.

— Qui sait, dit-elle en riant, on peut rencontrer des bêtes féroces.

— N'ai-je pas mon épée?

Sans lui répondre, elle avait passé son bras sous celui du jeune homme, et, l'entraînant dans le parc, elle l'avait conduit vers une petite porte.

Un instant après, ils se trouvaient dans la rue.

La nuit était profonde. Un orage menaçait, des éclairs jaillissaient, intermittents.

Certes, Lorys eût peut-être préféré, à cette excursion dans le noir, une belle et bonne causerie, là-haut, dans le boudoir discret. Mais il se laissait emporter au charme romanesque de cette promenade nocturne, à laquelle l'orage prochain donnait une étrangeté de plus.

Ils allaient d'un pas lent, sans parler d'abord. Un éclair plus vif avait provoqué chez Reine un tressaillement qui l'avait plus étroitement serrée contre son cavalier.

— Oh! la courageuse héroïne, lui dit-il tout bas, qui a peur d'un éclair!

— Un reproche?

— Non, certes, au contraire. Ah! Reine, vous ne pouviez pas me donner plus grande joie que de vous mettre ainsi sous ma protection! Ainsi vous êtes si délicieusement femme, je vous retrouve si exquisement faible que j'ai la fierté de mon amour et de mon dévouement. Où allons-nous? Je ne vous le demande pas, je ne veux pas le savoir. Allons loin, bien loin, ainsi tout droit devant nous, au hasard, et appuyez-vous jusqu'à ce que, trop lasse, je vous ramène dans mes bras, comme un enfant.

Elle écoutait, sans interrompre, sans résister à l'engourdissement doux que lui mettait au cerveau cette voix jeune et musicale.

Il l'avait dit, en ce moment elle était femme et rien que femme : l'obscurité, l'électricité dont l'air était chargé, tout agissait sur elle ; elle ne se défendait pas, n'éprouvait même pas de surprise.

Il parlait ces paroles vagues et imprécises qui sont la vraie langue de la passion, ce n'était presque qu'un murmure qui arrivait à son oreille, mais elle le comprenait avec cette intuition qui prête un sens même aux battements du cœur.

Soudain un coup de tonnerre, encore éloigné, mais brutal, l'éveilla de cette délicieuse torpeur.

Elle regarda autour d'elle.

— Où sommes-nous ? murmura-t-elle.

— Eh ! le sais-je ? Allons encore.

Mais il semblait que tout à coup le charme eût été rompu.

— Ah ! fit-elle, nous sommes dans la bonne direction. Vous connaissez la rue de l'Éperon ?

Lorys eut peine à réprimer un mouvement d'impatience. Ils avaient donc un but autre que le pays des rêves.

— Cette rue est à deux pas d'ici, dit-il. Il nous suffit de tourner à droite.

— Bien, venez.

Ils s'engagèrent plus rapidement dans le dédale de rues qui serpentait entre le parc de l'hôtel Chatoauvieux et l'ancien cimetière Saint-André.

Puis Reine s'écria :

— Chut ! dit-elle, nous sommes arrivés.

Lorys regardait autour de lui. Il voyait vaguement à quelque distance, au coin de la rue, une petite maison qui lui semblait inhabitée.

— Arrivés ? où cela ? demanda-t-il.

— Ami, dit-elle rapidement, il se peut que nous courions quelque danger, c'est pourquoi je vous ai prié de m'accompagner. Vous voyez cette maison ?

— Dites que je la devine.

— Eh bien, avez-vous remarqué, depuis les quelques minutes que nous sommes ici, que des ombres se sont glissées contre cette maison et ont paru disparaître dans la muraille.

— Ce sont des passants qui se hâtent et que nous perdons de vue.

— Point, Georges, ce sont des conspirateurs qui se rendent à un rendez-vous mystérieux et c'est leur secret que je veux pénétrer.

Si quelqu'un avait pu en ce moment examiner le visage de Lorys, il y aurait surpris les traces non équivoques du plus amer désenchantement.

Quoi ! tandis qu'en toute sa naïveté juvénile il se laissait bercer par ses illusions, alors qu'il croyait Reine saisie, enveloppée, pénétrée de cette poésie qui débordait de lui, voici que cette maudite politique reparaissait, comme ces diables noirs qu'un enfant, sous la pression d'un ressort, fait jaillir d'une boîte.

Maintenant elle lui expliquait : c'étaient des jacobins qui se réunissaient pour quelque besogne criminelle. Or, il était de son devoir, à elle qui avait charge d'âmes, de connaître jusqu'où pouvait aller l'audace de ces gens. Peut-être y avait-il quelque manœuvre à combattre, quelque complot à déjouer... Le roi...

Lorys l'interrompit, étouffant un soupir :

— Allons, dit-il.

Elle s'était de nouveau transformée. Elle lui donnait le mot de passe, le signe. Surtout qu'il prît bien garde de ne point se trahir. Il répondit de lui-même, il était résigné à tout.

Il mit le masque qu'elle lui présenta.

— Venez, dit-elle, pour Dieu et pour le roi !

Une exclamation quelque peu impertinente vint aux lèvres de Lorys. Il la retint.

Ils n'eurent pas de peine à trouver la petite porte, quelqu'un les précéda, frappa et disparut.

Lorys, le premier, entra et frappa à son tour. Tout se passa sans encombre, la défiance n'était pas éveillée.

Ils pénétrèrent dans une salle basse, mal éclairée de quelques chandelles fumeuses ; l'auditoire assez nombreux se perdait dans une demi-obscurité.

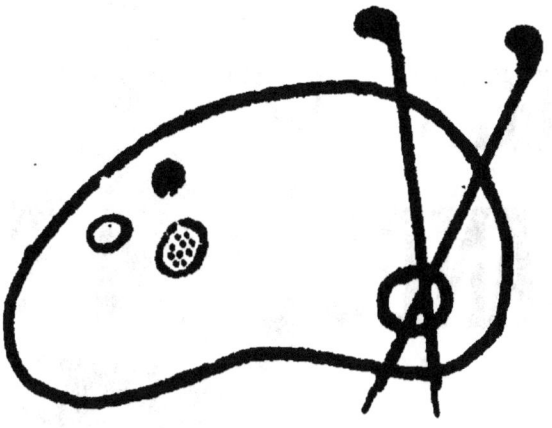

Couvertures supérieure et inférieure en couleur

N° 47　　　　　　　　　　　　　　　10 centimes

32 PAGES

LES GRANDS ROMANCIERS FRANÇAIS

JULES LERMINA : REINE

L. BOULANGER, éditeur, 90, Boulevard Montparnasse, PARIS

Ont paru dans :

LES GRANDS ROMANCIERS FRANÇAIS :

LE FILS DE FAMILLE
Par XAVIER DE MONTÉPIN
Livraisons 1 à 10

LE JEU DE LA MORT
Par PAUL FÉVAL
Livraisons 10 à 21

LA TONTINE INFERNALE
Livraisons 21 à 32

FLEURETTE
HISTOIRE D'UNE BOUQUETIÈRE
Par E. SCRIBE
Livraisons 32 à 44

Après cette charmante histoire, nous continuons par :

REINE
Par JULES LERMINA
Livraisons 45 à 52

Paris.—Imp. Paul Dupont (Cl.)

Georges de Lorys s'était jeté au-devant d'elle...

47ᵉ LIVR.

Nul d'ailleurs ne paraissait prêter attention à leur présence.

Quelqu'un parlait d'une voix mâle et forte.

Lorys regarda et eut un soubresaut involontaire.

Voici que justement l'homme qui, debout devant une petite table, semblait le président de cette réunion, lui était connu ! Chez des jacobins, c'était jouer de malheur; car, certes, comment s'imaginer qu'il retrouverait justement là le vieillard que, quelques heures auparavant, on lui avait désigné comme un ancien forcené de 93, ce Carthame... qui était aussi, à ce qu'il paraît, le grand-père de la plus charmante petite révolutionnaire ?...

Et, involontairement, Lorys chercha du regard sa jolie ennemie, dont au fond il se devinait l'ami.

Carthame, vieillard robuste, un peu voûté, avec un front vaste et plat, sur lequel de lourdes boucles blanches mettaient comme une couronne d'argent, disait de sa voix pleine et mâle :

— Vous avez bien compris, citoyens. Ou demain, à cette solennité du Champ de Mai, nous jetterons à bas de son trône, nouveaux Brutus du nouveau César, l'homme qui s'est encore une fois emparé du pouvoir, ou bien, dociles à une autre voix dont vous avez entendu ici les échos, vous jurerez non à l'homme, mais à la France, de vous faire tuer aux frontières, sous les ordres du chef que l'armée aura acclamé, de Napoléon. Choisissez.

Un profond silence régnait.

— Que dit Jean Chêne ? demanda une voix.

Lorys vit alors se lever un homme qu'il reconnut encore, quoiqu'il l'eût à peine aperçu, c'était le compagnon de voyage du vieillard, celui qu'il avait vu tenir entre les siennes les mains de Marcelle.

C'était un homme de trente-cinq à quarante ans, au visage martial, aux cheveux coupés ras, aux moustaches noires et épaisses, ombrageant des lèvres fortes.

— Compagnons du Gui, dit-il, vous savez ma haine contre l'homme qui a tué la République, tué la liberté... Vous savez encore que j'ai été l'ami, le frère d'armes de celui dont le souvenir est toujours présent au milieu de vous, de Jean-Jacques Oudet, le chef des Philatèthes, mort dans mes bras à Wagram... assassiné...

Il se tut : un murmure passa. Tous se souvenaient.

— Aujourd'hui que des débris des Philatèthes s'est formée cette Société des compagnons du Gui, dévoués jusqu'à la mort à la liberté et à la patrie, c'est à moi que vous avez donné l'autorité suprême. Je n'en veux pas user. Ce n'est pas un ordre que je vous apporte, c'est un conseil que je vous demande, à vos consciences de soldats, de Français et de républicains. Certes, je serai le premier, si vous le voulez, à saisir demain par son manteau de parade l'homme que nous haïssons et à le frapper sans pitié. Mais je vous adjure de répondre à cette seule question : lui mort, qui prendra le commandement de l'armée ? Vous connaissez la situation ; l'étranger nous menace et s'apprête à nous écraser, aux acclamations de ces royalistes qui sacrifient la patrie aux ambitions séniles de leur roi. Napoléon tombé dans cette catastrophe dont nous aurons été les auteurs, quelle main réunira les troupes en ce moment éparses, quelle volonté unique et forte les lancera en avant, quel drapeau les groupera dans ce suprême effort d'où dépend la vie même de la France ? Je vous le demande, répondez.

Une voix cria :

— La Convention !

Carthame se dressa auprès de Jean Chêne :

— La Convention, s'écria-t-il, j'en étais ! j'ai ma part de ces souvenirs grands et terribles... je la revendique, je la veux ! Nous avons eu l'audace de prendre l'impossible corps à corps, nous nous sommes colletés avec la fatalité, nous avons saisi le destin à la gorge ! La bataille a été rude. N'ayant pas assez de boulets, nous avons lutté à coups de têtes. L'ennemi vaincu, nous sommes tombés brisés, usés, finis, les veines vides de sang. Voilà ce qu'a fait la Convention. C'est cela que vous voulez aujourd'hui, soit ! Une seule question : où sont vos conventionnels ? Ceux d'autrefois furent les jeunes, les vivants, les ambitieux, ambitieux surtout de mourir... parce qu'ils étaient comme éclos d'une France nouvelle; ils avaient jailli de cette terre vierge, de ce sol inexploité que la Révolution avait découvert et labouré. Où est aujourd'hui cette virginité de forces ? Où est cette race vigoureuse et pure ? Oubliez-vous que tout ce qui a une énergie, tout ce qui a un nom, tout ce qui a une valeur est depuis quinze ans courbé, plié, avili ? Chanceliers, chambellans, dignitaires, laquais de magistrature ou valets de cour, vendus ou à vendre, voilà le personnel de votre Convention. Et qui la présiderait ? Fouché ? La Convention est morte, vous ne la ressusciterez pas...

Jean Chêne reprit alors son plaidoyer. Selon lui, l'influence de Napoléon, son prestige au point de vue militaire étaient encore tout-puissants. Il ne pouvait entrer dans la pensée d'aucun patriote de laisser toutes grandes ouvertes les portes de la France. Mais il fallait prendre une décision. Avec Napoléon ou contre lui.

— Décidez ! crièrent les assistants. Vous êtes le chef, nous obéirons.

Jean Chêne garda un instant le silence :

— Écoutez-moi, dit-il. Que demain, à l'heure du défilé, tous les compagnons du Gui soient à leur poste. Vous savez que l'un des régiments nous appartient tout entier ; quand il passera devant le César... regardez tous, écoutez tous... un signal vous sera donné... si clair que pas un d'entre vous ne pourra se méprendre. Tout dépendra, je vous le dis, de l'attitude du peuple... de l'armée tout entière. Si l'heure est venue pour nous de nous dévouer à l'effrayante tâche du relèvement de la patrie, n'ayez crainte, nous ne faillirons pas à notre devoir. Si au contraire notre conscience nous dit que cet homme est encore nécessaire à la patrie, alors nous rentrerons dans le rang et nous nous ferons tuer à ses côtés. M'avez-vous bien entendu... et jurez-vous de m'obéir ?

— Oui, oui ! crièrent toutes les voix.

— Encore un mot, reprit le chef ; donc demain, toutes les sections convoquées, les hommes armés, prêts à agir ;

dans les rangs, pas un cri ! et maintenant, séparons-nous. Il nous faut redoubler de prudence. Nous savons que des traîtres ont formé l'infâme projet de trahir la France. On m'a affirmé — mais je ne veux pas le croire — que des gens, des royalistes, ont tenté de voler, dans les bureaux de la guerre, les plans de la campagne pour les livrer à l'ennemi.

Un cri d'indignation sortit de toutes les poitrines.

— Quels sont ces misérables ? Nommez-les !

— Nous les connaîtrons, soyez-en sûrs. Et justice sera faite, et sur leurs fronts de royalistes, nous imprimerons le sceau d'infamie et de lâcheté.

— Il n'y a de lâches et d'infâmes que ceux qui osent insulter le roi de France !

Ainsi soudain cria une voix jeune, passionnée, une voix de femme.

Et Reine de Luciennes, debout, frémissante, le visage découvert, bravait du regard ces hommes qu'elle haïssait.

Oh ! comme elle avait souffert depuis les premières paroles prononcées ! A mesure que Carthame ou Jean Chêne parlaient, elle se sentait ressaisie plus despotiquement par sa passion, par ses préjugés, par ses colères.

Ces mots de liberté, de Convention, en réveillant ses souvenirs les plus détestés lui avaient mis au cerveau comme une sorte d'ivresse, et peu à peu elle avait oublié et qui elle était et où elle se trouvait.

C'était comme dans un rêve, sous l'empire d'une de ces surexcitations cérébrales qui procèdent de la névrose — et en cette vierge il y avait des névroses ignorées — qu'elle s'était dressée, qu'elle avait crié.

— Une espionne !

Le mot terrible jaillit de toutes les lèvres.

Un cercle formidable se resserrait autour d'elle.

Alors brilla l'éclair d'une épée.

Georges de Lorys s'était jeté au-devant d'elle, résolu à se faire tuer pour la défendre.

Chose étrange, lui aussi s'était trouvé sous le coup d'une sorte d'engourdissement, de semi-ivresse : ç'avait été comme une langue nouvelle qu'il entendait pour la première fois et qu'il s'étonnait de comprendre.

Soudain le cri de Reine de Luciennes l'avait rappelé à la réalité, et il était là, à son poste de chevalier.

Carthame et Jean Chêne s'étaient élancés à travers les rangs pressés, écartant les épées qui sortaient des fourreaux.

— Pas de violence ! cria Jean Chêne d'une voix tonnante.

Puis, s'adressant au vicomte :

— Monsieur, lui dit-il, qui êtes-vous ? Quelle est cette femme ? Comment tous deux vous êtes-vous introduits ici ? Êtes-vous donc des gens de police ?

— Je n'ai pas à vous répondre, répliqua Lorys. Le premier qui fait un pas vers ma compagne, je le tue. Maintenant, si vous n'êtes pas des lâches, ouvrez vos rangs et laissez passer madame...

— Pas avant, du moins, qu'elle nous ait dit son nom, cria une voix.

— Mon nom ? répliqua-t-elle ; je m'appelle Reine de Sallestaines, marquise de Luciennes.

Un cri lui répondit.

Jean Chêne était devenu affreusement pâle.

Il se tourna vers ses amis.

— Compagnons, dit-il, nous ne faisons pas la guerre aux femmes. Laissez passer celle qui a porté le nom de Sallestaines.

Et en prononçant ce nom, sa voix prenait une solennité singulière.

— Allez, madame, reprit-il, vous êtes libre.

Puis, s'adressant au vicomte :

— Quant à vous, monsieur, vous ne vous étonnerez pas, sans doute, que nous ayons, d'homme à homme, certaines explications à vous demander.

Reine était restée immobile, les bras croisés, dédaigneuse de cette liberté qu'on lui donnait avec une sorte de pitié.

A ce moment, à un des coins de la salle, une petite

porte s'ouvrit et une jeune fille se précipita dans la salle, s'écriant :

— Père ! mes amis ! la police !

— La police ! Ce sont ces espions qui nous ont dénoncés !

Une chaleur de colère montait aux cerveaux.

— Vous en avez menti ! cria Lorys, que le soupçon d'espionnage affolait.

Mais la jeune fille — Marcelle — avait tout à coup reconnu le jeune homme, et s'élançant vers lui :

— Vous, vous ici, monsieur ! Mais que se passe-t-il donc ?

— Tu connais cet homme ? demanda Jean Chêne.

— Mais, c'est lui qui ce matin m'a défendue. Vous n'avez pas oublié, lorsqu'un misérable m'insultait dans la rue ?

Reine écoutait, immobile. Cette intervention subite d'une femme n'avait fait qu'augmenter la colère qui bouillonnait en elle. Et voici que cette fille prenait la défense de Lorys, qu'elle le protégeait !

Soudain elle se souvint.

Laverdière lui avait parlé il y a quelques heures d'une aventure ! Ainsi c'était pour cette jacobine que Lorys avait tiré l'épée.

Il se fit en elle comme un déchirement. La rapidité des impressions défie jusqu'ici les calculs de la science. En la dixième partie d'une seconde, Reine vit, imagina cette scène. Lorys au bras de cette fille, qui était jolie, Reine était trop femme pour ne la pas comprendre adorable, et prenant sa défense contre ce Laverdière, un rustre après tout. Donc Lorys la connaissait, donc il l'aimait ! et dans ce pauvre cœur de marquise, si peu cuirassé contre les souffrances de la vie vraie, ce fut une horrible blessure.

Elle se raidit.

— Je suis libre, avez-vous dit ? fit-elle de son ton le plus hautain, eh bien ! qu'on s'écarte un peu !

Jean Chêne alla vers elle :

— Prenez mon bras, madame.

Elle le toisa avec une indicible expression d'insolence :
— Je ne vous ai demandé que de vous écarter.
Jean Chêne n'eut pas un mouvement de colère :
— Pauvre femme, lui dit-il, que de larmes vous vous préparez.
Elle n'entendit pas ou feignit de ne pas entendre.
Mais, arrivant à la porte, elle se retourna.
Lorys était resté immobile, pâle.
Il ne la suivait donc pas ! il demeurait auprès de cette fille maudite !
Il lut dans ses yeux un appel désespéré, gros de reproche et fit un pas.
— Un instant, lui dit Carthame en lui posant la main sur le bras, vous oubliez que vous ne nous avez pas encore répondu.
Dans l'âme du jeune homme un douloureux combat se livrait.
Marcelle le regardait, de ses grands yeux bleus, où il lisait un soupçon.
Tout à coup, elle dit :
— Mon Dieu, j'oubliais pourquoi je suis ici. Père, on est venu m'avertir, la police est prévenue, vous avez été dénoncés.
— Ah ! vous voyez bien, s'écria Carthame en s'adressant à Lorys, il vous faut plus que jamais expliquer votre présence.
— Quoi ! fit Lorys, vous pourriez supposer ?...
Il n'acheva pas.
A cet instant, des hommes apparaissaient à la porte et une voix criait :
— Au nom de la loi ! que personne ne bouge !
Et Lorys, dans l'ombre, vit ceci.
L'homme qui paraissait le chef des assaillants s'était approché vivement de la marquise, puis, s'inclinant devant elle, avait fait un signe à ses hommes qui lui avaient livré passage.
Et Reine de Luciennes avait disparu.
— Judas ! s'écria Jean Chêne en courant à Lorys.

Mais Carthame l'avait arrêté.

— Avant tout, dit-il, sauvons nos amis, il sera toujours temps de punir les traîtres.

Tous ces incidents s'étaient passés si rapidement qu'avant que la troupe des policiers fût arrivée jusqu'à ceux qu'elle avait mission d'arrêter, Carthame avait couru à la petite porte par laquelle, tout à l'heure, Marcelle était entrée, et, l'ouvrant toute grande, il avait montré l'issue à ses amis qui s'y précipitaient.

Puis, comme obéissant à une même pensée, Carthame et Jean Chêne s'étaient improvisé en une seconde un rempart de bancs et de tables, défendant le chemin de la porte.

Les policiers arrivaient.

Celui qui les commandait se rua contre la barricade improvisée.

Mais Lorys, se jetant au-devant de lui, le repoussa violemment.

Dans ce mouvement, il vit le visage de l'homme et poussant un cri de rage :

— Ah ! c'est toi, capitaine de malheur ! A nous deux !

Il venait de reconnaître le capitaine Laverdière.

Le bandit, sur le geste insouciant de la marquise, avait jugé intéressant pour lui d'aller dénoncer au ministère de la police les conjurés dont il avait si étrangement surpris le secret.

Il se trouve toujours des gens pour user de ces trahisons. On avait mis à la disposition du capitaine une demi-douzaine de policiers, que soutenait d'ailleurs un piquet de soldats, immobiles, la baïonnette au canon.

Les compagnons du Gui disparaissaient rapidement.

— Allez donc ! emparez-vous de ces misérables ! criait Laverdière à ses hommes.

Mais déjà, tandis que Lorys arrêtait le capitaine, les policiers s'approchant de la barricade improvisée avaient reçu quelques horions qui les avaient forcés à reculer.

Laverdière, l'épée haute, s'était lancé sur le vicomte :

— Ah ! c'est toi, vicomte du diable, hurlait-il... gare à ta peau !

— Lâche, répliquait Lorys, cette fois, ta cuirasse ne te servira de rien. Fuyez donc ! cria-t-il à Carthame.

Mais les deux républicains qui venaient de refermer la porte sur le dernier de leurs compagnons s'étaient rués sur les policiers.

Cette fois le combat était engagé, lutte sinistre dans cette salle à peine éclairée, surtout lutte inégale.

Carthame, vigoureux, avait saisi un des bancs et s'en faisait contre ses adversaires une arme formidable.

Les deux autres, de leurs épées habilement maniées, repoussaient les agents peu habitués à ces luttes éperdues.

Réfugiés dans un angle, protégeant de leur corps Marcelle adossée à la muraille, ils résistaient sans trop de désavantage.

— A nous, soldats ! cria Laverdière.

D'une main, il avait écarté un coin du rempart improvisé qui défendait les trois hommes, et encore une fois, il se trouvait en face de Lorys, tous deux décidés à en finir.

C'était le combat du matin qui recommençait, plus ardent encore, car Lorys, en proie à une sorte de fièvre, avait perdu tout son sang-froid, mais non son habileté.

Mais voici que quelques soldats, obéissant à l'appel de Laverdière, s'avançaient baïonnette en avant.

Cette fois, la résistance devenait impossible.

Jean Chêne cria :

— Sergent, cette besogne est-elle celle de soldats, êtes-vous donc à la solde des mouchards de Fouché ?

— Pas de phrases, hurla Laverdière, saisissez cette canaille !

— Ah ! voilà un mot qui te coûtera cher ! s'écria Lorys.

Et son épée balafra la joue du misérable.

Pendant le combat, Marcelle, se penchant à l'oreille de Jean Chêne, lui avait dit tout bas quelques mots ; puis elle s'était glissée vers la petite porte, presque invisible dans l'ombre.

Chêne et Carthame, toujours luttant, opéraient un mouvement oblique de retraite.

Marcelle cria :

— Monsieur de Lorys, encore une minute.

Et tandis que le jeune homme tenait en respect les policiers, dont plus d'un avait senti les piqûres de son épée, brusquement elle avait ouvert la porte vers laquelle les deux hommes s'étaient élancés.

— Par ici, monsieur de Lorys! lui cria encore Marcelle.

Les soldats le touchaient presque. Il fit un bond en arrière.

La fuite était possible.

Mais à ce moment on entendit un cri furieux.

Rapidement, des agents avaient contourné la maison et ils se jetaient sur les fugitifs.

Ils étaient cernés.

Les mains des policiers s'abattirent sur Lorys.

La jeune fille, rejetée à l'intérieur, se sentit saisie par ces doigts brutaux.

— Oh! qu'ils me tuent! s'écria-t-elle affolée, mais de loin! de loin!

— Enfin, nous les tenons! s'écria Laverdière.

Le misérable, presque aveuglé par le sang qui coulait de sa blessure, d'ailleurs superficielle, emporté par sa rage, fondit sur Lorys, l'épée droite.

— On n'assassine pas ici, dit le sergent en relevant l'arme qui sauta en l'air. Après tout, nous n'aimons pas trop ces sortes d'affaires.

— Ne craignez rien, messieurs, je réponds de vous. Camarades, si celui-ci fait mine de molester ces gens-là, passez-lui votre baïonnette au travers du corps.

Puis, se tournant vers Marcelle :

— Oh! vous, mademoiselle, je ne crois pas que nous ayons à vous arrêter.

— Pourquoi donc? cria Laverdière qui venait de la reconnaître, femelle de conspirateur, c'est de bonne prise!

— Bandit, lui cria Lorys, il faudra bien que je te tue!

Marcelle dit doucement :

— Je suis prisonnière, c'est mon honneur et j'y tiens.

Carthame et Jean Chêne frémissaient de colère. Mais ils étaient étroitement tenus, toute tentative d'évasion était inutile. Marcelle leur souriait pour les rassurer.

— En route! dit le sergent, qui avait hâte de se débarrasser de cette corvée.

Les quatre prisonniers avaient été placés au milieu des soldats. Le hasard les avait divisés en deux groupes, Lorys et Marcelle en avant, Carthame et Jean Chêne séparés d'eux par deux rangs de soldats.

On sortit.

Pendant ces longues scènes, l'orage qui menaçait avait éclaté : il tombait encore une petite pluie fine, mais tiède.

— Où nous conduisez-vous? demanda Lorys au sergent.

— A la Conciergerie.

Il y avait des flaques d'eau dans lesquelles les prisonniers trébuchaient.

— Oserai-je vous offrir mon bras? demanda Lorys à Marcelle.

— Je ne sais si je dois l'accepter, fit la jeune fille en riant, car enfin vous êtes de nos ennemis.

— Et je vous ai défendus comme l'eût fait votre meilleur ami.

— Et pour la seconde fois de la journée, ajouta-t-elle en passant sa main sur le bras de Lorys.

Maintenant ils marchaient côte à côte, lui la soutenant : elle n'était pas bien lourde.

Peu à peu la fraîcheur relative de la nuit calmait les fièvres du jeune homme, et la notion de la réalité lui revenait.

C'est qu'en vérité depuis le commencement de cette soirée il lui semblait qu'il eût vécu dans un monde fantastique.

Et pour la première fois, il se rendait compte que lui, vicomte Georges de Lorys, se trouvait, passé minuit, dans les rues de Paris, à pied, entre des soldats, escorté de policiers et arrêté au milieu de jacobins qu'il avait défendus de tout son courage.

Comment en était-il venu là ? Il avait peine à rassembler ses souvenirs. Mais il éprouva un douloureux serrement de cœur.

C'est qu'en fait il avait joué d'abord le rôle d'un espion. Comment Mme de Luciennes — Reine — qui était la moitié de son âme, de sa conscience, avait-elle pu l'entraîner en cette intrigue que sa probité réprouvait ?

Et cette sensation d'écœurement, de mépris de lui-même grandit encore, en une angoisse plus poignante, quand lui revint à la mémoire l'envahissement de cette salle par des policiers dont — il l'avait vu — le chef, un misérable, traître et lâche, s'était incliné devant elle, lui livrant passage.

Alors, c'était donc vrai ! c'était Reine qui avait livré à la police le secret de cette réunion ! Quand elle y avait conduit Lorys, elle savait que la dénonciation amènerait l'arrestation de ces hommes ! Non ! c'était impossible !

La lutte ! soit ! à visage découvert, poitrine nue, fer contre fer ! mais cette sournoiserie d'embûches ! mais ces hypocrisies traîtresses !

Sincèrement, Lorys se sentait incapable d'asseoir un jugement quelconque sur tous ces évènements qui lui semblaient contradictoires, antithétiques comme les fantaisies nées dans le cerveau d'un fou.

Telles étaient ses préoccupations en cette sorte d'enquête qu'il s'efforçait d'instituer et dont les éléments premiers ne se fixaient pas dans sa tête, qu'il ne s'apercevait pas du chemin parcouru : ce fut avec un sentiment de réel regret qu'il s'aperçut soudain que des portes s'étaient ouvertes devant lui et que lui quatrième il se trouvait dans une pièce crasseuse, devant un balustre de bois au delà du quel un être laid et d'allures grossières, le nez sur un registre, grommelait des questions à peine saisissables.

On demandait les noms, les prénoms.

Carthame disait de sa grosse voix sonore :

— Nous ne répondons pas. Cela ne te regarde pas. C'est à vous qui nous avez arrêtés à savoir qui vous avez pris.

Jean Chêne insistait :

— Puisque vous nous demandez nos noms, il n'y a donc pas de mandats décernés contre nous. Alors l'arrestation est illégale. Je proteste.

— Bon. On refuse de répondre, écrivait l'homme. Qu'est-ce que cela me fait à moi? Et vous, la petite? ajouta-t-il en se tournant vers Marcelle.

— J'ai à répondre que vous êtes impoli, fit-elle en se redressant.

— Bon, répéta-t-il. Jacobins et jacobines, tous dans le même sac.

Puis ricanant, il s'adressa à Lorys :

— Quant à vous, *citoillien*...

Il appuyait comiquement sur le vocable démodé.

Lorys l'interrompit brusquement :

— Monsieur, dit-il, je m'appelle le vicomte Georges de Lorys et je vous avertis que, sinon aujourd'hui, du moins le jour de ma sortie, je vous ferai payer de coups de bâton vos impertinences.

Il avait très grand air, le petit vicomte, et le policier qui savait son monde, releva sa tête armée de lunettes.

— Vous avez dit... vicomte...

— De Lorys... et quand même je ne serais pas gentilhomme, je ne vous permettrais pas plus ces façons de goujat...

Cette fois l'homme eut un soubresaut : il hésitait entre la dignité professionnelle et la prudence.

— Je ne vous ai rien dit, fit-il, ça n'est pas une insulte d'appeler quelqu'un citoyen.

En toute autre circonstance Lorys eût estimé que c'était la pire des injures. Mais il n'était plus lui-même.

— Assez, fit-il. Faites votre devoir et rien que votre devoir, mais je vous avertis que, pour moi et mes amis, je me réserve de vous faire payer vos insolences.

Le policier adressa un signe aux argousins qui attendaient patiemment l'accomplissement des formalités d'écrou provisoire.

— Donnez tout ce que vous avez sur vous, dit-il aux

prisonniers; évitez à ces messieurs la peine de vous fouiller.

Carthame et Jean Chêne jetèrent à terre les quelques objets sans importance que renfermaient leurs poches. Marcelle les imita.

Quant à Lorys, qu'on n'avait pas encore désarmé, il tira son épée et dit :

— Le premier qui porte la main sur moi, je l'embroche comme un poulet.

— Mais enfin, s'écria le greffier exaspéré, il faut pourtant que les règles soient observées.

— Quelles règles? cria Lorys; est-ce que je vous reconnais le droit de porter la main sur moi?

Carthame intervint :

— Croyez-moi, monsieur, votre résistance n'aurait d'autre résultat que de légitimer la brutalité de ces gens. Le mieux est de se soumettre en apparence.

— Et pour cela? demanda Lorys.

— Tout au moins de remettre votre épée...

— A qui? A ce...

— Donnez-la-moi, fit Marcelle.

Elle le regardait avec son gai sourire d'enfant mutin. Il eut honte de ses fureurs en présence de ce calme que rien ne troublait, et trouvant dans ce compromis un tour galant qui ménageait ses susceptibilités, il lui présenta l'épée par la poignée.

— Gardez-nous cela, dit-elle au policier, jusqu'à ce que nous sortions d'ici.

Elle semblait le traiter comme un valet de chambre à qui l'on jette son manteau.

Cependant le policier n'était pas sans éprouver quelque embarras. De fait on ne lui remettait aucune pièce justifiant l'arrestation de ces gens, qui ne semblaient pas des coupables ordinaires.

Les agents avaient été requis directement par un ordre venu du cabinet de Fouché : ils avaient suivi leur chef improvisé et ne savaient rien de plus. Le pis, c'est que ce chef s'était esquivé avant leur arrivée à la Conciergerie, peut-être en vertu de ce principe qu'il ne faut entrer dans une prison que lorsqu'on y est absolument forcé.

Que faire de ces prisonniers?

Le policier restait immobile, la plume en l'air, n'osant prendre une résolution. Tout à coup, une idée lui vint. Le meilleur moyen d'alléger sa responsabilité, c'est de la partager.

— Messieurs, dit-il en s'adressant à ceux qui avaient refusé de lui répondre, vous avez tort de ne point vouloir me donner vos noms, car, si je les connaissais, je les enverrais immédiatement, cette nuit même, au cabinet de M. le duc d'Otrante, et peut-être serait-ce le meilleur moyen d'abréger votre captivité.

Carthame et Jean Chêne se consultèrent du regard.

— Vous avez raison, dit Carthame, le mieux est de voir le plus tôt possible la bête puante en face... Écrivez : Gracchus Carthame, déporté de nivôse, ancien secrétaire du Comité de salut public, ayant, avec le citoyen Fouché, voté la mort de Capet...

— Oh! murmura Lorys.

— Chut! fit Marcelle.

Le policier passait par toutes les couleurs de l'arc-en-ciel, mais il écrivait.

— Jean Chêne, dit l'autre, capitaine au 6° régiment de chasseurs. Ancien ami d'Oudet, ancien ami de Malet...

— Ce sont des fous, pensait le malheureux gratte-papier. Et vous? fit-il en s'adressant à Lorys et à la jeune fille, n'avez-vous pas aussi quelque déclaration incendiaire à faire?...

— Vive le roi! dit Lorys.

— Vive la République! dit Marcelle.

— Si vous voulez crier : « Vive l'empereur! » dit Carthame avec un gros rire, ne vous gênez pas pour nous.

— Assez! cria le policier ahuri, mais d'autant plus décidé à en référer immédiatement à ses chefs. Conduisez les quatre prisonniers dans l'arrière-salle du greffe. Ils attendront là les ordres du ministre.

Cette fois, il n'y eut pas de protestation, et un instant

après nos quatre personnages se trouvaient dans une sorte de bureau qui n'avait rien d'une prison, étant meublé de quelques fauteuils, voire d'un canapé, non de la première fraîcheur, mais en tout cas plus propres et plus confortables que le mobilier de la salle Saint-Martin.

Seulement, pour qu'ils ne pussent se faire aucune illusion sur leur situation, qui constituait bel et bien une incarcération, on les laissa sans lumière, et ils entendirent la porte munie de forts verrous se refermer sur eux.

IX

A vrai dire, la situation ne manquait pas d'originalité.

Marcelle avait salué l'obscurité d'un franc éclat de rire, auquel, comme malgré eux, les trois hommes avaient fait écho.

— Or çà, dit Carthame de sa bonne voix gauloise, qui avait, sous une rudesse d'emprunt, des douceurs paternelles, il convient de nous arranger pour passer cette nuit le moins désagréablement possible. J'ai aperçu une sorte de sofa... C'est pour Marcelle. Elle sera là comme un enfant au berceau...

— Non, non, c'est pour vous, grand-père.

— Vous êtes priée d'obéir, mademoiselle. Là! donne-moi ta main, Marcelle, je tiens le meuble. Nos manteaux te feront un oreiller ; et surtout ne t'avise point de ne pas dormir... A moins que tes remords...

Tout cela était dit gaiement, avec une parfaite liberté d'esprit.

A tâtons, Marcelle, se guidant à la voix, avait saisi la main de son grand-père qui l'avait installée de son mieux.

— Maintenant, chacun son fauteuil. Jean, as-tu le tien?

— Je l'ai.

— Et vous, monsieur de Lorys ?

Le vicomte se sentait dans une position équivoque dont maintenant la gêne s'accroissait de minute en minute.

En fait, aucune explication n'avait été échangée, et ses compagnons d'aventure gardaient sans doute en leur conscience les soupçons dont il avait hâte de se laver.

— Messieurs, commença-t-il, maintenant que nous sommes seuls, permettez-moi de vous expliquer...

— Après une heure du matin, s'écria Jean Chêne, vous n'y songez pas ! Empêcher Marcelle de dormir, point de cela.

— Je ne veux pas que vous me jugiez capable...

— Voulez-vous vous taire ! cria Carthame d'une voix tonnante. D'ailleurs, une seule question : Vous êtes Français ?

— Certes !

— Et si l'étranger envahit la France ?

— Je me ferai tuer pour le repousser.

— Alors, dit Carthame, dormez tranquille. Criez « Vive le roi ! » si ça peut vous faire plaisir ; mais pas trop haut pour ne pas nous réveiller. Vous n'en êtes pas moins un brave garçon.

— Ah ! tu vois bien, grand-père, dit Marcelle.

— Silence, petite bavarde, fermez les yeux. Bonsoir ! Dans trois minutes, je ronfle.

Explique qui voudra pourquoi Lorys se sentait positivement enchanté. Un brave garçon, certes l'appréciation était familière. Mais Lorys ne s'en blessait pas, au contraire.

C'était la première fois qu'il se trouvait mêlé d'aussi près à l'effroyable monde de la révolution, peuplé, selon lui, de Marats en délire et de tricoteuses horribles.

Ce Carthame, pour un buveur de sang — et il en avait bu, se disait Lorys avec une horreur contenue — avait véritablement une belle et bonne figure, et ce Jean Chêne, ce chef de bandits républicains, avait toutes les allures d'un fier soldat, enfin, la mégère, la tricoteuse ! il ne la voyait pas, dans cette nuit noire, où elle s'enveloppait, elle l'intimidait à ce point qu'il n'avait pas osé bouger, pour atteindre la chaise ou le fauteuil qui lui eût permis de se reposer, et qu'il restait là, debout, accoté dans l'angle le plus éloigné, n'osant faire un mouvement, comme si avant tout, maintenant, il eût voulu qu'on l'oubliât.

Bien entendu, il ne dormirait pas ! Il eût fait beau voir qu'un Lorys ne résistât pas pendant une nuit au sommeil : d'ailleurs, n'était-il pas bourrelé de soucis, de préoccupations de toutes sortes ?

Et Reine, Reine !

C'était avec une espèce de malaise moral qu'il contraignait sa pensée à se reporter sur les dernières circonstances de cette soirée pénible.

Mais irait-il jusqu'à l'injustice ? Non ! Si Reine, entraînée par ses ardeurs politiques, n'avait pas conservé la juste notion de la limite qui sépare la noble lutte de la basse embuscade, c'était lui, Lorys, qui était le vrai coupable. Pourquoi ne l'avait-il pas arrêtée sur le seuil de cette maison où, pour leur honneur à tous deux, ils n'eussent jamais dû pénétrer ?

Mais l'avis donné à la police ? Oh ! il ne venait pas d'elle ! non !... mais elle connaissait ce Laverdière, ce type du soudard, du bravo, assassin à gages, cet homme s'était effacé devant elle pour la laisser passer, et à ce souvenir, Lorys sentait des larmes lui monter aux paupières, oui, des larmes de douleur, de regret, comme si quelque chose d'irréparable se fût passé, comme si en lui quelque chose agonisait.

Non pas son amour, car il le sentait plus profond et plus ardent que jamais, mais avec je ne sais quelle poignante désespérance qui le faisait horriblement souffrir.

Carthame ronflait bruyamment, en homme vigoureux qui ne fait rien à demi. Des deux autres, il ne percevait pas la respiration. Et peu à peu ses idées se troublaient, avec, de temps à autre, des tressauts qui le ramenaient à une demi-réalité.

Puis, sans s'en apercevoir, il se laissa glisser sur le parquet, s'étendit et finalement s'endormit.

Soudain — combien de temps après ? — il ouvrit les yeux tout grands. Un rayon de lumière blanche, brillante, le frappait en plein visage. Il regarda.

Dans l'entre-bâillement des rideaux écartés, une forme de femme se profilait, gracieuse.

Il ne la reconnut pas tout d'abord. Elle lui tournait le dos, occupée à regarder au dehors, haussée sur la pointe des pieds, fort petits d'ailleurs.

Lorys se releva d'un bond.

La femme se retourna et, jetant un léger cri :

— Ah ! monsieur de Lorys, dit-elle, vous êtes là ?

C'était Marcelle, dans toute la fraîcheur de ses seize ans, les joues roses, les lèvres fraîches, ainsi qu'on s'éveille en ces jours bénis de la jeunesse.

Lui, un peu pâle, restait interdit, regardant autour de lui.

Ils étaient seuls.

Comment ? Pourquoi ?

— Oui, reprit Marcelle, je vous croyais parti avec eux... je ne vous avais pas vu, blotti que vous étiez dans votre coin sombre.

— Partis, dites-vous, ils sont partis, et vous êtes restée ? Pourquoi ne vous a-t-on pas mis en liberté avec eux ?...

— Mais je ne vous ai pas dit qu'on les eût mis en liberté.

— Que veut dire cela ?

— Simplement que de très bonne heure, je ne sais pas exactement l'instant, je dormais si fort, on a ouvert la porte, et on est venu chercher père et grand-père.

— Je n'ai rien entendu.

— Cela prouve que vous avez le sommeil dur...

— Mais que leur a-t-on dit ?

— Que Fouché les envoyait chercher.

— Fouché !...

— Eh oui ! Oh, cela n'a pas étonné grand-père... Il a même répondu de façon assez... jacobine !

— Mais, pourquoi ne m'a-t-on pas réveillé ? Pourquoi ne m'a-t-on pas emmené avec eux ?

— Je n'en sais rien. Que voulez-vous, vous ne connaissez peut-être pas Fouché, vous ?

— Certes non ! est-ce que je connais pareilles gens ?

Il s'arrêta brusquement, sentant qu'il venait de laisser échapper une parole maladroite.

Marcelle souriait :

— Oh ! je ne vous en veux pas parce que... puisque...

— Dites...

— Si vous vous défendez si fort de connaître Fouché... alors, ce n'est pas vous qui... cette nuit...

— Ai dénoncé votre père et ses amis... Mademoiselle, je bénis la circonstance qui me permet enfin de m'expliquer, car vraiment ce poids pèse trop lourd sur mon cœur. Regardez-moi bien en face, mademoiselle, et dites-moi si j'ai le visage d'un Judas ?

— Non, non !

— Eh bien, sur mon honneur, sur ma conscience, je vous jure que j'ai été aussi, plus peut-être que vous même, surpris de cette subite intervention de la police. Moi ! faire le métier de dénonciateur... j'aimerais mieux pourrir vingt ans dans une prison.

— Mais, reprit Marcelle, comment vous trouviez-vous dans cette réunion, où l'on ne pénétrait qu'en donnant un mot de passe et certains signes ?

Lorys ouvrit la bouche pour répondre. Mais tout à coup il se souvint que, pour se défendre, il lui fallait accuser Mme de Luciennes.

— Ne m'interrogez pas davantage, dit-il en balbutiant. Je vous en prie, contentez-vous de ma parole d'honnête homme... C'est la curiosité seule qui m'avait amené à cette réunion. Quant aux mots et aux signes, le hasard seul — oui, le hasard, je vous le jure ! me les a révélés. Est-ce que vous doutez encore de moi ?

— Grand-père m'a dit que vous aviez une physionomie d'honnête homme, et je crois toujours ce que dit grand-père.

— Si bien que si votre grand-père n'avait pas pris ma défense...

— Je ne vous ai jamais accusé.

Après quelques moments, Marcelle, sans le regarder, dit du ton le plus indifférent du monde :

— La dame que vous accompagniez est bien jolie. C'est une marquise à ce que j'ai cru entendre.

— Elle a dit assez haut son nom, pour que je puisse le répéter sans trahison. Elle s'appelle la marquise de Luciennes.

— Quel prénom ?
— Reine.
— C'est votre sœur, votre parente ?
— C'est ma fiancée, dit Lorys d'une voix grave.

Il y avait dans cette déclaration précise comme une protestation contre les soupçons qui, pour être latents en lui, ne devaient être conçus par personne.

Marcelle battit des mains :
— Oh ! je suis bien contente qu'elle soit si jolie !

Et baissant la voix, d'un air de comique mystère :
— Alors c'est une ardente royaliste ?
— Oui, mademoiselle.
— Ne croyez pas que je la blâme pour cela, pourvu qu'on aime bien son pays, on peut avoir toutes les opinions du monde... Grand-père n'aime pas Napoléon, mais il le supporterait si son génie militaire pouvait chasser l'étranger.

— Je l'ai entendu parler ainsi, et j'avoue qu'il m'a profondément touché.

— Il parle si bien, grand-père... et père aussi... n'est-ce pas ?

— Le plus bel éloge que je puisse faire d'eux, c'est que, bien que leurs opinions ne soient pas les miennes, je les ai oubliées quand ils ont parlé de la France.

— C'est très bien cela. Vous voyez bien que nous ne sommes pas si grands ennemis que vous le disiez. Vous êtes soldat ?

— J'ai accepté un grade de lieutenant pour partir en cette campagne.

Le plus singulier, c'est qu'il ne se souvenait plus de ses

hésitations et que, maintenant, rien ne lui semblait plus naturel que de concourir, même sous les ordres de Napoléon, à la défense des frontières.

— C'est bien, cela. Nous nous retrouvons peut-être là-bas.

— A l'armée?... Que voulez-vous dire?

— Oh! je ne serai pas vivandière, n'ayez pas peur; mais il se peut — cela dépend de ce qui se passera aujourd'hui — que grand-père accepte les propositions que Carnot lui a faites, pour se mettre à la disposition de l'intendance. Car, vous ne savez pas, grand-père a été un des grands organisateurs de l'armée, du temps de Jemmapes, de Fleurus, et en 93 aussi, jusqu'au 18 Brumaire.

— Et si votre grand-père part?

— Je partirai avec lui. Que deviendrait-il sans moi?

— Mais votre mère?

— Je ne l'ai jamais connue, dit Marcelle avec une émotion profonde. Voyez-vous, j'ai une histoire bien douloureuse : je suis une enfant trouvée.

— Mais vous avez votre père, votre grand-père?

— Mon père, oui. Mais grand-père n'est pas mon grand-père : c'est plus que cela. C'est lui qui m'a ramassée, mourante, dans un fossé, toute petite. On avait tué ma mère; mon père avait disparu, et ce n'est que longtemps, longtemps après, que M. Carthame a retrouvé père. Mais maintenant je suis si heureuse, ils sont si bons!

— Et ils ont fait de vous une petite républicaine enragée, dit Lorys en riant pour détourner l'esprit de la jeune fille des tristes souvenirs qu'il avait évoqués.

— Cela est venu tout naturellement; mais surtout ne croyez pas que je m'occupe de politique. C'est l'affaire des parents, cela. Moi, je me contente de les aimer et de les admirer, et, s'il le fallait, je me ferais tuer pour eux comme un brave petit soldat.

Tout cela était dit sans forfanterie, avec une crânerie aimable et gaie.

Maintenant Lorys voyait mieux Marcelle qu'au milieu du désordre provoqué par la querelle de la rue où la bataille policière, et il était frappé de la grâce innée, de l'élégance exquise répandues sur toute cette mignonne enfant, blonde, fine, à mains de duchesse, à la voix si doucement harmonieuse que seule l'antique comparaison du chant d'oiseau lui était applicable. En même temps sa physionomie — toute de traits délicats et comme pastellisés — respirait une franchise énergique. Marcelle ne pouvait mentir, Marcelle était une dévouée. On lisait cela sur ce visage doucement joyeux, sur lequel nul souci ne semblait avoir encore laissé son ombre.

Elle causait simplement, comme si son père eût été là, et, son interlocuteur eût-il été moins foncièrement délicat comme Lorys, qu'il n'eût pas trouvé prétexte au moindre compliment banal, plus ou moins adroitement sollicité.

Et pour Lorys, il semblait qu'il se trouvât à côté d'une sœur cadette, peut-être plus raisonnable que lui et dont il subissait l'ascendant. Pas une fade galanterie ne lui venait aux lèvres.

Un peu de curiosité seulement. Lorys eût voulu interroger la jeune fille sur ce passé qui lui apparaissait douloureux et dont il la plaignait, sans le connaître, éprouvant pour elle cet intérêt ému que provoque une involontaire attraction.

— Mais alors, s'écria-t-il tout à coup, vous ne vous appelez pas Marcelle Carthame, comme vous me l'avez dit?

— Marcelle, si. Carthame, non, en effet. Mais j'ai vécu beaucoup plus avec grand-père, et on a pris l'habitude de me donner son nom. Je le garde provisoirement. Je l'aime d'ailleurs, c'est celui d'un homme de cœur et qui a beaucoup souffert. Oui, Gracchus Carthame est bien mon grand-père, grand par l'honnêteté, grand par la bonté.

— Comme vous êtes enthousiaste! Votre père n'est-il pas quelquefois jaloux de M. Carthame?

Marcelle secoua la tête :

— Non, non, car tous deux m'aiment et sont aimés, mais ce n'est pas de la même façon. Voyez-vous, je ne sais comment vous expliquer cela. Si une petite fille comme moi pouvait dire cela d'un vieillard, je répondrais que Carthame — nous avons l'habitude de dire Carthame, sans monsieur — est plus bonhomme... Il a des indulgences, des bontés, des complaisances.

— Tandis que M. Jean Chêne...

— Père est un soldat, répondit Marcelle d'un ton plus grave. Je le vois à peine quelques semaines par an, et pourtant je ne cesse de songer à lui; il réalise pour moi le type de ces anciens chevaliers qui combattaient contre les monstres.

— Les monstres ! s'écria Lorys en riant, ce sont les royalistes comme moi, par exemple.

— Vous riez, vous n'êtes pas si loin de la vérité, répliqua gaiement Marcelle. Mais je vous dis que mon père m'inspire une admiration profonde. Et puis il a de grandes tristesses, une douleur dont il ne se consolera jamais... Voyez-vous, je ressemble trop à ma mère.

Elle eut un frisson et passa sa main sur ses yeux :

— Mais je vous parle de tout cela... je dois vous ennuyer...

— Pouvez-vous le croire? s'écria Lorys. Il me semble que vous êtes ma sœur et que tout ce qui vous touche me touche moi-même.

— Des mots ! des mots ! Vous allez sortir d'ici, vous rejoindrez votre jolie, très jolie fiancée, et vous aurez bien vite oublié notre fraternité, qui sait? Quand votre roi — et elle enflait gentiment sa voix sur le vocable monarchique — sera venu, vous ferez arrêter grand-père, père et moi !

Lorys se leva brusquement.

— Ceci est méchant, dit-il, et je ne sais de quoi vous vous autorisez pour me blesser ainsi. Je hais tout ce qui, de près ou de loin, ressemble à de la persécution. Vous me croyez donc bien mauvais parce que je suis royaliste? Détrompez-vous; je ne comprends que la générosité et le dévouement, et je suis bon, moi aussi, autant que MM. Gracchus Carthame et Jean Chêne.

— Oh ! pour cela ! fit Marcelle en hochant la tête.

— Vous doutez de moi, vous semblez croire que je n'aime pas mon pays. Est-ce qu'aujourd'hui même je ne vais pas partir? Je suis officier, je ferai mon devoir et, si je me fais tuer, j'espère qu'alors M¹¹ᵉ Marcelle Carthame consentira à ne me point accuser.

Par quelle étrange conversion d'âme, Lorys s'enorgueillissait-il maintenant de ce qui, la veille encore, lui apparaissait comme la pire des humiliations?

Il ne songeait pas à exercer sur la jeune fille le pouvoir des coquetteries masculines : il voulait ardemment, honnêtement qu'elle lui pardonnât les équivoques de la nuit, qu'elle le réhabilitât à ses propres yeux.

— Alors, fit-elle, vous irez au Champ de Mai?

— Certes, à moins, se reprit-il, que maître Fouché ne s'avise de me détenir ici jusqu'à la fin des siècles.

— N'est-il donc personne qui se préoccupe de votre liberté?

Il hésita à répondre :

— Si fait... mais, vous le comprenez, le parti auquel j'appartiens ne jouit d'aucune influence du côté de ces gens...

Il s'arrêta, se mordant les lèvres : il se rappelait maintenant que, dans la soirée, le nom de Fouché avait été prononcé par la marquise et qu'une sorte de pacte avait été conclu entre les royalistes et le régicide.

Il rougit et reprit vivement :

— Mais, vous-même, comment n'êtes-vous pas encore libre?

— Oh! je suis tranquille... Grand-père...

Elle n'acheva pas. La porte venait de s'ouvrir.

Un petit homme alerte, maigriot, s'élança vers Lorys les mains tendues :

— Eh, mon cher enfant, alerte! hors d'ici!

— Vous, cher abbé, s'écria Lorys en courant au-devant de son ancien précepteur, c'est vous qui m'apportez la liberté?

— Moi-même... vous n'avez pas de temps à perdre. Il me tarde de vous voir sous votre nouvel uniforme parader devant le brigand, qui a la prétention de sauver la France.

— Comment êtes-vous parvenu ?...

— A vous délivrer... sachez que je sors de chez le buveur de sang, l'infâme Fouché, qui commet perpétuellement le crime d'avoir un esprit d'enfer.

— Fouché ! c'est à lui que je dois...

— D'avoir été emprisonné, puis d'être relâché... hélas ! oui !

Lorys entendit un petit rire derrière lui et se retourna.

Dans ce mouvement il découvrit la jeune fille qui s'était discrètement retirée à l'écart, mais qui ne perdait pas un mot de la conversation.

L'abbé Blache l'aperçut, et, soudain, tressaillant, il s'approcha d'elle respectueux :

— Mademoiselle, veuillez agréer toutes mes excuses, je n'avais pas eu l'honneur de vous voir. Quoi, vous êtes encore prisonnière avec mon mauvais sujet d'élève ? J'ai pourtant entendu donner l'ordre de vous envoyer chercher ici.

— Qui donnait cet ordre ?

— C'était chez Fouché, reprit l'abbé, mais ce n'était pas lui qui parlait.

— Et qui donc ?

— Le citoyen Gracchus Carthame, et il parlait haut, je vous l'affirme.

— Mais pardon, monsieur, fit la jeune fille, vous semblez me connaître et pourtant je ne me souviens pas...

— Mon précepteur, dit Lorys en manière de présentation, monsieur l'abbé Blache.

Et comme Marcelle semblait chercher ce nom dans sa mémoire :

— Vous ne me connaissez pas, mademoiselle, dit l'abbé, mais moi, je sais qui vous êtes et cela depuis bien longtemps.

A ce moment et comme si le hasard eût voulu couper court à cet entretien, un policier parut à la porte et dit :

— Mademoiselle Marcelle Carthame, au greffe.

Lorys la regarda : il lui sembla que c'était un joli rêve qui s'évanouissait. Cette heure de causerie lui avait été d'une douceur infinie. En prononçant tout à l'heure le mot de sœur, il n'avait pas cédé à une hypocrisie galante : elle lui apparaissait réellement comme une camarade, honnête et franche, à qui il lui eût été charmant de confier ses pensées les plus intimes : aussi, dans les yeux de la jeune fille, il lisait une sympathie sincère, loyale.

Il lui tendit la main :

— Voulez-vous, mademoiselle Marcelle, que nous contractions un pacte d'alliance ?

— Bien volontiers, dit-elle en posant dans sa main, sa main tout ouverte, alliance vraie et à l'épreuve... n'y manquez pas plus que je n'y manquerai moi-même.

— Ne doutez plus de moi, mais ne vous reverrai-je plus ?

— J'ai quelque idée, fit-elle en souriant, que je vous dirai adieu de loin, au Champ de Mai.

— Au revoir donc !

— Au revoir et aimez bien la France.

Elle s'inclina devant l'abbé, adressa à Lorys un dernier signe de tête et sortit.

— Quelle adorable enfant ! s'écria Lorys.

L'abbé passa son bras sous le sien.

— Mieux qu'adorable, dit-il, aimable ! Çà, mon élève, vous n'avez sans doute pas l'intention de rester ici !

— Je vous suis, d'autant qu'il me faut, avant le Champ de Mai, aller présenter mes hommages à Mme de Luciennes.

— La marquise de Luciennes, dit gravement l'abbé, a quitté Paris ce matin même.

— Elle est partie !

— Affaire d'Etat ! Venez, venez.

Et il l'entraîna dehors.

X

L'hôtel de Fouché, duc d'Otrante, ministre de la police, se trouvait rue du Bac, au numéro 34, un peu avant le coin de la rue de l'Université : il avait été construit deux siècles auparavant par Valbelle, qui fut un des plus vaillants héros de la marine française.

Une vaste porte encore ornée d'attributs maritimes conduisait à une vaste cour, au fond de laquelle s'ouvrait, au sommet d'un perron de huit marches, un large vestibule, sorte de salle des pas perdus, qui, ce jour-là, 1ᵉʳ juin 1815, était, dès six heures du matin, encombrée d'une foule aussi étrange que disparate.

Jamais d'ailleurs, cette partie de la rue du Bac n'était sans animation. L'hôtel de l'ancien oratorien était un centre vers lequel convergeaient toutes les curiosités et aussi toutes les convoitises.

Fouché recevait à toute heure : sa maison était comme une oreille de Denys où aboutissaient tous les bruits de la grande ville. Jamais l'espionnage bénévole, non rétribué en argent, mais payé en autres monnaies de corruption, ne fleurit avec plus d'impudence que sous le premier empire. La délation est matinale. Fouché le savait et donnait audience aux Judas honteux dès la première heure.

En ce moment surtout, alors que les destinées de la France étaient suspendues à un caprice du destin, Fouché, pour tous les ambitieux, pour tous les effrayés, était l'oracle, le sphinx, le grand-prêtre auquel s'adressaient les prières, les conjurations, aussi les anathèmes. Un mot avait couru ; Napoléon avait peur de lui ! Celui qui avait pris les rois à la gorge se contenait devant ce tripoteur de consciences qui admettait toutes les malhonnêtetés, toutes les lâchetés, toutes les impudences, toutes les trahisons !

On l'avait vu ressusciter des plus profondes disgrâces, revivre après de véritables morts politiques.

Il effrayait : donc on croyait en lui, et toutes les âmes louches tendaient vers ce coin d'obscurité, ainsi qu'un aventurier plonge dans les cavernes les plus sombres, dans l'espoir d'y trouver un trésor.

Contrairement à ses habitudes, ce jour-là, date grave, Fouché n'était pas à son hôtel. On le disait chez l'empereur.

Dans le vestibule, des groupes s'agitaient. On causait à voix basse, comme en autant de foyers de conspiration cancanière.

A la porte extérieure, un suisse d'apparence rébarbative, bonasse par consigne, dévisageait les arrivants.

Tantôt c'était un vieil élégant, un œil de poudre à la perruque, avec son habit à la française et ses bas de soie, sautillant sur ses jambes amaigries et toisant le portier auquel il jetait de haut un nom à particule : il passait. Puis c'était le tour d'un personnage vigoureux, aux épaules larges, chapeau à bords évasés, moustaches grises audacieusement relevées en croc, à la canne-gourdin, auquel le suisse adressait un petit sourire de bienveillance.

— Entrez toujours. Monsieur le duc va arriver.

Aussi des gens, à tournure insignifiante en apparence, aux yeux louches, les uns insolents et droit plantés, les autres, pliant les épaules et ayant l'air de se faufiler, alors même qu'ils avaient l'espace autour d'eux.

Puis des types de bourgeois, de commerçants, de fournisseurs maigres ou obèses, avides ou repus, selon que les affaires étaient passées ou futures.

Tout un monde en raccourci, d'allures peu recommandables, puant l'intrigue et la spéculation, mais qui, une fois le seuil franchi, avait l'air de s'épanouir comme en une atmosphère réconfortante.

Dans la salle d'attente les chuchoteries avaient ces discrétions hypocrites qui se défient d'oreilles invisibles.

On parlait cependant du Champ de Mai, de cette cérémonte solennelle à laquelle Napoléon avait convié à la fois et l'armée et le peuple.

— Au juste, demandait l'un, que va-t-il se passer?

— Rien que de fort simple : on proclamera les votes qui ont ratifié l'Acte additionnel.

— Votes maigres, à coup sûr.

— Il y aura distribution d'aigles.

— Premier acte de la grande tragédie.

— Tragédie de gloire, s'il vous plaît. La France reprendra son rang.

— Ou son roi.

— A propos, Napoléon paraîtra-t-il en redingote grise? Ce serait d'un effet merveilleux sur le peuple.

— Messieurs, j'en puis parler savamment, ayant eu l'honneur de passer la soirée d'hier avec M. le duc d'Otrante. Nous avons, nous autres représentants de la bonne société française, fait comprendre à Son Excellence que l'empereur devait se garder de trop de concessions à la canaille.

— Une canaille qui se battra, soyez-en sûr! interrompit une voix rauque.

C'était un bonapartiste pur, agacé par le verbiage de l'ex-émigré.

Mais celui-ci, chassant d'une pichenette les grains de tabac qui s'étaient égarés sur ses revers :

— J'ai dit à la canaille populacière : il est bon que l'autorité ne se galvaude pas; l'empereur est le représentant d'un principe supérieur. Il ne doit pas l'oublier, si bien qu'il paraîtra au Champ de Mars en grand costume impérial.

Ailleurs :

— Alors la guerre est certaine?

— Inévitable, monsieur le fournisseur.

— Je suis si inquiet. On disait que les alliés acceptaient pour base le traité de Paris.

— Rassurez-vous, ils disposent d'un million d'hommes et ne traiteront pas avec Napoléon.

— Pourtant s'il abdiquait en faveur de son fils?

— Son fils, où le prendrez-vous ? L'impératrice est à Vienne... ou ailleurs. Dieu seul et M. de Neiperg le savent...

Le fracas d'une volée de coups de canon, sonnant six heures aux Invalides, coupa court aux colloques, comme si l'empereur invisible lançait son : *Quos ego !*

Il y eut des frissons ; certains redoutèrent d'avoir trop parlé, alors que les gueules de bronze rappelaient à tous que commençait la crise fatidique... clameur de défi, d'alarme et de menace à la fois.

A ce moment, au seuil du vestibule parut un homme de cinquante ans environ, d'une taille un peu au-dessus de la moyenne, long, grêle, un peu voûté et cependant d'apparence exceptionnellement vigoureuse, tant les os saillaient sous les vêtements : une face pâle jaunâtre, terreuse, teinte de bile épandue en des colères réprimées ou de fatigues excessives. Quelque chose de mat, de terne, de neutre.

L'œil était bizarre, inexplicable, grand, très bleu, très profond. La pensée s'y perdait, l'examen n'y trouvait pas de point de repère. Un homme, cinquante ans plus tard, eut ces yeux sans fond : il s'appelait Troppmann.

Celui-ci s'appelait Fouché, duc d'Otrante.

Ces yeux-là ne bougeaient jamais, ne s'éclairaient ni ne s'enténébraient. Fixes, comme de verre. Ils cachaient tout derrière rien.

Fouché vit ses clients, sans les regarder.

Raide, en sa redingote grise, mais plus foncée que celle du maître, coiffé d'un large chapeau rond, plus insouciant que brutal, montrant dans la netteté de ses allures la conscience indiscutée d'une force toujours prête à la résistance, Fouché passa.

Quelques-uns s'approchèrent, plus familiers : il ne les repoussa pas, mais ne remarqua personne, ne s'arrêta pas et, arrivé au fond, disparut par la porte, que l'huissier referma sur lui.

— M. le duc ministre ne reçoit pas ce matin, dit un secrétaire apparaissant un instant après.

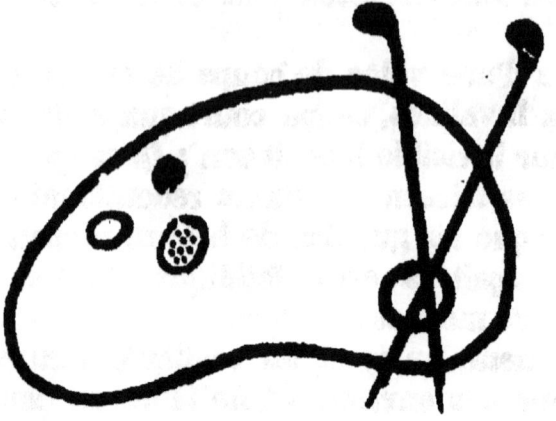

Couvertures supérieure et inférieure
en couleur

JULES LERMINA : REINÉ

L. BOULANGER, éditeur, 90, Boulevard Montparnasse, PARIS

Ont paru dans :

LES GRANDS ROMANCIERS FRANÇAIS :

LE FILS DE FAMILLE
Par XAVIER DE MONTÉPIN
Livraisons 1 à 10

LE JEU DE LA MORT
Par PAUL FÉVAL
Livraisons 10 à 21

LA TONTINE INFERNALE
Livraisons 21 à 32

FLEURETTE
HISTOIRE D'UNE BOUQUETIÈRE
Par E. SCRIBE
Livraisons 32 à 44

Après cette charmante histoire, nous continuons par :

REINE
Par JULES LERMINA
Livraisons 45 à 52

Paris.—Imp. Paul Dupont (Cl.)

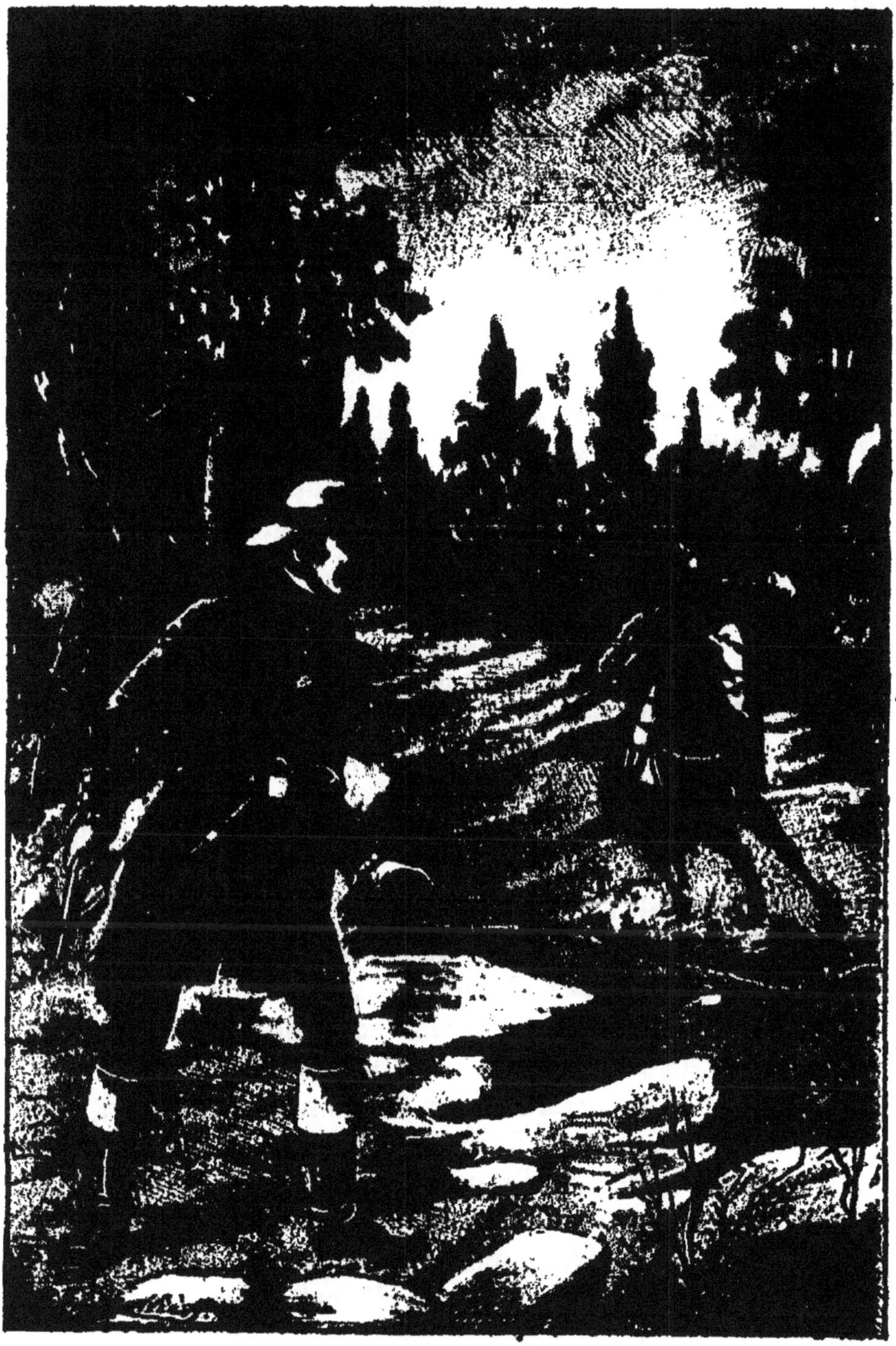

La silhouette s'était brusquement affalée sur le sol.

48ᵉ LIVR.

Ce fut un brouhaha de désappointement général. Chacun avait des titres particuliers à faire valoir pour être admis, en dépit de tout veto général.

La consigne était inflexible : ce soir, après le Champ de Mai, à dix heures, réception ouverte ; jusque-là, rien.

Au même instant, trois personnages fendirent la foule ; le secrétaire les attendit.

L'un était un agent ; rien de particulier.

Les deux autres, Gracchus Carthame et Jean Chêne.

Le secrétaire les vit, s'effaça, ouvrit la porte et dit :

— Entrez !

— Non, non, pourquoi ceux-là plutôt que nous ?...

Carthame qui allait franchir le seuil, se retourna à demi.

— Quelle est cette meute ? demanda-t-il brutalement. On aboie donc toujours au chenil.

Et il disparut avec son compagnon, laissant ces hommes hébétés de l'apostrophe.

Les impatients se jetaient sur l'huissier qui, à bout de raisons :

— Avez-vous coupé la tête du roi ? Non. Alors allez-vous-en !

L'agent s'était éclipsé.

Fouché était seul, debout, dans son cabinet.

Il fit un pas vers Carthame, la main tendue.

— Garde ta main, fit le vieux conventionnel d'un ton bourru. Je ne viens pas te demander de grâce ; il me déplairait d'en obtenir de toi. Il a été commis cette nuit, par ton ordre, une infamie de plus ; tu vas la réparer.

Très calme, un demi-sourire aux lèvres, Fouché avait pris une note sur son bureau :

— Rue de l'Éperon, dans la maison dite du Gui, réunion clandestine. Anciens jacobins, déportés libérés, soldats. Complot pour assassiner l'empereur pendant le Champ de Mai.

— Mensonge ! cria Jean Chêne.

— A peu près, dit Fouché. Je sais. D'ailleurs c'est le mot d'assassinat qui vous choque ; Brutus est un héros. N'épiloguons pas. Donc, mon vieux Carthame, tu es incorrigible.

— Oui, dans l'honneur, comme toi dans la honte.

Fouché rit tout à fait :

— Ah ! défais-toi donc de ces cornéliades ! Et en somme tu as été arrêté, voilà le plus clair.

— Par ton ordre.

— Pas tout à fait ; en ce moment je suis fort occupé et ne puis avoir l'œil à tout ; une dénonciation a été faite, on a donné des ordres. Ah çà ! au beau temps du Salut public, tu serais déjà guillotiné, mon cher. Aujourd'hui tu demandes la liberté, et, bien que ton crime de conspiration soit archiprouvé, il se pourrait bien qu'elle te fût accordée. Pourquoi alors m'injuries-tu ? Est-ce bien adroit ? ou me crois-tu donc meilleur que je ne suis ?

— Je te crois et te sais menteur, traître et lâche. Je ne te demande pas ma liberté ; mais tes séides se sont emparés d'une jeune fille... honteusement ils l'ont traînée en prison. Je viens te sommer de réparer cette infamie. Après quoi, fais de nous ce que tu voudras.

Fouché s'était courbé sur son bureau et consultait des notes.

Il se tourna brusquement vers Carthame :

— Parle raisonnablement pendant quelques minutes. En quoi cette jeune fille t'intéresse-t-elle ?

— C'est ma petite-fille, dit Carthame.

— Tu m'as appelé menteur... Prends garde. Ta femme est morte il y a dix ans et tu n'as jamais eu d'enfant...

— C'est moi qui suis son père, dit Jean Chêne, et c'est Carthame qui l'a élevée.

— A vous, dit Fouché, je ne ferai pas la même réponse qu'à l'indomptable Carthame... je vous dirai seulement que M. Jean Chêne ne s'est jamais marié... sous ce nom du moins, et qu'il n'existe aucun acte de l'état civil qui établisse sa paternité.

Et comme Jean Chêne restait interdit :

— Mais vous serez donc toujours des enfants, s'écria Fouché, en se levant. Est-ce que je ne vous connais pas tous les deux, pauvres fous, qui sacrifiez votre vie à des chimères... Toi, Carthame, tu as boudé l'empire, haï Brumaire, tu as rugi, tu as maudit... après ! Est-ce toi qui feras tomber Napoléon ?... où étais-tu, il y a trois mois... alors que Louis XIII trônait aux Tuileries ?... Tu conspirais... où est ta république ?... Qu'as-tu imaginé contre le coup de foudre de Fréjus ? Vous, Jean Chêne, vous vous êtes battu, vous avez risqué cent fois votre vie pour empêcher les alliés d'entrer. Sont-ils restés dehors ? Que voulez-vous ? Que pouvez-vous ? La roue marche, en dépit de vos malédictions et de vos héroïsmes, elle marche et broie... et vous croyez qu'il suffit d'un mot magique ou de la poitrine d'un homme pour l'arrêter, enfants, fous et triples fous !

— Je veux la liberté de ma fille ! cria Carthame.

— Mais la chose est faite ! fit Fouché en haussant les épaules. Si j'avais attendu pour expédier l'ordre de libération que tu eusses fini de déclamer, elle serait morte en prison... mais vous aussi, vous êtes libres. Je me soucie bien de vous savoir dedans ou dehors. Un de mes gens a cru faire son devoir, c'est une sottise. Les jacobins !... vous vous croyez terribles, vous n'êtes que ridicules... Est-ce que la France vous connaît ! Vous êtes des oubliés, mes très chers, des ensevelis, des morts...

— Des morts qui ressusciteront ! cria Carthame.

— Plus tard, répliqua Fouché dont le sang-froid ne se démentait pas, beaucoup plus tard ! Nous ne serons plus là, ni vous ni moi... Pour le moment ne nageons pas dans le vide. Je vous connais, vous dis-je, mieux que vous ne vous connaissez vous-mêmes. Toi, Carthame, si tu songeais à tuer l'empereur, pourquoi demandais-tu à Carnot de t'envoyer à l'armée ?

— Tu sais cela ?

— Je sais tout ! ta commission est chez toi. Vous, capitaine Jean Chêne, vous rejoindrez demain ; j'en suis heureux, pour la patrie.

— Tu parles de patrie, toi !

— Je l'ai servie et la sers plus efficacement que vous ;

et c'est aux pires jours qu'on sait ce que je vaux. Je reviens à vous. Jean Chêne, écoutez-moi, et toi aussi, Carthame; je suis heureux de ce hasard qui nous met les uns en face des autres. Vous êtes d'honnêtes gens.

— Merci, fit Carthame entre ses dents.

— Je puis vous parler en toute franchise, continua Fouché sans se préoccuper de l'interruption.

— Tu vas mentir.

— Juges-en. Voici mon opinion en deux mots. Un seul homme peut éviter à la France les horreurs d'une seconde invasion, c'est Napoléon. Que je l'aime ou le haïsse, peu importe. Le fait est là. Vous le savez vous-même. Si vous conspiriez seuls, je serais tranquille, mais d'autres sont plus que vous impatients de revanches.

— Les royalistes !

— Tu l'as dit ; je sais, continua Fouché baissant la voix, que ces gens ne reculeront devant rien pour s'opposer au triomphe de leur pire ennemi, de l'empereur. J'ai tort de parler au futur, déjà ils ont agi, et, si peu patriote que tu me croies, Carthame, je frémis de ce que je soupçonne. On croit — et ici sa voix devint à peine perceptible — que des traîtres ont surpris le secret et des plans de la campagne.

— Ce bruit est venu jusqu'à nous, s'écria Carthame.

— En vérité ?... Des indices certains me font craindre qu'il ne soit l'écho de la vérité... et j'ai peur...

Carthame le regardait, se demandant si vraiment, en cet homme, pour lequel il n'avait pas assez de mépris, subsistait encore une lueur de conscience.

Probe, on croit si difficilement à l'impénitente improbité d'autrui.

— Mais pourquoi n'as tu pas agi ? Ministre de la police, tenant entre tes mains les fils de tous les complots; pourquoi n'as-tu pas déjà saisi les coupables ? Pourquoi ne les as-tu pas mis dans l'impossibilité de nuire ?

— Ah ! voilà bien les naïfs, s'écria Fouché. Ministre de la police, argus aux cent yeux !... Ouais! Est-ce que vous croyez que tous les conspirateurs sont aussi niais que vous ? Mais vous êtes d'honnêtes gens, vous autres, vous mettiez dans l'enjeu votre liberté, votre vie, votre tête. Les autres, les vrais criminels, se font petits, microscopiques, invisibles et insaisissables. Vous clamez vos desseins, ils ne les murmurent même pas. Est-ce que Jésus connaissait Judas ? Un de vous me trahira : lequel ! Et les apôtres, comme vous, n'ont rien deviné. J'ai cherché, je ne sais rien et je me dis qu'à l'heure qui sonne, peut-être sur la route du Nord quelqu'un n'emporte pas la fortune de la France.

— Mais du moins, dit Jean Chêne n'avez-vous pas un indice qui puisse mettre sur la trace de ces misérables ?

— Des indices, on en a toujours… quand on est ministre de la police, dit ironiquement Fouché. Mais sont-ils exacts ?

— On peut les vérifier.

— Soit ! mais qu'il soit bien entendu que je n'affirme rien, et si vous commettez quelque imprudence…

— Tu nous désavoues, fit Carthame. Sois tranquille, nous crois-tu désireux de nous réclamer de toi ?

— Ce qui, pour nous autres policiers — j'accepte l'épithète — constitue des présomptions semblerait à d'autres sans la moindre importance. Je sais que certaine dame, très estimée, portant un grand nom, une fanatique royaliste, sorte de vierge du lis, poursuit avec un acharnement implacable la chute de Napoléon. Je sais aussi qu'elle a fait de sa maison un centre de conspirations. C'est une femme de tête, une sorte de Catilina femelle : elle a des émissaires, elle correspond avec l'étranger. Hier soir, il y avait chez elle un grand conciliabule d'émigrés et de Vendéens. Or, ce matin elle a quitté Paris : dans quelle direction, je l'ignore.

— Mais cette femme, quelle est-elle donc ?

— Vous la connaissez aussi, car c'est elle qui cette nuit…

Il parla très lentement, les yeux fixés sur Jean Chêne :

— S'est introduite dans votre groupe de conspirateurs.

— Son nom ? son nom ? s'écria Jean Chêne.

— La marquise de Luciennes, née de Sallestaines, dit froidement Fouché.

Jean Chêne était devenu horriblement pâle.

— Vous voyez, dit Fouché paraissant se méprendre sur la cause de cette visible émotion. Une millionnaire, apparentée aux plus grandes familles de France.

Jean Chêne avait recouvré son sang-froid.

— Si cette femme trahit la France, qu'importent sa fortune et son nom ?

— Louis XVI était de plus haute noblesse, dit Carthame.

— Je n'augure rien de bon de cette femme... Du reste, je me suis laissé entraîner à parler plus peut-être que je ne l'aurais dû. Ne tenez de tout ici que le compte qu'il vous plaira. Maintenant, vous savez que vous êtes libres... j'ai beaucoup à travailler... adieu !

Et il marcha vers la porte pour congédier ses interlocuteurs.

— Sais-tu, du moins, demanda Carthame, quelle route a suivie cette vendeuse de patrie ?...

— Non, mais c'est facile à deviner. C'est au nord qu'agit l'aimant. A propos, qu'était-ce donc que ce petit étourneau qui s'est fait prendre avec vous ? Je l'ai fait remettre en liberté sans même savoir son nom. Un louveteau du jacobinisme, sans doute.

— Non pas ! fit Carthame, un noble, s'il te plaît, et des plus huppés, fort aimable garçon, d'ailleurs, quoique royaliste en diable, et qui a accommodé la police de bonne façon.

— Son nom ?

— Vicomte de Lorys.

— Tiens, fit Fouché avec la plus parfaite indifférence, le fiancé de la marquise de Luciennes.

Encore une fois, Jean Chêne avait changé de visage.

Mais Fouché, comme hâtif d'être seul, avait ouvert la porte et un huissier était entré pour reconduire les visiteurs.

— Adieu, Carthame, fit le ministre.

— Adieu, Fouché.

La porte se referma.

Fouché resta un instant immobile, les yeux fixés sur le panneau.

— Parbleu! murmura-t-il, voilà qui n'est pas trop mal manœuvré. Les royalistes trahissent et m'en sauront gré... les jacobins le savent par moi et m'en tiendront compte... je reste en équilibre.

XI

Entre toutes les crises tragiques que la France a traversées, celle que l'histoire a désignée de ce nom, qui ne comporte ni éloge, ni blâme — les Cent-Jours — est une des plus douloureuses et des plus singulières à la fois.

Jamais la conscience de la France — d'ordinaire si positive, si nette même en ses erreurs, en ses coups de passion — ne fut plus hésitante.

Pendant ces trois mois, il y eut comme un défaut de statique, une perpétuelle oscillation, qui mettait au cerveau du pays un engourdissement.

Période étrange! Les Bourbons avaient été accueillis par la majorité de la population en 1814, comme des libérateurs; après les meurtrissements, après l'épuisement, c'était le repos, la paix! A qui la lui assurait elle se donnait sans arrière-pensée: la Charte lui apparaissait comme le renouement des traditions libérales.

Mais voici que tous les revenants d'avant 89, les féodaux, les voltigeurs de Louis XIV et à côté d'eux, les bigots de toute catégorie, auxquels on n'eût demandé qu'un peu plus de patience et d'hypocrisie, prétendirent faire rentrer de force la France dans le lit de Procuste d'où elle s'était évadée, en laissant aux barreaux de fer des lambeaux de sa chair et des traces de son sang. Ces ressuscités se firent provocateurs, agitèrent leurs suaires comme des drapeaux, ordonnant à tous de les suivre, si bien que le haï, le redouté d'hier, Napoléon, n'eut qu'à faire acte d'audace pour que l'édifice de la Restauration, nullité étayée sur rien, s'écroulât tout à coup.

Mais en quelques mois la France avait oublié ce qu'était l'empereur. Se faisant illusion à elle-même, prenant ses désirs pour des réalités, elle se convainquit que l'homme qui revenait n'était plus l'homme qui était parti : l'île d'Elbe devait avoir accompli ce miracle de transformer le pire des despotes en le plus bénin des libérateurs.

La masse naïve fit son acte de foi. C'était le sauveur qui rentrait.

Mais les politiques n'entendaient point ainsi la situation : ils exigeaient la constitution immédiate d'un équilibre politique, la nomination d'un parlement, la subordination du pouvoir exécutif au pouvoir législatif. On était en pleine nuit : ils réclamaient la lumière complète, subite, aveuglante.

Napoléon — qui avait au plus haut degré le sentiment dictatorial, doublé de cette certitude que lui seul était apte à conjurer les dangers du moment — résista d'abord, puis faiblit : il se résigna à des concessions qui, en son for intérieur, n'avaient qu'un caractère essentiellement provisoire ; il connaissait assez les hommes pour savoir que, vainqueur, il aurait bon marché de toutes les résistances. Par plébiscite ou par acclamation, il aurait, après le triomphe, raison facile d'un libéralisme inquiétant.

S'il était vaincu, à quoi bon lutter ? Il se comprenait condamné d'avance.

La véritable lutte se trouvait donc circonscrite sur un terrain positif et étroit. Victoire ou défaite.

Les politiques, pour qui la liberté consistait dans leur accession personnelle aux fonctions gouvernementales, faisaient à leur tour très bon marché de la victoire : ils eussent préféré cent fois un bon traité qui les eût débarrassés de Napoléon.

Le peuple, plus franc, une dernière fois désillusionné

des Bourbons, qu'il avait vus de trop près, effrayé et haineux de l'étranger à peine éloigné, était prêt à tous les sacrifices pour obtenir la victoire : avant tout, l'écrasement de la coalition, sauf à régler — plus tard — en famille les affaires intérieures.

Intrigues d'un côté, de l'autre enthousiasme irraisonné : aucune solution possible, si ce n'est la guerre, comme un coup de dés lancés au hasard.

Le plébiscite qui consacra l'Acte additionnel se ressentit de cette situation bâtarde; à peine treize cent mille votants déposèrent leurs bulletins. L'Acte était ratifié, mais avec une indifférence qui prouvait le peu d'importance qu'on attachait à une formalité exigée par les politiques à courte vue.

Napoléon se savait entouré de malveillances et de trahisons; il avait pris Fouché en flagrant délit d'intrigues avec l'étranger. Il se contenait, tablant sur l'avenir.

Tiraillé par des conseillers qui le trahissaient criminellement ou naïvement, il n'opposait qu'une résistance d'habitude à des tyrannies qu'il estimait insultantes, alors même qu'elles se dissimulaient sous les formes les plus respectueuses et qu'il se réservait de châtier après le succès.

Le 1ᵉʳ juin 1815, il jouait la grande partie de la popularité.

Il allait, selon le mot du pape, comédien et tragédien à la fois, dominer les foules par l'appareil de la souveraineté, les exalter par l'apothéose de la force, les émouvoir par les dangers de la patrie.

Dès le matin, des salves d'artillerie avaient appelé le peuple dans les rues et sur les places.

Pour ce magnifique déploiement théâtral dont l'appareil devait remuer toutes les âmes, le ciel avait prêté sa plus belle lumière.

Le soleil de juin resplendissait.

Paris, plus curieux que joyeux, plus surexcité que véritablement ému, avait pris ses allures de fête.

Depuis les ouvriers des faubourgs jusqu'aux bourgeois du Marais, depuis la population interlope du Palais-Royal jusqu'à la grande flânerie des boulevards, depuis les dames de la Halle jusqu'aux petites ouvrières — jusqu'aux grisettes, contentes d'arborer le bonnet à fleurs, coquet et guilleret, dont rougiraient nos gantières et nos corsetières d'aujourd'hui — le flot compact et grouillant du fleuve parisien se canalisait dans les boulevards, la rue de la Paix, la rue de Rivoli, s'épandait comme une mer sur la place de la Concorde, où des bandes de gamins s'ébrouaient dans les fossés creusés aux quatre coins, ou grimpaient sur les guérites qui attendaient leur couronnement allégorique, puis refluait dans les Champs-Élysées, formant un tourbillon dont le centre se creusait aux pieds des chevaux de Marly et d'où glissaient deux courants, l'un vers l'Étoile — aujourd'hui le Rond-Point — l'autre vers le quai de la Conférence.

Sur la rive gauche, c'était un exode général de Sainte-Geneviève à Grenelle : les nouveaux boulevards, dit du Midi — Luxembourg, Montparnasse, Vaugirard, des Invalides, les quais du Jardin des Plantes au Corps législatif, de Montebello à l'Université et aux Archives — situés à cette époque sur le bord de la rivière après l'esplanade des Invalides — toutes ces voies, dont quelques-unes étaient inachevées, lançaient à travers le faubourg Saint-Germain boudeur les bandes égayées des étudiants et des ouvriers des ports.

Puis c'était, entre les files de passants qui se rangeaient à la hâte, des bataillons de fédérés, vêtus de blouses, de bourgerons, armés de bâtons à défaut de fusils qu'on leur avait promis, mais non distribués, bandes équivoques prêtes à une impartiale violence, pour ou contre tel ou tel parti à l'occasion.

Mais dès que le clairon sonnant, dès que les tambours battants annonçaient l'armée régulière, ligne ou garde nationale, les rangs des spectateurs se pressaient contre les maisons ou les parapets.

Les officiers que la Restauration avait tenus à l'écart se redressaient, fiers de leurs droits reconquis, et marquaient martialement le pas. Les soldats, pour la plupart survivants de la campagne de France, visages jeunes mais déjà bronzés, allaient à marche accélérée, ressaisis par la fièvre belliqueuse, les yeux sur le drapeau aux trois couleurs ressuscitées.

Peu de cris dans la foule : inconsciemment une angoisse brisait la joie enthousiaste.

Mais parfois un vétéran des armées impériales, à jambe de bois ou à manche vide, se jetait dans les rangs pour embrasser un ami et, entraîné par le courant, suivait à son tour, comme si l'engrenage l'avait ressaisi.

Et des mots couraient à travers les groupes : Austerlitz, Wagram, Champaubert.

Derrière le régiment, les gamins têtes nues, cheveux au vent, emboîtaient le pas aux derniers rangs, se glissant jusque sous les jambes des chevaux.

— Vive l'empereur! criaient des voix aiguës, auxquelles se mêlaient des voix plus graves.

Un contemporain a remarqué que les femmes se taisaient et même, souriant aux galants officiers, elles semblaient tristes.

Tout à coup, un quart d'heure avant midi, des coups de canon, précipités, formidables, éclatent.

La foule qui encombre la place de la Concorde reflue vers les grilles des Tuileries.

Mais déjà les haies se sont formées, les soldats barrent le chemin de la terrasse au quai de la Conférence : il semble que ces masses tassées s'élèvent en dôme. Les yeux s'ouvrent tout grands, les poitrines se serrent... C'est Napoléon!

A travers la large allée, toute envoûtée de frondaisons vertes, du pavillon Médicis à la place du Pont-Tournant, on aperçoit le cortège qui sort de la cour des Tuileries, ruban brodé de pourpre, d'or et d'acier, étincelant sous le soleil.

En tête galope la garde, tintinnante de cuirasses et de sabres, éblouissante de panaches, puis roule, vaste et lourde sur ses essieux dorés, la voiture du Sacre, entraînée par huit énormes chevaux dont la tête disparaît sous les plumes et les rubans.

Autour, derrière le carrosse, des uniformes chatoyants où les rayons de soleil mettent des éclairs rutilants, véritables costumes de comédies, ondulations de plumets, envol de dolmans, émaillement d'aigrettes, chamarrures d'aiguillettes, stellation de croix et de plaques. Puis les cuirassiers, les carabiniers aux poitrines de feu, toute cette splendeur, de loin, apparaît comme un météore.

Les grilles du jardin, comme poussées par des mains invisibles, subitement se sont ouvertes ; cela passe : piaffements de chevaux, heurt des roues, couleurs et reflets mêlés en une bigarrure de kaléidoscope, éclatement d'un rêve de puissance et d'orgueil.

On dirait d'abord que la foule hésite, plus étonnée que ravie ; mais dans le carrosse, en un cadre d'or, sur un fond de satin, médaille byzantine, apparaît le profil romain de l'empereur, gras et marmoréen sous l'étrange retombée des plumes.

Quoi ! il n'est pas en général, en petit caporal, en soldat ! c'est pourtant le soldat que Paris attend, espère.

A un commandement qui roule sur la ligne de haie, les fusils se dressent, baïonnette au soleil, avec les frappements d'acier qui semblent le claquement des chiens, les sabres giclent hors des fourreaux avec des éclaboussements d'étincelles.

— Vive l'empereur !

Cette fois, la grandiose poésie du spectacle, ce formidable : « Portez, armes ! » jeté par la France à la face de l'étranger ont vaincu tous scrupules, tous raisonnements, et l'acclamation grandit, s'élève, tonne, s'épand en échos répercutés auxquels encore répond la voix du canon.

— Ney ! Vive Ney !

C'est le maréchal qui galope à la portière du carrosse impérial, d'où un mot brutal l'a cinglé tout à l'heure :

— Je croyais que vous aviez déjà émigré !

A mesure que s'écoule l'escorte, les cris redoublent : la clameur populaire : encouragement, remerciement, espérance, plane au-dessus des régiments, et on l'entend en la ville tout entière qui, de son anxiété, fait de l'enthousiasme et une dernière fois signe le pacte de sang avec le formidable batailleur.

Au champ de Mars, le spectacle était merveilleux.

Des deux ailes de l'Ecole militaire, de vastes estrades s'étendaient, laissant entre les extrémités de leurs quarts de cercle un espace, au milieu duquel se dressait une estrade, haute, drapée de tentures rouges, aux abeilles d'or.

Au fond, contre le pavillon central, le trône, surélevé, sous un dais.

Dans cette enceinte, les frères de l'empereur, les dignitaires de tout ordre, les cinq cents électeurs délégués, les officiers supérieurs, les magistrats, dix mille acteurs ou spectateurs d'une scène grandiose, palpitante, surhumaine, suprême acte de foi d'un peuple en un homme.

En dehors de l'enceinte privilégiée, dans le vaste périmètre du Champ de Mars, dont les fossés disparaissent sous l'amoncellement du populaire, cinquante mille soldats, garde impériale, troupes de ligne, cavalerie, garde nationale, cent canons ; puis, aux angles, les fédérés venus de tous les points de l'empire, délégués volontaires de la nation qui veut se défendre ; au delà, partout, le peuple.

D'intenses vibrations secouent toutes les poitrines.

Devant le trône, sur lequel un *Te Deum* vient d'appeler la protection divine, l'orateur des collèges électoraux jette à pleine voix les mots de fidélité, de liberté, d'indépendance :

« Tout Français est soldat ; la victoire suivra de nouveau vos aigles, et nos ennemis qui comptaient sur nos divisions regretteront bientôt de nous avoir provoqués ! »

Mots qui enflamment toujours les âmes de patriotes et dilatent les cœurs les plus serrés d'angoisse.

On veut croire, on croit. Pourquoi pas, après tout ?

Et la voix de Napoléon, sourde d'abord, peu à peu s'élève, métallique comme le clairon :

« Français, ma volonté est celle du peuple, mes droits sont les siens. Mon honneur, ma gloire, mon bonheur ne peuvent être autre que l'honneur, la gloire et le bonheur de la France ! »

Puis c'est le serment aux constitutions de l'empire. Des centaines de voix s'unissent dans une parole de respect et de dévouement.

Dans les tribunes, nombre de femmes élégantes avaient arboré les plus riches toilettes, les seins presque nus, les cheveux serrés en des torsades de perles et de diamants, le corsage haut serré, soulevant la gorge découverte dans la collerette de dentelles droites, piquées de paillettes d'or, les bras cerclés de bracelets, elles s'attendrissaient, saluant du mouchoir, parfumé à l'hortensia, cette souveraineté dont mieux que tous, elles ressentaient les sentimentalités nouvelles, Napoléon cherchant alors à séduire plus encore qu'à dominer.

Soudain, mouvement général : ce n'est pas dans l'enceinte que les drapeaux seront distribués. L'empereur a ressaisi son autorité ; maintenant le chef d'armée va brandir l'étendard de la France.

Napoléon s'était levé de son trône ; respectueusement on avait détaché de ses épaules le manteau impérial ; puis, lentement, au milieu du groupe des dignitaires, suivi de ses ministres, il avait traversé l'enceinte et avait gravi les marches de la large estrade, d'où le regard domine plus directement l'immense étendue du Champ de Mars, plaine mouvante d'hommes, champ de blé dont les épis sont des baïonnettes.

Spectacle inoubliable : l'empereur debout, en une sorte d'apothéose. Autour de lui les faisceaux de drapeaux tricolores aux franges d'or, aux aigles d'or ; l'archevêque de Barral, les mains levées, bénissant.

En bas, les régiments, l'artillerie, les cavaliers, chatoiement d'escarboucles qui rutilent sous le soleil.

Encore Napoléon parle : en mots nets, précis, qui claquent comme des commandements, il fait appel au patriotisme, au courage, à l'abnégation, il réclame des promesses, veut des vivats, des acclamations, jouant en artiste émérite de cet immense clavier humain.

Les députations de l'armée, une à une, défilent, vague après vague, sans interruption.

Les femmes applaudissent les soldats, jetant les bouquets, les mouchoirs, les éventails, les baisers.

Les cris se fondaient en un seul cri ; c'était comme une voix faite de toutes les voix.

Le peuple électrisé, attiré vers cet homme qui, encore une fois, était au centre, avait rompu les barrières, emportant les agents de police dans le remous furieux de ses curiosités, courant à travers les rangs des soldats, glissant sous le ventre des chevaux, puis en une sorte d'instinct de discipline, s'étageant en haies profondes, entre lesquelles maintenant coulait le flot militaire.

Devant l'empereur, les bras se levaient, les épées dardaient, tandis que les officiers, auprès du souverain, saluaient les compagnies.

Brouhaha passionné qui n'était plus qu'une longue clameur, sans rythme.

Soudain, il se fit, dans l'hémicycle où les compagnies passaient justement devant l'empereur, un silence.

Des hommes défilaient, officiers en tête, d'un pas martial, sans un cri.

La foule, comme stupéfaite, se tut.

Napoléon s'était penché en avant, regardant.

C'était un détachement du 6ᵉ chasseurs, ce régiment, qui, trois mois auparavant, à Compiègne, avait résisté à la contagion de l'enthousiasme. On avait voulu le noyer dans ces flots de passion.

Corrects, comme s'ils allaient au feu, les hommes passaient.

Les officiers ne bronchaient pas, l'épée à l'ordonnance.

Encore une minute et ils étaient passés.

A ce moment, de la foule, une voix s'éleva, large, sonore, solennelle :

— La patrie est en danger... Que l'empereur sauve la France !... Vive l'empereur !

Et Jean Chêne et les autres, levant l'épée, crièrent :
— Vive l'empereur !

En même temps, des branches de gui, lancées on ne sait d'où, tombèrent au milieu des soldats qui, sans s'arrêter, les ramassaient d'un geste rapide.

Napoléon s'était vivement tourné vers Fouché :
— Qui a parlé ? demanda-t-il d'un ton brusque.

Le duc d'Otrante se pencha vers lui :
— Que Votre Majesté regarde, à droite, aux premiers rangs de la foule... ne voit-elle pas un homme de haute taille, un vieillard à chevelure blanche qui s'appuie sur une jeune fille.

— Quel est cet homme ?
— Un ancien conventionnel, déporté de nivôse.

Napoléon eut un haussement d'épaules et détourna la tête.

En un groupe d'officiers, au-devant de l'estrade :
— Eh bien ! que faites-vous donc, mon cher Lorys, vous ramassez une de ces brindilles vertes, qui m'ont tout l'air d'emblèmes jacobins ?

Lorys, en uniforme de lieutenant, glissa la branchette dans sa ceinture :
— Vous avez bien vu, Trémoville, répondit-il, je l'ai prise et je la garde... c'est un souvenir.

Et d'un geste d'épée il salua dans la direction du vieux conventionnel et... de Marcelle.

Les acclamations continuaient.

Napoléon était redevenu radieux.

XII

Le capitaine Laverdière, comme tous les aventuriers, était de ceux qui ont hâte de voir l'affaire entreprise arriver à son terme, surtout en ce qu'avec la conclusion concorde le plus souvent la récompense à toucher. Tout feu, tout flammes, comme on dit. Pas une minute à perdre, au début.

Pourtant, se sentant le gousset bien garni, se sachant muni d'un crédit d'autant plus large qu'il s'appliquait à besogne plus délicate, le condottière se serait peut-être attardé à Paris, quelques jours au moins, si certaines appréhensions vagues ne l'eussent engagé à prendre du champ le plus rapidement possible.

C'est qu'à vrai dire Laverdière n'était pas de ces vils bourgeois qui pourraient, à une heure près, rendre compte de leur existence monotone : en son passé, il y avait des oublis nécessaires, de sa part surtout, et jusqu'à nouvel ordre de choses, il lui eût déplu qu'on s'intéressât trop curieusement à reconstituer son histoire.

Bâtard d'une famille aristocratique, noblesse du Bocage, repoussé de la vie normale en raison de son origine, peu disposé d'ailleurs à se plier aux banalités d'un travail régulier, celui qui portait aujourd'hui le nom de Laverdière avait, depuis vingt ans, cent fois tenté, sous des avatars divers, non d'épouser, mais de violer la fortune, coquette qui redoute certaines brutalités et s'obstine parfois à fuir vers les saules.

Et pourtant, pour mieux l'atteindre, il s'était bien vite allégé de tous bagages incommodes, principes ou scrupules.

De 1797 à 1800, il avait fait la guerre, non vendéenne, mais chouanne, cherchant aubaine et rien autre, chasseur d'écus, pillant et rançonnant, attrapant de ci de là des horions, les rendant au centuple, coup de dague pour menace de bâton, riche parfois pour huit jours, s'appauvrissant en deux nuits de débauches. Il n'est si belle route qui n'ait ses fossés : pendant la rigoureuse répression du Consulat, il s'était trouvé impliqué dans une grave affaire de vol à main armée, sur le grand chemin. Il est vrai qu'il s'agissait des deniers de l'État, considération qui peut-être avait attendri ses juges. Il en avait été quitte pour l'exposition et les travaux forcés.

Avenir compromis, il faut le reconnaître; mais Laverdière avait plusieurs ressources : des services rendus à propos à la police, quelques dénonciations opportunes, toute une basse politique d'hypocrisie et de délation lui avaient valu sa mise en liberté. Depuis lors, il avait roulé un peu partout, en France ou à l'étranger, toujours quêtant comme un limier en chasse, tantôt au service de la police impériale, tantôt à la solde de Malet du Pan ou de Puisieux, trahissant ceux-ci pour ceux-là, vendant de toutes mains, se croyant toujours à la veille d'un enrichissement rapide, conservant cette éternelle naïveté de croire aux promesses de ses employeurs, émergeant aujourd'hui pour plonger demain dans les bas-fonds de la noire misère.

Au demeurant un fruit sec du crime.

Pourtant, à mesure que, sous des sobriquets divers, il risquait toutes potences, cet homme n'avait qu'un désir vrai, profond, que rien n'effaçait : il rêvait de reprendre son vrai nom, qui sonnait bien, avait brillante allure; mais pour satisfaire cette fantaisie suprême, il s'était fixé un programme dont jusqu'ici nulle circonstance ne l'avait fait dévier, c'était de mettre enfin le doigt sur une belle affaire qui subitement le replaçât en bonne posture dans la société, non plus seulement gain d'argent, mais butin de considération. En somme, l'estime se peut voler comme autre bien de ce monde; il guettait un honneur passant sur lequel il pourrait mettre la main, pour en affubler son nom. Il tendait des pièges à la réhabilitation, apparente ou réelle, comptant, en dépit de tous ses échecs sur une de ces péripéties que le hasard tient en réserve pour les plus malchanceux. Il se fatiguait de n'être jamais lui : il voulait rentrer dans sa peau, il lui semblait que ce nom serait comme un masque sous lequel nul ne reconnaîtrait plus l'aventurier ni le bravo.

Illusion, peut-être. Obsession, certainement. Il y avait fait une allusion discrète lors de son entretien avec Mme de Lucienlcs; il avait dit vrai, cette satisfaction serait pour lui plus grande que l'enrichissement.

Par malheur, à ce rêve la réalité opposait de singulières résistances, le but s'éloignait toujours.

Joueur, buveur et débauché, le Laverdière entassait devant le noble bâtard, obstacles sur obstacles, barricade de dés pipés, de brocs vidés et d'oreillers inavouables.

Les poches pleines, il manquait essentiellement d'ordre.

C'est ainsi que le jour même où la marquise lui avait généreusement avancé le prix de sa campagne, il s'était hâté, comme s'il eût souffert la plénitude de ses poches, de courir en un tripot où, distrait par quelque basse maritorne, il avait écorné assez largement son capital.

Fort opportunément il s'était souvenu du renseignement surpris dans la cour des Messageries.

Hardiment il était allé proposer un marché à la police.

Mauvaise opération, d'ailleurs : quelques louis dédaigneusement jetés, et encore sous cette condition formelle qu'il conduirait lui-même les agents au repaire des jacobins.

L'estafilade que Laverdière avait reçue en plein visage avait eu cet excellent résultat de le faire réfléchir. Serait-il donc toujours aussi fou ? Que lui importaient après tout ce vicomte de malheur et cette petite jacobine ?

A la sottise de s'être compromis pour une misère avec la police impériale, au moment où ses intérêts l'appelaient de tout autre côté, ajouterait-il celle de se faire tuer en quelque stupide bagarre ?

Ce tirage d'une palette de sang l'avait subitement rafraîchi ; il avait songé à s'esquiver le plus rapidement possible.

Voyez-vous que cette police à laquelle il s'offrait bénévolement prît idée de s'occuper de lui plus que de raison, fût-ce pour lui confier quelque mission de confiance ?

Comme il arrivait aux portes de la Conciergerie dont l'aspect sombre lui rappelait de fâcheux souvenirs, il avait trouvé le moyen de brûler la politesse aux agents de Fouché, et, en hâte, il était retourné à son auberge de la rue Saint-Denis, avait fait ses paquets, s'était bien gardé de réveiller les acolytes que son budget ne lui permettait pas de payer et s'était mis en route tout seul.

En route, il avait soigneusement bu jusqu'au fond de la bourse, comptant ses étapes par cabarets.

Si bien que le 10 juin, au matin, le diligent émissaire de la marquise de Luciennes avait atteint Maubeuge et le petit village de Bergstein, où, au Cygne-Bleu, un personnage mystérieux dissimulant des ailes de pigeon sous une perruque de tête ronde, l'attendait depuis deux fois quarante-huit heures, en un état d'exaspération que pouvait seul justifier l'amour qu'il portait à son roi légitime.

— C'était une honte, disait le vieux gentilhomme, lorsque d'aussi graves intérêts étaient en jeu, lorsque les destinées les plus hautes dépendaient de l'énergie et de l'activité de quelques fidèles de perdre son temps en honteuses débauches... En vérité, on choisissait à Paris d'étranges serviteurs.

Notre homme, sans se déconcerter, raconta les aventures les plus surprenantes, attaques à main armée, embuscades, périls sans nombre.

— Un homme comme moi, disait-il de sa voix que les boissons de la veille rendaient à la fois pâteuse et digne, ne forfait pas, sachez-le bien, à son devoir. Vous semblez ignorer que les hordes de Bonaparte interceptent toutes les routes, se livrant sur les paysans à d'infâmes déprédations. Moi qui ai dans le cœur le souvenir immaculé de nos rois, pouvais-je refuser de prêter mon aide à ces persécutés ? J'ai dû, vingt fois, les arracher aux mains de leurs bourreaux, et alors, monsieur, que d'actions de grâces pour le descendant de Saint-Louis dont je me disais l'humble serviteur ! Vous m'accusez, monsieur, quand, au péril de ma vie, j'ai fait pour la sainte cause que nous défendons plus peut-être que tous les diplomates de la Sainte-Alliance !

L'autre, ému, se rengorgeait.

— Alors vous croyez que le peuple français ?...

— Attend, espère, appelle son roi ! Oui, monsieur, je ais plus que de le croire, je le sais et, maintenant, si, pour avoir accompli mon devoir, vous estimez que je mérite châtiment, je me soumettrai à la justice impeccable de Sa Majesté.

Goguenard dans une mesure limitée, barytonnant à propos la note respectueuse, Laverdière débitait ces extravagances avec un tel aplomb que l'émissaire royal ne put lui tenir rigueur. On ne doutait pas de sa fidélité : la personne qui s'était portée garante de son dévouement était d'ailleurs de celles qui ne se trompent pas. Mais ces retards devaient être rachetés par un redoublement d'activité.

Il était temps d'agir.

De graves nouvelles étaient parvenues au quartier général des alliés. L'armée de Napoléon, se portait, disait-on, vers la mer, afin de couper toutes communications à l'armée de Wellington.

Laverdière n'était pas stratégiste, mais à qui venait de France il ne fallait pas grande compétence pour deviner que ces renseignements étaient selon toute apparence, contraires à la vérité.

Sur sa route, l'aventurier n'avait pas été sans recueillir des informations sur la marche des divers corps qui semblaient tous converger vers Namur ou Liège.

Laverdière, auquel la faconde ne manquait pas, suppléant par son imagination à ce qu'il ignorait, développait tout un plan de campagne et, détail curieux, cet homme qui n'avait fait que la guerre d'embuscade, devinait plus qu'il ne le supposait lui-même la pensée du grand stratégiste.

Ses appréciations — appuyées de dissertations quelque peu hasardées — n'avaient pas été sans frapper le personnage, quelques coups de crayon sur la table d'auberge, des verres et des bouteilles posées en front de bataille, le convainquirent tout à fait : si bien que le personnage, usant de l'autorité que Mme de Luciennes lui avait dévolue sur son affidé, lui donna ordre de fouiller, sans plus tarder le pays, entre Maubeuge et Givet; avec injonction formelle de venir, dans les deux jours, rendre compte de ce qu'il aurait appris.

Laverdière, au fond, sentait qu'il avait beaucoup à se faire pardonner : il s'agissait de regagner le terrain perdu.

La mission était dangereuse, car il ne s'agissait de rien moins que d'être arrêté comme espion et fusillé sans rémission.

Mais plus grand serait le péril, plus grande serait la récompense.

Rendez-vous fut pris pour le lendemain.

Ce n'était plus l'heure de jouer au soldat d'aventure.

Les routes pouvaient n'être pas sûres aux chevaliers errants, d'autant que de Verviers à Maubeuge, Laverdière s'était senti talonné par des troupes qui s'avançaient vers la frontière et qui ne pouvaient tarder à former un cordon infranchissable.

Filet dont il fallait traverser les mailles serrées.

Il se métamorphosa complètement en bon paysan des Flandres, venant s'offrir de lui-même aux réquisitions.

L'affaire se passa sans encombre. A l'heure dite, l'espion était de retour.

L'expédition avait merveilleusement réussi, les Français, entre autres qualités, ayant celle d'être les derniers — quoi qu'on en dise — à deviner la trahison.

Maintenant Laverdière tenait, presque en toutes ses parties, le plan de Napoléon.

Pour Laverdière, homme de coups de main, il était évident que la marche des divers corps tendait à une concentration vers Bruxelles ou Gand.

Derrière les forêts et les collines qui formaient alors la frontière franco-belge — prolongation des Ardennes sur la lisière du Hainaut — l'armée française s'étendait d'Avesnes à Rocroy et à Sedan.

A l'ouest, les corps de Reille et de d'Erlon ; au centre, Lobau ; à l'est, Gérard.

Marcheraient-ils sur Mons et Ath ou sur Dinant et Namur ?

L'émissaire royal écoutait, ne comprenant qu'à demi, soupçonneux de mensonges. De fait, ces gens ne savaient rien. Il leur paraissait impossible que des troupes, estimées par les espions à cent vingt mille hommes, eussent opéré ce mouvement à travers la France, se fussent concentrées à quelques lieues des frontières sans que des avis positifs eussent éclairé les alliés.

Une journée se passa en hésitations : des envoyés secrets, à toute heure, franchissaient la frontière.

Pas d'ordres positifs : on n'était pas persuadé là-bas.

Mais voici que le 13 on apprit — ce fut Laverdière qui, le premier, donna la nouvelle — que Napoléon était à Avesnes.

Le 14 au matin, il se mettait en route vers Beaumont, à quelques lieues de Charleroi. Peut-être était-il un peu tard pour ne plus douter.

C'était l'attaque prochaine, décisive et dans des conditions inattendues.

Alors l'émissaire — homme sans nom, qui était Français et qui, avec l'aide de Français, complotait, préparait la défaite de ses compatriotes — donna ordre à Laverdière de traverser à nouveau les lignes; il fallait que dans la nuit un avis parvînt à M. de Bourmont.

Le comte lieutenant général commandait, on s'en souvient, le quatrième corps sous Gérard.

A tout prix, où qu'il fût, il le fallait joindre, lui remettre un signe de reconnaissance auquel il ne se méprendrait pas.

Point de lettres. Point d'écrit. Un écu aux armes royales, c'était tout.

— Décidément, se dit Laverdière, c'est un métier de porte-balle, et encore le fardeau n'est-il pas lourd.

Cependant le gentilhomme avait pris une attitude quasi solennelle :

— Monsieur, avait-il dit à Laverdière, l'homme qui est porteur de ce signe et qui aura réussi dans sa mission aura le droit de réclamer directement sa récompense de Sa Majesté.

— Hum ! fit l'aventurier. C'est-à-dire que si je suis pris, c'est la mort.

— Être pris ?... vous devez vous faire tuer !

— Soit... c'est dans le marché... mais, dites-moi : je connais ces sortes d'affaires. Se faire tuer, c'est bientôt dit, mais en somme, moi mort, qui portera le message ? Personne. Le mieux, croyez-moi, est de parer à toute éventualité. On peut fort bien se trouver dans un mauvais pas, le mieux est d'en sortir, sans y laisser ni ses os, ni sa mission. Ne pourriez-vous pas m'aider un peu ?

— Je ne comprends pas.

— Je m'explique. Je ne sais pas qui vous êtes, et pour un peu je suis prêt à vous donner du monseigneur. Mais justement, en raison du respect que vous m'inspirez, je me laisse aller à raisonner, et je me dis : Un personnage aussi important, qui tient les destinées d'un monde entre ses mains, ne se hasarde pas, sans quelques précautions, car enfin, monseigneur — décidément je me risque — si vous étiez pris, il y aurait quelque chance que vous fussiez fusillé.

— Je n'ai rien à craindre.

— Voilà ce qu'il me plaisait vous entendre dire. Cela prouve tout simplement que vous avez un sauf-conduit ; qui sait ? peut-être deux. Eh bien, pourquoi ne m'en remettriez-vous pas un ? Oh ! je devine, vous craignez que je ne me targue d'un droit de passage pour me montrer imprudent. Soyez tranquille, je ne tiens nullement à m'expliquer de trop près, quant à présent, avec les jacobins de Bonaparte. Si je me sers du sauf-conduit que vous m'allez remettre, ce sera — je vous en donne ma parole — à la dernière extrémité. Mais, que diable, tant qu'il reste une chance de sauver sa peau, il faut en user !

Laverdière avait deviné juste.

Le gentilhomme se laissa persuader, et il se trouva qu'il avait justement sur lui un passeport en blanc signé du ministre de la police.

Après tout, Laverdière pouvait avoir raison.

Il était assez homme d'audace pour se tirer d'un mauvais pas, alors même que toutes les chances seraient contre lui. Encore fallait-il qu'on l'aidât.

— Donc, fit l'émissaire la plume haute, j'écrirai votre nom. Nous disons capitaine Laverd...

— Non, fit l'aventurier. Écrivez ce nom qui est le mien.

Il prononça quelques mots à l'oreille de son interlocuteur.

— En vérité... vieille souche...

— Et qui ne demande qu'à reverdir, fit Laverdière en se redressant.

— Le roi se souviendra, dit l'autre avec une nuance toute nouvelle de considération à l'adresse de l'aventurier.

Ils se saluèrent. Laverdière partit.

Décidément, il était sur la bonne voie. Déjà ce n'était plus le capitaine d'aventure qui agissait, c'était un serviteur avec qui il faudrait compter autrement qu'en écus.

Il ne pouvait conserver aucun doute sur la nature de sa mission.

A un chef de corps, les ennemis de Napoléon ne pouvaient transmettre que des ordres de trahison.

Tant mieux : l'indignité de la tâche en augmenterait le prix ; et puis Laverdière en était-il à avoir des scrupules...

Un instant après, dehors, il sautait en selle et descendait la côte au galop.

Était-ce l'alcool ? était-ce la fièvre de la colère ? Il avait maintenant au cerveau cette chaleur âpre qui décuple les sentiments mauvais.

Nuit lourde, sans lune, avec la pesanteur de l'orage prochain.

Douze lieues : il avait quatre heures devant lui. C'était suffisant.

Il aspira longuement, oppressé malgré lui. Un mot tintait à son oreille : Judas.

Bah ! était-il un enfant, pour se troubler de semblables niaiseries ? Après tout, que faisait-il ? Il portait un message à M. de Bourmont, un franc royaliste, certes, avec lequel autrefois il avait guerroyé dans l'Ouest et qui, en servant Napoléon tout en le haïssant, obéissait à des considérations supérieures aux mesquins préjugés du monde. Était-ce à lui, Laverdière, pour qui le sort avait été dur, de se montrer plus dégoûté que ces grands personnages à qui chaque trahison apportait des honneurs nouveaux ? Trop bête, en vérité !

Et il enfonçait ses éperons aux flancs de son cheval, comme impatient d'avoir commis une vilenie de plus.

Il allait, suivant des chemins sous bois, gravissant, sans ralentir, des sentiers de colline, coupant à travers les chemins pierreux des carrières.

La fortune le favorisait : il n'avait rencontré personne. Un brouillard tombait, autour de lui tout se faisait invisible.

Justement il approchait de Beaumont et s'était engagé dans les bois qui, à mesure qu'il avançait, s'épaississaient.

Tout à coup il lui sembla entendre — était-ce devant ou derrière lui ? — le galop d'un cheval.

Dans les bois touffus, les sons répercutés par les frondaisons épaisses produisent des illusions d'acoustique. Il fut convaincu que derrière lui on s'était lancé à sa poursuite.

Que faire ? Se jeter dans un sentier transversal, laisser passer le ou les poursuivants ; mais juste à ce moment il se trouvait dans une sorte de ravine, entre deux murs presque à pic de gypse et de marbre. Point d'issue à droite ni à gauche.

A tout prix, il fallait sortir de cette sorte de tube dans lequel il était emprisonné.

La ravine descendait vers le vallon ; l'animal, toujours poussé, partit ventre à terre.

Laverdière, les rênes dans une main, l'autre armée d'un pistolet, ne regardait pas en arrière : et toujours le bruit de l'autre galop retentissait à ses oreilles.

Enfin, la muraille de pierre cessa brusquement ; maintenant le champ était ouvert. Sur la droite, un bois de haute futaie, en apparence impénétrable. Laverdière arrêta son cheval, sauta à terre et, le saisissant par la bride pénétra dans les broussailles. A deux mètres de la route, il se tint coi.

Rien ne pouvait le trahir : l'animal, fatigué, ne bougeait pas.

Laverdière, attentif, les deux mains armées, écoutait.

Et dans le silence il perçut plus distinctement le bruit de la galopade. Cette fois l'illusion était finie, le doute était impossible, le cavalier venait de Beaumont. Ce n'était pas une poursuite, mais une simple rencontre. En tout cas, il valait mieux que l'homme passât sans le voir.

Curieux cependant, il avait rampé jusqu'à la lisière de la route et de là il regardait.

Alors, distinctement, dans la pénombre nocturne à laquelle ses yeux s'étaient habitués, il vit se profiler la silhouette d'un cavalier, un officier qui éperonnait sa monture : officier d'état-major, à en juger par la forme de son chapeau en bataille, par les aiguillettes d'or qui rutilaient sur sa poitrine.

Tout à coup, un temps d'arrêt.

Le cheval se cabre... Un juron, un cri...

La silhouette s'était brusquement affalée sur le sol.

Non pas que Laverdière eût un crime de plus à se reprocher. Ses pistolets étaient dans ses mains, toujours chargés ; le cheval avait manqué des quatre pieds et s'était renversé, entraînant son cavalier.

L'officier se tordait sur la terre, cherchant à se dégager, et Laverdière distingua ces mots, mâchés dans un grondement de désespoir :

— Malédiction ! j'ai la jambe cassée.

Et obéissant au besoin instinctif de secours, le blessé cria :

— A moi !

Il n'était pas dangereux. Laverdière sauta d'un bond sur la route et courut vers lui.

Au même instant le cheval se relevait et partait à fond de train, frôlant l'aventurier, qui dut se jeter de côté pour n'être pas renversé lui-même.

— Courage, monsieur l'officier, disait Laverdière, appuyez-vous sur moi ; essayez de vous relever.

— Ah ! quelqu'un. Dieu soit loué. Il faut que je remonte sur mon cheval, que je parte. Aidez-moi !

Le malheureux s'efforçait, s'accrochant à son sauveur ; mais il poussa un cri de douleur et retomba à demi-évanoui.

— Diable ! fit Laverdière, il paraît qu'il disait vrai. Il doit avoir quelque membre brisé.

Il prit l'homme sous les épaules et le traîna jusqu'au bord de la route, où il l'appuya contre un arbre. Puis, fouillant dans sa poche, il en tira une gourde d'eau-de-vie dont il posa le goulot sur ses lèvres.

L'officier parut se ranimer.

— Merci, j'ai la jambe cassée, là, au haut de la cuisse.

Et il ajouta avec colère :

— Et ne pouvoir partir, ne pouvoir faire son devoir !

Laverdière se pencha vers lui :

— Dame, monsieur l'officier, dit-il, je ne suis qu'un paysan, mais si je puis vous être bon à quelque chose, disposez de moi, on est des hommes et on se doit entr'aider dans la vie.

L'officier, étourdi par la secousse, brisé par une intolérable douleur, avait à peine la force de parler.

— Qui êtes-vous ? demanda-t-il.

— Un paysan, vous dis-je. Oh ! un brave homme, vous pouvez vous fier à moi. Thomas Peters, le houblonnier, bien connu, allez.

— Français ?

— Vous le demandez ? Français jusqu'aux moelles, et vive l'empereur qui va rosser ces maudits engliches et les késerlicks !

L'officier cherchait à voir son visage ; mais il ne pouvait se dresser :

— Eh bien ! dit-il, rendez-moi un service, pas à moi seulement, mais à la patrie, j'ai là sur ma poitrine une dépêche, un ordre pour le général Vandamme.

— Il faut lui porter cela ?

— Non, ce n'est pas cela, je me suis égaré, je ne sais pas où est le général; mais à une lieue d'ici, à Beaumont, remettez la dépêche au premier officier que vous rencontrerez en lui expliquant l'accident.

— Et puis qu'on vienne vous chercher?

— Ne vous occupez pas de moi, l'ordre avant tout! Ah! que je souffre!

Le malheureux grinçait les dents, s'efforçant de retenir ses cris.

Cependant Laverdière, d'après son ordre, le soulevait, pendant que, de ses mains convulsées, il ouvrait son habit. Il tira un pli de sa poitrine, mais à ce moment, il fit, sans le vouloir, un mouvement brusque, son corps tout entier pesa sur sa hanche, et la douleur fut si vive qu'il s'évanouit.

Laverdière approcha encore la gourde de ses lèvres, mais le geste s'arrêta et il remit la gourde dans sa poche. Puis, ayant jeté un regard sur le malheureux qui gisait inanimé, il se releva, s'enfonça de nouveau dans le fourré, détacha son cheval, le ramena sur la route, sauta en selle et lui rendit la main avec un claquement de lèvres.

Aussi pourquoi les tentations venaient-elles d'elles-mêmes se placer sur sa route?

Une dépêche du quartier général? de l'empereur lui-même peut-être? c'est-à-dire de l'ennemi de ceux qu'il servait. En l'état de guerre, tout est de bonne prise.

Nouvelle marchandise dont il trafiquerait là-bas, à Philippeville.

Laverdière repartit au trot allongé, la tête calme, se sentant en confiance : peut-être était-ce là enfin l'occasion de fortune si longtemps attendue, bien niais serait-il de la laisser échapper.

Une fois Beaumont dépassé, la chaussée était belle, toute droite, avec des montées douces : il la connaissait pour l'avoir déjà parcourue quelques jours auparavant.

Seulement il fallait incliner sur la droite pour tourner Beaumont, et cette forêt n'en finissait pas.

Tout à coup — il trottait environ depuis un quart d'heure — un cri brusque retentit à quelques pas devant lui :

— Qui vive ?

Il arrêta son cheval, net, des quatre pieds.

Mordieu ! Il n'avait pas songé à cela, des vedettes, des grand'gardes ! il se taisait, retenant son souffle. Le cri se renouvela :

— Qui vive ?

Fuir, se jeter dans les bois, impossible... d'ailleurs, c'était le meilleur moyen de se faire prendre et fusiller sur place.

— Ami, répondit-il, Français !

— Avance à l'ordre !

Et, au même instant, deux voltigeurs, baïonnette en avant, semblant des apparitions fantastiques émergeant de la nuit, s'avancèrent, portant la pointe à la poitrine du cheval.

Laverdière était pris : ce n'était pas le moment de perdre la tête.

— Ah ! messieurs, s'écria-t-il, laissez-moi passer.

— Qui es-tu ?

— Thomas Peters, le houblonnier de Bossules-Walcourt, je retourne chez moi.

— Descends de cheval.

— Mais je vous assure...

— Descends...

Et, joignant l'acte à la parole, les deux voltigeurs l'attirèrent en bas de son cheval.

Alors Laverdière de s'écrier :

— Je veux parler à un officier. J'ai des choses graves à dire.

— Comme ça tombe... d'autant que nous t'aurions emmené tout de même ! Hein ? qu'est-ce que tu as là ?... Des pistolets... Pour un marchand de houblon, tu es bien armé ! Allons, ouste, en route !

Et un coup sur la crosse du fusil compléta la phrase.

Lentement, avec les allures lourdes d'un paysan, Laverdière les suivait, réfléchissant.

Est-ce que la chance allait tourner ?

XIII

Depuis le Champ de Mai, la France était en fièvre, la plus douloureuse de toutes, fièvre d'incertitude et d'attente. Les préoccupations de la politique intérieure, toutes-puissantes sur les classes élevées, intéressées aux intrigues, n'avaient plus d'action sur le peuple.

Ouverture des Chambres, élection du républicain Lanjuinais à la présidence, adresses et discours, protestations embarrassées ou congratulations hypocrites, tout passait sans émouvoir la grande masse des citoyens, saisie de cette angoisse envahissante qui précède les grandes secousses.

Encore une fois, comme en 92, le spectre de la Patrie en danger se dressait au-dessus du territoire menacé, plus sinistre peut-être, car le pays se sentait épuisé, las ; certes, tous les bras, tous les cœurs s'élevaient vers la grande figure en un élan d'amour et de dévouement, mais à la confiance des belles époques le doute s'était substitué.

C'est le propre des despotes que de faire le vide autour d'eux. Hors Napoléon, personne, pas une individualité, pas une énergie qui pût galvaniser la patrie.

A mesure que le péril approchait, l'angoisse plus lancinante accroissait sa popularité, d'ailleurs suspendue au succès, puisqu'elle n'avait plus d'autre raison d'être.

On se créait des illusions ; on niait qu'il eût vieilli, qu'il fût lassé ; on exaltait le retour de l'île d'Elbe — cette course dont M. de Talleyrand lui contestait le prix — à l'égal de ses plus fameuses victoires.

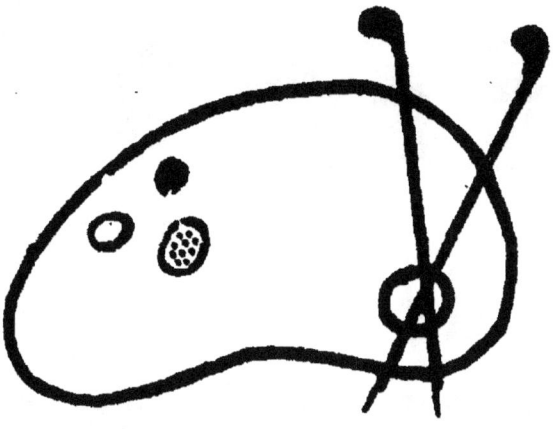

Couvertures supérieure et inférieure
en couleur

Ont paru dans :

LES GRANDS ROMANCIERS FRANÇAIS :

LE FILS DE FAMILLE
Par XAVIER DE MONTÉPIN
Livraisons 1 à 10

LE JEU DE LA MORT
Par PAUL FÉVAL
Livraisons 10 à 21

LA TONTINE INFERNALE
Livraisons 21 à 32

FLEURETTE
HISTOIRE D'UNE BOUQUETIÈRE
Par E. SCRIBE
Livraisons 32 à 44

Après cette charmante histoire, nous continuons par :

REINE
Par JULES LERMINA
Livraisons 45 à 52

Paris.—Imp. Paul Dupont (Cl.)

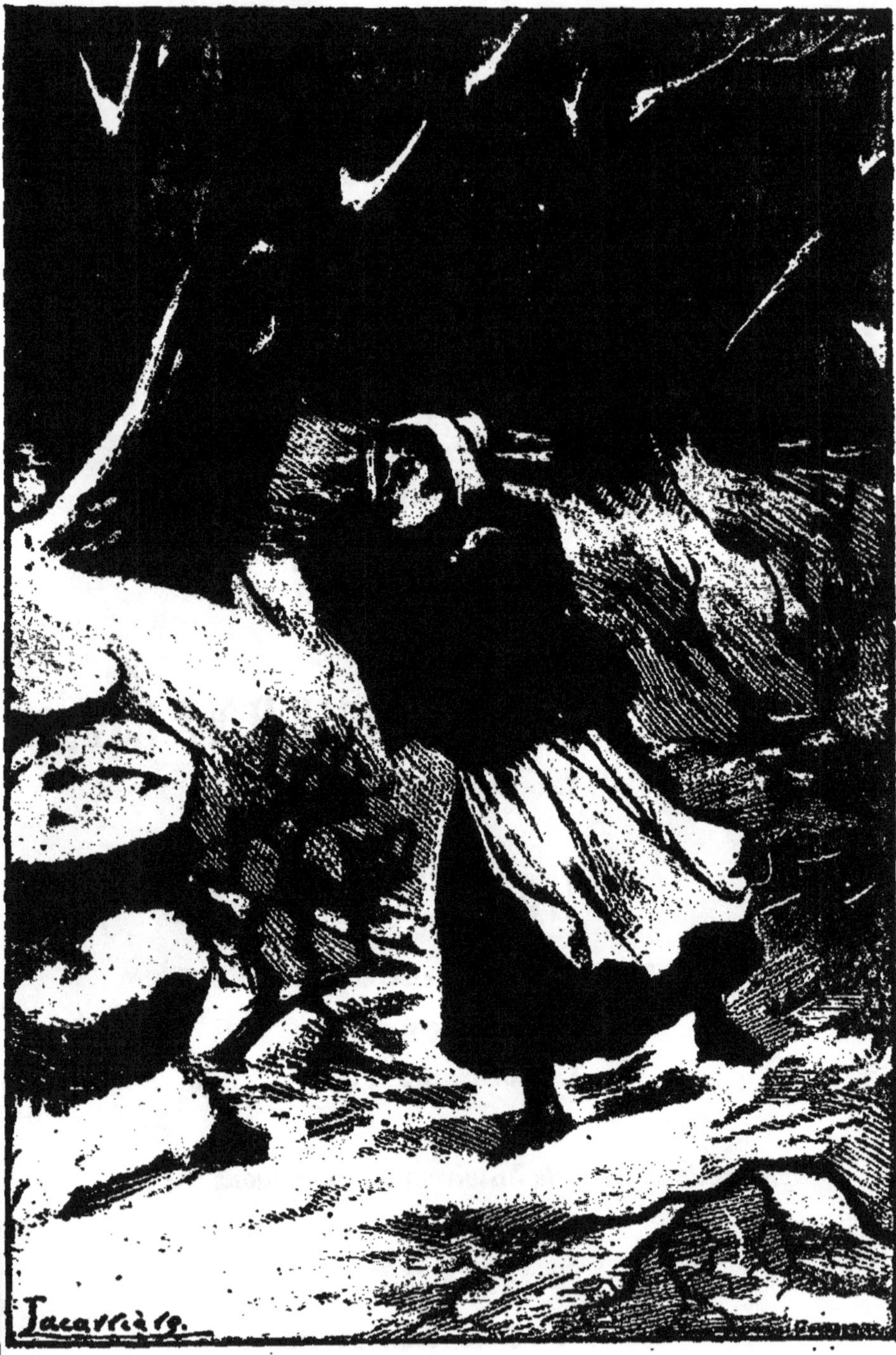

La femme affolée, s'enfuyant à travers la neige...

49e LIVR.

Puis il y avait l'armée que la France, à vrai dire, adorait : partout dans les villes, sur les routes, les troupes avaient été acclamées. C'était mieux que de l'enthousiasme, plus que de l'admiration banale pour les uniformes et les chamarrures, c'était de l'amour sincère et ému pour ce cher drapeau tricolore qui ressuscitait, drapeau de révolution, de liberté, de victoire, qui portait inscrites dans ses plis flottants les grandes dates de Jemmapes, d'Austerlitz et d'Iéna. Les femmes, quand il passait, pleuraient et lui envoyaient des baisers.

Quand le 12, au matin, on avait appris que l'empereur venait de quitter Paris, toutes les respirations s'étaient arrêtées, comme si déjà on eût entendu le premier coup de canon.

Qui sait ce que fit Paris pendant les quelques jours qui suivirent ? Toute sa vitalité suivait la chaise de poste qui emportait César et la fortune de la France, entre deux haies de poitrines haletantes d'où les vivats jaillissaient comme des prières de suppliants. En ce cri, répété par des milliers et des milliers de voix : « Vive l'empereur ! » peut-être distingua-t-il celui qui, en la synthèse de toutes ces clameurs, formait l'adjuration suprême : « Vive la France ! »

Le 12 juin, il couchait à Laon, le 13 à Avesne. Le 14 dans la soirée il arrivait à Beaumont et s'installait dans un château, au milieu de la forêt qui bordait la frontière.

Les nouvelles étaient bonnes : l'ennemi semblait ignorer le mouvement de concentration qui, d'une ligne de cent lieues, de Lille à Metz, avait réuni en quelques jours cent vingt mille hommes sur l'étroit périmètre de Maubeuge à Philippeville.

Cette nuit-là, du 14 au 15 juin, pas un feu, pas un bruit dans les campements. Consigne sévère. Le cœur de l'armée battait d'espérances mâles, tout soldat sentait sa responsabilité, les vieux se souvenaient des grands jours et dans les bivouacs parlaient aux jeunes des victoires inouïes qui avaient fait trembler l'Europe. Une seule ombre : défiance des chefs. Napoléon ne pouvait être vaincu, croyait-on, que par la trahison; et les soldats s'inquiétaient, quand passaient, à l'ombre du drapeau tricolore, ces officiers qui trois mois auparavant saluaient de l'épée le drapeau blanc. Mais ce n'était que crainte passagère comme un souffle froid que dissipaient bientôt les chaleurs surexcitées de l'enthousiasme.

Le général Vandamme occupait Beaumont. L'empereur, arrivant, l'avait délogé de la maison qu'il occupait, et, maugréant, le vieux soldat avait dû chercher un autre gîte. Où l'avait-il trouvé? On ne le savait pas ou on le savait mal; le maréchal Soult avait dépêché un officier à sa recherche, pour lui porter l'ordre de se mettre en marche, au point du jour, à trois heures du matin.

Dans une hutte de charbonnier, en une clairière de la forêt de Beaumont, le capitaine Jean Chêne, avec sa compagnie, gardait le croisement de trois routes.

Il était dix heures; le père de Marcelle travaillait seul, à la lueur d'une lampe, cherchant à se convaincre de la victoire possible.

On vint l'avertir qu'un officier des subsistances le demandait.

Sur son ordre, l'officier avait été introduit.

C'était le vieux Carthame.

Et les deux hommes s'étaient jetés dans les bras l'un de l'autre.

— Jean, avait dit le vieillard, tu sais qu'on se bat demain.

— Je le sais.

— Nous entrons dans une fournaise. Qui en sortira vivant? C'est pourquoi je suis venu te rappeler que nous avons charge d'âme.

Jean tressaillit et passant sa main sur son front:

— Tu es venu me parler de Marcelle?

— Oui... Jean, jusqu'ici, tu me rendras cette justice que je n'ai pas cherché à forcer ta confiance. J'aime ta fille, tu le sais, comme si elle était la mienne... plus peut-être, car à mon âge, on se hâte d'aimer de peur de n'en plus avoir le temps.

Il s'arrêta un moment, puis posant sa main sur celle de Jean Chêne :

— Je ne sais, dit-il, ni qui tu es ni qui elle est.

Et comme Jean Chêne allait l'interrompre :

— Laisse-moi parler. Il faut qu'entre nous aucune équivoque ne se place : nous nous estimons assez pour ne nous rien cacher. Comment suis-je le grand-père de Marcelle, je veux te le rappeler... Il y a de cela bientôt quinze ans — c'était à la fin de 1800 — j'étais un jeune homme alors, n'étant réellement né à la vie qu'aux premiers jours de la Révolution... j'avais vingt-cinq ans en 89 !... Je ne te rappellerai pas quel fut mon rôle jusqu'en 93. J'ai lutté, j'ai aimé mon pays, je me suis donné à lui : quoi que j'aie fait, je n'ai pas de repentir, je n'ai que de l'orgueil de n'avoir pas succombé à une tâche qui a tué les plus robustes. Passons. Si j'ai commis des fautes, j'en ai été cruellement puni, j'ai vu Brumaire ! Après l'attentat sous lequel succomba la République, je résolus de m'expatrier. Je quittai Paris et, pour réaliser quelques ressources, je me rendis chez d'anciens amis de ma famille — tu sais que je suis Breton — aux environs de Redon. Là, je me sentis tout à coup repris de passion pour ces belles études celtiques auxquelles La Tour d'Auvergne s'était, lui aussi, adonné. Pourquoi ne resterais-je pas là, ignoré, oublié ? Ma chère femme, qui ne m'avait jamais quitté, me confirma dans cette résolution, et nous ne songeâmes plus qu'à nous installer de notre mieux.

« A cette époque, et comme par esprit d'imitation du crime qui avait été commis à Paris, des bandes armées parcouraient la Normandie, l'Anjou, le Maine, la Bretagne. Ce n'étaient plus à vrai dire des Vendéens, pas même des chouans, seulement des pillards et des brigands qui ne reculaient ni devant l'incendie ni devant l'assassinat. J'habitais le petit bourg de Langon et je sortais peu ; cependant, j'avais déjà entendu parler d'attaques nocturnes dans les environs, notamment à Brain, au Sel, à Guichen. Des habitations isolées avaient été littéralement mises à sac. Ma pauvre femme, qui se montra si courageuse dans toutes les catastrophes que nous avons subies, me supplia de quitter le pays : elle avait peur de ces bandits et, moi-même, j'éprouvais je ne sais quelle horreur à penser que j'aurais à défendre ma vie et celle des miens contre de misérables voleurs.

« Une nuit, c'était le 28 décembre, on frappa violemment à ma porte. La maison que j'occupais était loin de toute habitation et je m'avouais tout bas qu'elle était plus exposée que toute autre aux expéditions de ces malandrins. Je travaillais : ma femme s'était endormie dans un fauteuil auprès de moi. Je me levai, et décrochant le fusil, que par précaution je tenais toujours chargé à portée de ma main, je descendis l'escalier, en m'efforçant d'étouffer le bruit de mes pas. On avait frappé une seconde fois, mais, chose étrange, sans un cri, sans un appel. Sans doute on me tendait quelque piège, mais j'étais homme à vendre chèrement ma vie. Je m'approchai de la porte et collai mon oreille contre le panneau.

« Rien ! Le silence était profond. Était-ce une fausse alerte ?

« Je remontai, et je trouvai ma femme éveillée, debout, ne comprenant rien à mon absence.

« — Ce n'est rien, lui dis-je. J'avais cru entendre un bruit suspect.

« Elle commençait à trembler ; mais je la rassurai de mon mieux, me moquant de ses terreurs et, pour lui prouver combien elles étaient vaines, j'ouvris la fenêtre — toujours armé d'ailleurs — et je me penchai au dehors.

« La route était complètement déserte. Devant moi la lande neigeuse s'étendait, immobile et triste.

« — Vois toi-même, dis-je à ma chère femme, tout est tranquille.

« Elle se pencha à côté de moi, déjà à demi rassurée. Tout à coup :

« — Vois donc, s'écria-t-elle, là, au bas de la maison, sur la marche de pierre ?

« Je suivis du regard la direction qu'elle m'indiquait et j'aperçus une masse noirâtre, comme une tache brune sur le palier blanc. Et alors — oh! je n'oublierai jamais cette minute, cette seconde!... — un cri lent, douloureux, s'éleva, comme le gazouillement souffrant d'un oiseau blessé.

« Je me retournai : ma femme avait déjà disparu! Ah! cœur de mère! caché dans la poitrine de toutes les femmes! D'un bond elle avait descendu les marches, de ses petites mains, elle avait non pas ouvert, mais en une folie d'effraction arraché, je te le jure, les ferrures de la vieille porte et, comme j'arrivais, je la vis, debout dans le cadre de la porte, mère triomphante ayant un enfant dans les bras!

« Ah! pauvre et doux petit être! Quel âge? Deux ans peut-être... mais si frêle, si délicate, si gracieuse! Elle était presque nue, transie mais bien vivante certes! Comment se font ces choses-là? Il n'y avait pas cinq minutes que ma femme l'avait emportée dans ses bras que déjà, vêtue, réchauffée, la petite souriait en lui tendant les mains. Et c'étaient des admirations, des exclamations, oh! la nuit passa vite, tu peux m'en croire.

« Pourtant, comme le jour venait :

« — Femme, dis-je, cet enfant a un père, une mère, tout à l'heure, je me mettrai en quête et je saurai bien les découvrir.

« Elle tenait sur ses genoux l'enfant endormi; elle le serra contre elle, me disant, l'inquiétude aux yeux :

« — Un père, une mère! que dis-tu là? N'as-tu donc pas compris?

« Écoute, Jean, je ne sais si ce que supposait ma femme était la vérité, mais moi, si jusqu'ici je ne t'ai pas donné tous ces détails, c'est que je craignais de réveiller en toi une affreuse douleur, des colères oubliées... contre une mère qui aurait abandonné son enfant!

Carthame s'arrêta, regardant Jean Chêne; celui-ci restait accoudé à la table, le front dans les mains.

Il ne releva pas la tête, mais de la main il fit signe au vieillard de continuer.

Carthame reprit :

— Cette supposition, si affreuse qu'elle fût, ne manquait pas de vraisemblance, mais je ne me reconnaissais pas le droit de m'y arrêter, de m'en targuer pour garder l'enfant, avant du moins d'avoir fait toutes les recherches nécessaires. Mais le lendemain, je puis t'affirmer sur l'honneur qu'il était impossible de mettre mon projet de recherches à exécution : dès six heures du matin s'abattit sur la maison une telle tourmente que nous fûmes en quelque sorte ensevelis sous une avalanche de neige.

« Je ne m'inquiétais pas d'ailleurs outre mesure : les coups frappés à ma porte, le soin qu'on avait pris d'appeler mon attention, puis cette circonstance certaine qu'on ne s'était éloigné que lorsqu'on m'avait entendu descendre, tout cela me prouvait, après réflexions, qu'il s'agissait bien d'un abandon réel et prémédité.

« Deux jours se passèrent pendant lesquels nous fûmes littéralement bloqués. Je ne pouvais même pas ouvrir mes fenêtres, tant la rafale était violente et continue. Devant la vaste cheminée où le feu flambait, l'enfant, sur un mauvais tapis, s'ébattait et riait. Ah ! comme cela éclaire une maison, un rire d'enfant !

« Enfin, le troisième jour, il y eut une accalmie. Ma femme me vit endosser mon gros manteau, nouer à mon poignet le bâton de cornouiller. Elle ne me questionna pas, elle comprit, et je la vis qui serrait l'enfant contre son cœur, pleurant de grosses larmes. Jamais, peut-être, il ne me sembla plus douloureux de faire mon devoir. Je sortis. A peine avais-je fait cinquante pas hors de ma maison que je me sentis saisi, enlevé de terre, emporté avec une brutalité que seuls connaissent ceux qui sont tombés sous la main d'un despote; je me débattis, je criai; vains efforts; une heure après j'étais détenu dans le château de Redon, sans qu'on m'eût signifié un mandat, sans qu'on m'eût informé même sommairement du motif de mon arrestation.

« Que te dirai-je, mon ami ? que tu ne saches aussi bien que moi. J'appris à Nantes, au moment de mon embarquement pour le nouveau monde que je payais, moi, innocent, l'attentat de nivôse, la machine infernale, le crime de Saint-Réjant et des royalistes. Je ne pus même pas faire parvenir une lettre à ma femme, déporté à Mahé, puis jeté avec une trentaine de mes malheureux compagnons à l'île d'Anjouan, puis aux Comores, évadé, prisonnier des Anglais, que sais-je ? Aujourd'hui surtout, je ne veux pas me souvenir de ce que j'ai souffert par cet homme. Qu'il sauve la France, je lui pardonne !

« En 1805, je revenais à Paris, décidé à tout, fût-ce à frapper de ma propre main celui qui s'intitulait empereur.

« Mais que parlé-je de passion politique ! Un dernier coup direct, poignant, devait m'accabler. J'avais retrouvé, non sans peine, les traces de ma pauvre femme. Oh ! la malheureuse créature ! Qu'elle avait vieilli ! Depuis six mois, la fièvre ne la quittait plus. La misère avait succédé à notre modeste aisance... et pourtant sais-tu ce qu'elle me dit quand je tombai au pied de son lit en sanglotant ?

« — Pierre, je n'ai pas voulu mourir avant ton retour... à cause de l'enfant !

« Elle était là, la chère mignonne, toute sérieuse à regarder celle qui lui avait servi de mère — droit et devoir à la fois — et qui ne voulait pas s'en aller sans que quelqu'un la remplaçât... Oh ! elle ne savait rien de plus qu'en ce matin sinistre où j'avais quitté la maison, affolée de douleur par mon arrestation, elle avait réuni toutes ses ressources et était accourue à Paris. Elle comptait sur Fouché.... l'innocente ! Fouché lui avait répondu par un mot typique :

« — L'ogre a senti la chair fraîche... rien à faire !

« Pourtant il lui avait donné quelques secours. En la boue même, il y a parfois des gouttes d'eau qui jouent le diamant !... Je méprise et je hais cet homme... Ces quelques écus dédaigneusement jetés l'ont sauvé de mes colères... je ne lui ferais pas de mal... Et pendant cinq années, cinq siècles d'agonie, elle m'avait attendu, ne sachant même pas où j'étais, ne recevant aucune des lettres que j'avais tenté de lui faire parvenir par toutes les voies.

« En sa nuit, ma pauvre femme avait cette lumière,

l'enfant qui grandissait. Mais, hélas! elle me l'avait bien dit, la chère et belle compagne de ma vie : elle m'attendait pour me léguer le testament de son cœur. En mourant, elle mit dans ma main la main de la petite, qui me contemplait avec une sorte de terreur, moi, vieillard avant l'âge, aux cheveux blancs, au masque creusé, aux yeux brûlés! Et ce fut ainsi que je devins le grand-père Carthame.

L'ancien déporté s'arrêta, parce qu'il pleurait.

Jean Chêne, toujours immobile, ne l'interrompait pas.

— J'achève, dit Carthame. Un jour, en 1806, alors que je me trouvais sur la brèche, passionné pour nos libertés, ayant déclaré la guerre des conspirations au César tout puissant, élu par nos compagnons chef des Philadelphes — dont Malet a trop tôt et trop vite dévoilé les plans — je te rencontrai, toi, l'ami d'Oudet. Je te reconnus pour mon frère d'armes, je t'aimais comme un fils. Un jour tu me dis : « Je suis le père de Marcelle; crois-moi et ne me demande rien de plus. » Je te savais incapable d'un mensonge, je te répondis : « Marcelle est ta fille, je te crois. » A Marcelle j'ai dit de t'embrasser, et le pacte ainsi a été scellé. Tu ne m'as rien expliqué, je ne t'ai rien demandé. Pourtant, comment, toi, frère d'armes qui n'avait pas de secrets pour moi, qui partageais avec le vieux combattant d'autrefois tes espérances, tes haines comme tes affections, comment pouvais-tu garder ce silence, qui parfois m'a paru si lourd, alors qu'il s'agissait de l'enfant que j'aime au-dessus de tout le monde ? As-tu compris mes impatiences, qui parfois se faisaient jour malgré moi? Il me venait des désirs fous de te reprendre Marcelle, de te crier: « Tu as menti, elle est à moi, et à moi seul! » Mais elle venait, elle nous donnait à chacun une de ses mains, et disait si gentiment à l'un : « Père ! » à l'autre : « Grand-père ! » Et, dès qu'elle avait parlé, je ne doutais plus que tu eusses dit la vérité.

« Aujourd'hui, Jean Chêne, la situation est autre. Nous sommes des hommes et ne nous payons pas de fausses sentimentalités. La lutte qui se prépare sera terrible. Toi ou moi, tous les deux peut-être, nous disparaîtrons, emportés par une tourmente de mitraille. Car tu ne t'épargneras pas plus que moi. En ce moment peut-être, un soldat charge l'arme qui nous tuera. Soit! mais Marcelle! Si c'est toi qui succombes, veux-tu donc qu'à jamais elle reste l'enfant trouvé, sans nom, sans état civil, sans droits... Si je survis, je l'adopterai, c'est bien. Mais si je meurs moi aussi, veux-tu qu'elle reste doublement seule, hors de la société dont tu connais les stupides préjugés... Si tu l'exiges, qu'elle ne sache pas la vérité... mais que, toi ou moi disparu, elle connaisse au moins son nom. Ai-je besoin de plaider cette cause? Si, quand nous ne serons plus là, elle se trouvait sans le savoir, sans le vouloir, en face de quelqu'un qui appartienne à sa famille, d'une sœur, d'une mère!... »

— Sa mère est morte, cria Jean Chêne.

— Es-tu certain, pourrais-tu me déclarer, en me regardant en face, dans les yeux, que personne n'existe plus qui porte dans ses veines le même sang que notre Marcelle? En ces temps de haines politiques qui imposent silence à toute pitié, ne se peut-il pas, toute femme, tout enfant qu'elle est, que son sort dépende... sais-je de qui?... de quelqu'un dont un nom prononcé à propos éteindrait la colère et détournerait la vengeance. C'est pour elle, c'est pour son salut que je te supplie de parler.

— Et je te dirai tout, répliqua Jean en relevant la tête. Assez de lâcheté. J'ai un devoir à remplir, je te remercie de me l'avoir rappelé.

— Et hâte-toi, le temps passe; il me tarde d'être à mon poste. Les vieux comme moi avant tout doivent être exacts.

— Écoute-moi donc, fit Jean Chêne, dont le visage se contractait douloureusement. Mon nom ne t'apprendra rien encore : je me nomme Jean de Liestal. Je suis né dans le centre de la France. Ma famille est de vieille noblesse. Mon père émigra en 91. J'avais alors seize ans. Il ne m'emmena pas à l'étranger, sans doute pour ne pas s'embarrasser d'un fardeau inutile. Il est mort, je lui ai pardonné. Les hommes de ce temps et de cette caste vivaient une autre vie que la nôtre, respiraient un autre air. Ne les jugeons pas à notre mesure. Moi, dès 1792, livré à moi-même, l'intendant auquel m'avait confié mon père ayant jugé prudent d'émigrer à son tour, je fus entraîné par le courant d'enthousiasme qui à cette époque roulait à travers la France. Je me trouvai à Paris. Comment? Je m'en souviens à peine. J'avais traversé la moitié de la France à pied. Arrivé sans relations, sans argent, sans situation, le hasard me conduisit sur la place du Panthéon, au moment des enrôlements. Les voix vibraient, les drapeaux claquaient sur l'estrade, que dominait, comme un dais funèbre, le drapeau noir de la patrie en danger, des hommes appelaient au secours !... Je gravis les marches, je donnai mon nom, j'étais soldat !

« Ah ! les grandes et inoubliables journées... On souffrait, on avait faim, on marchait pieds nus, mais on regardait droit devant soi et l'on croyait voir, on voyait la patrie qui vous appelait. Avec Luckner, je suis entré à Menin, à Ypres, à Courtrai. Je me suis battu contre les Autrichiens à Cassel. Avec Kellermann, j'ai pris Longwy. Que sais-je ? Ces noms tourbillonnent dans mon cerveau comme en un éblouissement de passion et de gloire. J'ai pleuré de rage quand, après Nerwinde, le misérable Dumouriez est passé à l'ennemi. J'ai crié de joie après Wattignies. En 94, j'étais — pygmée dans une armée de géants ! — un des vainqueurs de Fleurus. Oh ! combien, dédaigneux de ma naissance, je me sentais mieux anobli ! En 95, je partis avec Lazare Hoche pour la Vendée, et, en 96, je le suivis en Irlande.

« Une blessure grave — une balle m'avait traversé la poitrine — me ramena en France. Un voilier me jeta sur la côte de Bretagne.

« Tout semblait alors pacifié de ce côté. On avait dû m'abandonner mourant aux environs de Rennes. Des paysans m'avaient recueilli dans un fossé, sur la route. C'étaient de bonnes gens, des métayers, point bleus, point blancs, ne demandant que du travail et du repos. Je restai trois mois entre la vie et la mort. Comment suis-je sorti de cette tombe qui aurait dû à jamais se fermer sur moi ? Une femme, la plus douce, la meilleure, la plus exquise des femmes m'avait sauvé ! Quelle était-elle ? Ah ! il faut que je la nomme enfin ! Elle s'appelait Blanche de Sallestaines.

— De Sallestaines ! s'écria Carthame. Mais ce nom, je l'ai déjà entendu... où donc ?

— Je te le rappellerai tout à l'heure... Par quel miracle, née dans une famille féodale, aux préjugés étroits, aux haines féroces contre tout ce qui était liberté civique ou intellectuelle, comment, dis-je, cette enfant avait-elle eu pitié d'un bleu, d'un ennemi que son père aurait fait fusiller sans jugement, s'il en avait eu le pouvoir ? Je ne le sais, la bonté éternelle produit de ces miracles ! Blanche, à l'insu de tous, s'était dévoué à cet inconnu, et quand je revins à moi, je la trouvai à mon chevet, souriante, véritable sœur de charité qui sauvait un homme sans lui demander son nom ni sa croyance !

« Ah ! ne veuille pas, mon ami, que je m'appesantisse aujourd'hui sur les souvenirs de cette période de ma vie, si belle, si enivrante, que je me demande comment je ne suis pas mort de la catastrophe qui fut son brutal dénouement !

« Blanche de Sallestaines, l'aînée de cette famille rude, fière d'une sorte de duché de la mer remontant aux plus anciennes époques de notre histoire, était la détestée, la réprouvée, l'abandonnée. Pourquoi ? Que te dirais-je ? Un précepteur intelligent, une sorte d'ascète, Hollandais, un des descendants de cet Affinius van den Ende qui faillit renverser Louis XIV, avait communiqué à ce cœur de jeune fille son amour du bien et de la liberté. En l'âme de son élève, il avait déposé, avec une colère de revanche, tous les germes d'indépendance morale qui couvaient en lui ; à cette intelligence que d'autres eussent voulue fermée, cadenassée à toute vérité, enlizée dans la légende, il avait montré vastes, sans limites, les horizons de la justice...

« Alors, en le château paternel, c'avait été une persécution incessante, quelque chose comme une inquisition familiale, comme une rage de tortionnaires exaspérés de leur impuissance. Elle avait une sœur : de celle-ci, dès que le premier mot avait été bégayé, le père s'était emparé : il avait pressé, façonné, modelé ce cerveau d'enfant, comme fait un sculpteur d'une boule de terre glaise. Sur cette substance molle, il avait imprimé, en dépressions ineffaçables, ses haines, ses colères, ses passions.

« L'enfant, celle-là, s'appelait Reine, était bonne pourtant, et bien longtemps Blanche l'avait disputée à ce bourreau de sa conscience, tentant de l'arracher à ce lit de Procuste où ses idées, ses aspirations, sa jeunesse s'atrophiaient. Mais le père veillait, et dans cette famille, où l'autorité paternelle se faisait criminelle à force d'inintelligence, où la maternité soumise n'avait ni ressort ni volonté, on vit ceci : un frère — car il y avait aussi un frère — et une sœur haïssant, méprisant leur sœur, la regardant comme un être satanique, une sorte de possédée du démon, dont le souffle empoisonné corrompait l'air même qu'ils respiraient. Et ce fut pour la malheureuse, si bonne, si avide d'affection, si intelligente de l'amour, un supplice de toutes les heures. Pourquoi ne pliait-elle pas? Pourquoi ne consentait-elle pas à s'incliner devant cette autorité qui prétendait s'exercer sur les sentiments les plus sacrés de sa conscience? Elle le voulut peut-être, elle s'y essaya, elle tenta de se courber. Elle se redressa toujours. Il y a des âmes droites.

« Un jour, après une discussion ou plutôt un anathème, on la chassa.

« Elle s'enfuit, à demi folle de terreur et de désespoir. Elle alla devant elle, craignant que le monde entier fût complice de ceux qui lui étaient si cruels. Son frère, comme le père, lui avait crié : « Va-t'en ! » Sa sœur, à qui elle avait tendu les bras en suppliante, l'avait regardée en face et s'était reculée avec horreur. Elle tomba à la porte de petites gens, des paysans, simples, doux, vivant cachés, modestes et travailleurs. Ils ne la repoussèrent pas : ils se serrèrent pour lui faire place au foyer, et la noble fille des Sallestaines, orgueilleuse maintenant de n'être plus à charge à personne, travailla de ses mains pour payer son droit à la vie.

« Et ainsi en était-il depuis deux ans — elle avait vingt ans alors — quand on ramassa sur la route un moribond. Lui aussi était parti du manoir féodal, avide de lumière, passionné de soleil. Et pour la première fois, Blanche, qui avait la sublime naïveté des néophytes, sentit qu'elle était comprise et bientôt qu'elle était aimée.

« Quand vint la guérison, nous étions l'un à l'autre à jamais. J'allai droit au château de Sallestaines et, pour la seule fois de ma vie peut-être, je proférai fièrement mon nom, qui, pour ces gens, devait écarter d'abord toute idée de mésalliance. On m'interrogea : je dis ma vie.

« Soldat de la République ! Je fus chassé à mon tour. Je m'y attendais. Mon parti était pris : je revins vers Blanche et nous nous unîmes devant un prêtre. De l'héritage de mon père, j'avais pu réunir quelques parcelles. J'étais jeune, la vigueur m'était revenue. J'achetai une maison, aux environs de Redon, à quelques portées de fusil du village que tu habitais toi-même. Nous ne nous sommes jamais rencontrés. Comment en eût-il été autrement ? Je m'étais fait un paradis de ma solitude à deux, à trois bientôt, car Blanche devint mère. Mon univers, c'étaient ces deux êtres en qui j'avais concentré toutes mes affections, en qui se résumait tout mon avenir : j'étais devenu paysan, travaillant de mes bras, éprouvant une jouissance naïve, imbu que j'étais des théories de Jean-Jacques Rousseau à redevenir l'homme de la nature.

« Je me croyais oublié : je me trompais. Un jour, par suite de je ne sais quelle dénonciation, je fus appelé à l'état-major ; puisque j'étais vivant, je n'avais pas, paraît-il, rempli toute la durée de mon engagement, l'État me réclamait : je protestai. On m'opposa les inflexibles règles de la discipline. Une seule ressource me restait, aller à Paris même et là obtenir mon congé définitif. Mieux valait en finir. Je partis, laissant dans ma maison ma femme et mon enfant. Je me trouvai à Paris quelques jours avant l'attentat de Nivôse ; mes affaires prirent tout de suite une bonne tournure. Mon nom m'ouvrait toutes les portes : on commençait alors à flatter l'ancienne noblesse. Le crime de la rue Saint-Nicaise changea subitement la situation. Pour toi, républicain, ancien conventionnel, on alla vite en besogne, l'arrestation et la déportation sans jugement. Pour moi, venant de Bretagne, appartenant à une vieille famille, soupçonné on ne sait pourquoi — peut-être en un lieu public quelque propos vif au sujet de Brumaire — je fus arrêté, puis relâché et mis en surveillance.

« Pendant deux mois, il me fut interdit de quitter Paris. Pendant que j'étais ainsi séparé des miens, mes angoisses étaient terribles : une seule lettre m'était parvenue, écrite deux jours après mon départ. Depuis, rien. J'avais tenté de m'évader de Paris, préférant tout à cette sinistre incertitude. Arrêté aux barrières, emprisonné de nouveau, j'avais dû engager ma parole d'honneur que je ne chercherais pas à fuir. Enfin, en mars, on me rendit ma liberté.

« Je franchis en deux jours, à cheval, la distance qui me séparait de Redon. Et là...

Jean Chêne s'était levé, les bras dressés, haletant, mâchant ses mots, avec des sanglots :

— Une bande de misérables, d'assassins, de chouans, s'était ruée sur la petite maisonnée... le domestique tué !... la femme affolée, s'enfuyant la nuit, à travers la neige, portant son enfant dans les bras ! Ma Blanche ! ma bien-aimée !... On avait retrouvé à deux jours de là son cadavre raidi, glacé dans un fossé ! mais l'enfant, l'enfant... rien... aucune trace. En vain je frappai à toutes les portes. Ces infâmes l'avaient-ils donc assassiné, lui aussi ? Je ne sus rien.

« Mais pourquoi s'était-on attaqué à cette misérable métairie où il n'y avait rien à voler ? On l'avait saccagée, brûlée... quelle apparence qu'on y trouvât de l'argent, des valeurs quelconques ? Dans mon désespoir une idée sinistre me hantait. Qui donc avait dirigé cette expédition criminelle ? Qui avait désigné cette pauvre maison à ces furieux ?

« A force de recherches, je sus bientôt que la bande qui avait commis ce crime dix fois lâche était commandée par un des plus déterminés bandit de la chouannerie, connu alors sous le sobriquet significatif de Casse-Bleus. J'appris encore que ce surnom cachait un bâtard de noblesse, Hubert de Queyraz, sorte de condottière qui était depuis deux ans la terreur des pays de l'Ouest, depuis la basse Vendée jusqu'aux confins de la Normandie.

« Je ne me tuai pas : veuf de celle que j'adorais, orphelin de mon enfant, je me dévouai tout entier à la patrie. Tu sais comment je devins le frère d'armes d'Oudet, comment avec lui je rêvai l'affranchissement de la France... Hélas! tous ces rêves se sont évanouis; aujourd'hui, ce n'est plus de libertés politiques qu'il s'agit, mais d'indépendance nationale,

Jean Chêne s'arrêta : il était brisé; les larmes coulaient de ses yeux sans qu'il eût conscience; les mots ne sortaient plus de sa gorge contractée.

— Achève, je t'en supplie, dit Carthame; comment as-tu retrouvé la trace de ton enfant?

— Oh! par pur hasard; j'avais tant cherché, tant questionné que je désespérais. Un soir, au bivouac, un soldat parlait de Redon; de propos en propos, il prononça le mot de chouans, d'assassins. Comme, saisi d'un pressentiment indéfinissable, je l'interrogeais anxieusement, voici qu'il me raconta que sa mère, en une nuit de terreur, avait ramassé sur la route, dans la neige, un petit enfant qu'une femme, fuyant, et qui paraissait folle, avait laissé tomber de ses bras; au bout de cette route, une maison brûlait, la mère du soldat avait été prise d'une terreur folle, et, craignant d'être surprise — comme si elle commettait un crime en sauvant une innocente! — elle s'était enfuie, puis, à la première maison qu'elle avait rencontrée, elle avait déposé l'enfant sur la marche de pierre, frappant à coups de poings pour attirer l'attention des gens de l'intérieur, et, sûre qu'on l'avait entendue, elle s'était éloignée au plus vite.

— C'est bien cela, murmura Carthame.

— La date de cet évènement concordait avec celle de mon absence. Du reste, dès les premiers mots je ne doutais plus. Lors de la paix de Presbourg, je revins en France et courus en Bretagne. Maintenant que les craintes d'autrefois étaient dissipées, il me fut moins malaisé d'obtenir des renseignements. La mère du soldat était encore vivante. Elle me désigna la maison, et je sus ton nom!

« Ah! mon ami! mon frère! quelle joie j'éprouvai ce jour-là! Je n'étais pas encore certain que mon enfant, que ma fille était vivante; mais pourtant un instinct, quasi physique, me donnait la sensation d'un lien rattachant le passé à l'avenir. J'accourus à Paris. Justement, tu venais de rentrer après une longue proscription. Pendant plusieurs jours je rôdai autour de chez toi, et je vis l'enfant, presque déjà la jeune fille.

« Ceci, tu ne peux le savoir, mais tu me comprendras; c'était sa mère, ressuscitée, vivante! J'eus cependant encore le courage de résister à l'attraction qu'elle exerçait sur moi. Certes, je te connaissais, et déjà nous avions des attaches que rien ne pouvait briser, ayant lutté pour la même cause. Mais je voulais savoir si elle t'aimait, si elle était heureuse, et je te vis si bon, si grand-père, que j'allai droit à toi et que je te dis :

« — Je te supplie de continuer à protéger, à aimer ma fille.

« Pourquoi ne t'ai-je pas tout dit? Oublies-tu qu'alors je n'étais plus connu que sous le nom de Jean Chêne? Je m'étais fait une vie nouvelle. Ce nom de Jean Liestal, qui me rappelait un atroce passé, je voulais l'oublier, comme aussi celui de Sallestaines qui, malgré moi, me faisait frissonner, pour ne pas réveiller ces pensées de haine et de vengeance qui, si longtemps, avaient hanté mes nuits. Elle s'appelait Marcelle, fille de Jean Chêne, petite-fille de Carthame. A quoi bon attacher à cette innocence le souvenir d'un épouvantable crime. Je ne voulais pas qu'elle sût jamais qu'elle portait dans ses veines le sang des Sallestaines, avais-je tort? Tu disais tout à l'heure, Carthame, que ce nom, tu l'avais déjà entendu... Oui, c'est le jour où une femme, notre ennemie, s'est introduite dans nos conciliabules pour nous livrer à la police de Fouché.

— Oui, oui, Mme de Luciennes...

— Est la sœur de ma Blanche bien-aimée, celle qui, lorsque le père la chassait, n'a pas trouvé un mot pour la retenir, une larme pour la consoler.

— Une inconsciente.

— Ah! tu es assez grand pour avoir toutes les indulgences. Moi, je me dis que cette femme est le mauvais génie de ma Marcelle. Vois, une seule fois elle lui est apparue et notre enfant a été traînée en prison. Tu ne connais pas cette femme; oh! je l'ai suivie de loin, et j'ai reconnu en elle ce monstre qu'on appelle la femme politique, la conspiratrice, traînant ses pensées de vierge et de femme dans les bas-fonds des complots. Et tu voulais que j'avouasse à Marcelle qu'elle appartenait à cette race maudite qui a renié le seul être bon et honnête dont la pure conscience aurait pu la racheter d'un mépris mérité, ma Blanche, ma femme qu'ils ont peut-être assassinée... Non, j'ai élevé à jamais une barrière entre Marcelle... et ces gens-là. Est-ce que tu me blâmes?

Carthame réfléchissait :

— Écoute-moi, dit-il. J'ai toujours eu pour principe de regarder la vérité en face et de ne pas louvoyer autour d'elle. Marcelle est par sa mère une Sallestaines. Il y a là un fait contre lequel tous les raisonnements — qui me touchent, crois-le bien — ne peuvent prévaloir... Je te le répète, ne défie pas la destinée, mais ne fuis pas devant elle. Ne se peut-il pas qu'encore une fois ces deux femmes se rencontrent, sans se connaître?

— Oh! la marquise de Luciennes, si le meurtre de Marcelle pouvait aider à sa fortune, n'hésiterait pas à la tuer.

— Jean, c'est la passion qui parle en toi. Peut-être te rend-elle injuste. J'ai connu des femmes politiques, elles étaient femmes, crois-le bien mais prenons une autre hypothèse : supposons que Mme de Luciennes, mêlée aux luttes politiques, commette quelque infamie, par exemple qu'elle soit prise en flagrant délit d'espionnage, la ferais-tu fusiller, toi?

— Non, dit simplement Jean Chêne.

— Admettrais-tu que le mari de Marcelle la condamnât à mort; je connais Marcelle, si le hasard lui révélait une semblable catastrophe, elle mourrait de douleur.

Jean Chêne tendit sa main au vieillard :

— Carthame, pardonne-moi; tu as toujours été ma conscience, je le sens plus que jamais! Oui, Marcelle doit savoir la vérité. Rejoins-la, dis-lui tout, du moins ce que tu jugeras utile. Si j'étais tué, dans mon coffre, à Paris, tu trouveras tous les titres qui prouvent sa filiation. Agis comme tu le dois, je te donne toute latitude. Et maintenant, ami, est-ce là tout ce que tu avais à me dire?

Carthame l'attira contre sa poitrine :

— Jean de Liestal, tu es et tu restes pour moi Jean Chêne; tu m'es d'autant plus sacré que tu as plus souffert. Je suis ta conscience, dis-tu, toi tu es ma force comme Marcelle est ma joie. Je retrouve en toi l'homme que j'étais jadis. Je pars. Demain nous ferons notre devoir, chacun de notre côté. Qui sait si le vieux Carthame ne devra pas, lui aussi, se jeter dans la mêlée, l'épée à la main. Si je tombe, continue l'œuvre. Si tu tombes, je la continuerai moi-même jusqu'à la mort. Et maintenant embrassons-nous, ami et frère, embrassons-nous au nom de notre enfant... et de la France!

A ce moment, un sous-officier parut, et saluant militairement :

— Capitaine, on vient d'arrêter aux avant-postes une manière de paysan qui ne paraît pas bien en règle, et qui dit avoir à vous parler de choses graves.

— C'est bien. Amenez-moi cet homme... Au revoir, Carthame, dit-il encore en tendant une dernière fois la main au vieillard, qui disparut.

XIV

L'homme arrêté parut entre deux soldats.

Jean Chêne s'était assis. Une lampe fumeuse éclairait la scène de sa lueur jaune et indécise. Laverdière, debout, était dans l'ombre.

— C'est vous qui avez été arrêté ?

— Oui, capitaine.

— Qui êtes-vous et que faisiez-vous à cette heure par les routes ?

— Mon capitaine, c'est bien heureux que j'aie été si tard dehors, car je vais vous rendre un fier service.

— Un service ?

— Voici, j'ai trouvé sur ma route un officier blessé. Son cheval l'avait renversé et lui avait brisé la jambe. Il appelait à l'aide. Naturellement, je me suis approché pour lui porter secours. C'était un officier d'état-major, et il était désespéré, parce qu'il avait un ordre à porter et que son accident l'empêchait de faire son devoir. J'ai offert de faire ce qu'il voudrait ; il m'a donné une lettre en me priant de la remettre au premier officier que je rencontrerais. Un instant après, je suis tombé dans vos hommes qui n'ont rien voulu entendre et qui m'ont brutalisé. Si j'avais su !

— Vous avez cette lettre.

— La voilà, mon capitaine.

Jean Chêne tendit la main, regardant à peine le personnage dont il distinguait vaguement les traits sous le large chapeau dont l'autre s'était recoiffé sans façon, en paysan qui ignore les belles manières.

Il prit le pli et vit le cachet de l'état-major, ainsi que le nom du général Vandamme.

— Mais vous dites vrai, c'est un véritable service que vous nous rendez ! s'écria-t-il.

— J'en suis content, mon capitaine, j'ai fait pour le mieux.

Jean Chêne appela et rapidement donna des ordres : puis, s'étant enquis de l'endroit où était tombé l'officier, il dépêcha deux hommes pour aller le relever.

— Capitaine, si pour arriver plus vite à Beaumont je prenais le cheval de ce paysan-là.

— Oui, oui.

Puis, se tournant vers Laverdière :

— Vous pouvez bien attendre une demi-heure.

— Excusez, mon capitaine, mais il faut que je sois avant le jour à Philippeville.

— Tiens, c'est drôle, fit un soldat, il avait dit qu'il allait à Walcourt.

— C'est la route de Philippeville.

— Et c'est sans doute pour acheter du houblon qu'il porte des joujoux comme ceux-là ? reprit le soldat soupçonneux, en déposant sur la table de Jean Chêne deux formidables pistolets d'arçon.

Jean Chêne les examinait.

— Ce sont des armes d'ordonnance, dit-il. D'où tenez-vous cela ?

— Ma foi, je les ai trouvés dans mon champ. On en a perdu bien d'autres, par ici.

— Si vous disiez vrai, ces armes ne seraient point presque neuves comme celles-ci, elles n'ont pas séjourné dans la terre, vous mentez.

— Ah bien ! voilà qui est drôle, dit l'homme en colère. Je rends service, je relève un blessé, je le soigne comme je peux, je me charge d'une commission qui me fait perdre mon temps, et voilà qu'on me met dans des embarras, ça n'est guère juste.

— Mon capitaine, fit le soldat.

— Parle.

— Eh bien ! cet homme-là ne cherchait pas si fort à rendre service. Car il tâchait de nous brûler la politesse, quand nous avons crié : « Qui vive ! » Il n'a pas répondu tout de suite, et je dis que, s'il avait pu s'ensauver, il l'aurait fait.

Les soldats — nous l'avons dit — étaient en défiance : pour eux, l'empereur était entouré d'ennemis invisibles. Ils épiaient, ils flairaient la trahison.

Laverdière sentait le terrain trembler sous ses pas ; il essaya encore de se dégager en payant d'audace.

— Ah çà ! vous savez, si on me reprend à aider les gens !... Voilà qu'on dit que je cherchais à me sauver. Est-ce que je voyais les sentinelles, moi ? Quand on vous accoste en plein bois, la baïonnette en avant, on a bien le droit de ne pas trouver cela gai. Avec ça que si j'avais voulu me sauver, ça ne m'aurait pas été facile. Je les connais, moi, les bois de Beaumont.

— Tout cela est fort possible, dit Jean Chêne, mais on ne saurait être trop prudent. Si vous êtes un vrai patriote, vous le comprendrez et ferez contre fortune bon visage. Vous resterez au bivouac jusqu'au jour, après quoi vous serez libre d'aller à vos affaires.

Jusqu'au jour, c'était perdre tout le bénéfice de la mission qui l'appelait auprès de M. de Bourmont.

Laverdière se rapprocha subitement de Jean Chêne, et lui parla à mi-voix :

— Capitaine, dit-il, renvoyez vos hommes, j'ai à vous parler.

— Assez ! fit le capitaine avec autorité. Je n'ai pas de temps à perdre.

— Allons, par ici, paysan de mon cœur, dit un soldat loustic.

— Un instant ! s'écria Laverdière. Capitaine, je vous ai dit que j'avais à vous parler, à vous seul.

— Si vous avez quelque chose à dire, répliqua Jean Chêne, parlez tout haut.

— J'ai dit et je répète... à vous seul... J'insiste, il s'agit de choses graves, très graves.

Laverdière avait parlé nettement, renonçant à l'accent traînard qu'il avait affecté jusque-là.

Jean Chêne fut frappé de ce changement. Décidément, quel était donc cet homme ?

— Soit ! dit-il. Que deux hommes restent en dehors, prêts à entrer au premier appel.

Les hommes sortirent en grommelant.

— Nous voilà seuls, dit Jean Chêne. Parlez vite et finissons cette comédie. Qui êtes-vous ?

Laverdière ôta son chapeau :

— Capitaine, dit-il d'un ton ferme, je suis un espion.

— Vous dites ?

— Entendons-nous, un espion français pour la France. Je ne sache pas que, pour un homme intelligent, l'aveu ait rien de déshonorant.

Il disait vrai : en temps de guerre, il se peut que l'espionnage soit un acte de suprême dévouement. C'est ainsi que le grand Mickiewiez a pu, en Conrad Wallenrode, incarner l'idéal du traître.

Mais à des oreilles honnêtes le mot sonne toujours mal.

Jean Chêne avait éprouvé une impression pénible.

— Et... qu'avez-vous à espionner par ici ? demanda-t-il.

— J'ai franchi la frontière au péril de ma vie. J'ai reconnu les positions des Anglais, et il faut qu'avant le jour j'aie rendu compte de ma mission.

— A qui ?

— Au lieutenant général Gérard. C'est pourquoi je vous demande en grâce de me laisser passer. Il me reste à peine trois heures pour atteindre Philippeville.

Depuis un instant, le son de cette voix, qu'il avait d'abord à peine écoutée, frappait Jean Chêne. Où donc l'avait-il déjà entendue ?

Il se leva, prit la lampe en main et l'éleva à la hauteur du visage de Laverdière.

Il l'examina attentivement, puis un souvenir traversant soudainement son cerveau :

— L'agent de Fouché ! s'écria-t-il.

Laverdière tressaillit :

— Vous me connaissez ?

De fait, s'il avait d'ordinaire bon souvenir des physionomies, cette fois sa mémoire était tout à fait en défaut.

— Oui, je te connais misérable ! s'écria Jean Chêne. As-tu donc oublié l'ignoble besogne que tu faisais, il y a quinze jours à peine, à la rue de l'Éperon ?

La rue de l'Éperon ! Dans la bagarre, Laverdière n'avait vu que son adversaire direct, le maudit vicomte de Lorys. Des autres, il s'était d'autant moins soucié qu'il songeait à ne pas mener jusqu'au bout une affaire à laquelle il n'avait en somme aucun intérêt personnel.

Mais l'interpellation de Jean Chêne l'obligeait à un effort de mémoire :

— A la rue de l'Éperon, reprit-il. C'est possible, vous vous appelez le capitaine Jean Chêne. J'avoue que moi, je ne vous reconnais pas. Mais après tout, que me reprochez-vous ? Soldat de police ou soldat de l'armée, quand on a une consigne, on l'exécute. J'avais reçu l'ordre de vous arrêter, j'ai obéi. J'ai fait mon devoir. Mais en somme, voilà qui éclaircit singulièrement la situation. Quelle que soit votre opinion sur moi, puisque vous savez qui je suis et qui je sers, vous n'avez aucune raison de me retenir. Chacun sert la France et l'empereur à sa façon. En m'empêchant de partir, vous risquez de compromettre de graves intérêts, ceux mêmes que vous défendez. Je reviens d'Ath, sur la route de Gand. J'ai vu, je sais beaucoup. Vous m'excuserez de ne pas m'expliquer davantage. Nous avons nos discrétions, tout espions que nous sommes. J'ai cédé à un mouvement de pitié en relevant un officier blessé, j'ai fait un détour pour remettre à qui de droit la dépêche que ce malheureux ne pouvait pas porter lui-même ; j'ai été arrêté par de braves gens trop zélés et auxquels je pardonne de grand cœur ; mais il y a eu erreur, vous le constatez vous-même, et il importe de la réparer au plus vite, je pense que vous n'avez plus aucun motif plausible de me retenir prisonnier.

— Pourquoi avez-vous donné un faux nom, une fausse profession ?

— Le premier devoir de l'espion est de n'avouer à

personne qu'il espionne, surtout à des naïfs qui ne comprendraient pas; dans notre métier, le mensonge est un devoir.

Il parlait maintenant avec une sorte d'autorité : il avait saisi avec empressement la perche que lui tendait le hasard, en le mettant justement en face d'un homme qui le connaissait pour exercer une profession délicate.

Il ajouta :

— Je ne suppose pas que le capitaine Jean Chêne fasse passer ses rancunes personnelles avant l'intérêt du pays.

Il était habile, le misérable !

Ce dernier coup devait porter plus droit encore que les autres.

Pourtant Jean Chêne réfléchissait.

— Agent à Paris, soit ! Mais qui est-ce qui me prouve qu'ici, alors que vous avouez vous-même être allé en territoire ennemi, vous exerciez les mêmes fonctions? Si vous dites vrai, vous devez être porteur d'un ordre, d'un signe quelconque.

— Allons, pensa Laverdière, le personnage s'enferre de lui-même... j'ai été bien inspiré.

Puis :

— Un ordre, un signe, quelque papier ; mais, capitaine, vous oubliez que, justement en pays ennemi le moindre indice de cette nature suffirait pour nous faire fusiller.

— Si vous ne pouvez me fournir aucune preuve de vos allégations, pourquoi les croirais-je?

— Ma parole.

— Vous vous oubliez, je crois.

— Ah ! comme tu me payeras tout cela ! pensait Laverdière.

— Capitaine, dit-il, vous regretterez un jour votre attitude. Une armée sans espions, un corps sans éclaireurs... le mépris n'est pas de mise.

— Trêve de phrases ! une preuve que vous dites vrai, et vous êtes libre.

— Moi, je vous demanderai votre parole.

— Vous l'avez.

— Aussitôt cette preuve donnée, je pourrai partir.

— Soyez sans inquiétude.

Si Laverdière parlait aussi longuement, c'est qu'il espérait toujours qu'un incident imprévu le tirerait de l'impasse où il s'était si maladroitement engagé.

Mais il était évident que Jean Chêne s'impatientait : la rancune du guet-apens de Paris pouvait l'amener à quelque fâcheuse extrémité ; il fallait se décider.

Relevant sa blouse, Laverdière fouilla dans sa poitrine.

— Voici mon sauf-conduit, dit-il, jugez vous-même s'il est en règle.

Jean Chêne prit le papier.

Il se pencha vers la lampe, déplia la feuille qui portait le timbre du ministère de la police et la signature de Fouché.

« Laissez passer le nommé... »

Jean Chêne poussa un cri furieux, tandis que son poing s'abattit sur la table :

— Hubert de Queyraz, cria-t-il, misérable bandit !

Et, saisissant un des pistolets qui se trouvaient à portée de sa main, il en appuya le canon sur la poitrine de l'espion.

Laverdière était brave à ses heures. Il ne comprenait pas. Il eut l'énergie de rester dans son rôle :

— On m'attend à Philippeville, dit-il froidement.

Jean Chêne ne pressait pas la gâchette. Ce qui le retenait, ce n'était pas cette phrase qu'il n'avait pas même entendue, ce n'était pas l'hésitation au meurtre, à l'acte de justice. Non ! c'était une stupéfaction qui se doublait d'horreur. Cet homme, ce traître, cet infâme qu'il tenait là en son pouvoir, c'était... l'assassin de sa femme.

— Parle, lui dit-il d'une voix étranglée, et, sur ton âme, dis la vérité !

Laverdière était étonné de se sentir encore vivant.

— Que voulez-vous savoir ?

Jean Chêne, d'un geste violent, arracha son hausse-col ; il étouffait :

— Je ne puis pas... dis, Hubert de Queyraz, est-ce bien toi qui naguère as porté l'infâme sobriquet de Casse-Bleus ?

Il ne s'agissait plus d'user de subterfuges. C'était la vie ou la mort à courte échéance. Mieux valait en finir.

— C'est moi, dit Laverdière.

— Brigand !... Alors c'est toi qui en 1800... dis moi... je ne veux pas encore te tuer. Où étais-tu en décembre 1800 ! Ne mens pas, ne mens pas !

— J'étais en Bretagne ; je chouannais.

— Aux environs de Redon ?

— J'ai passé par là.

— Te souviens-tu, ô méprisable lâche ! tu commandais une bande d'assassins, tu as attaqué une maison isolée, tu as incendié, tu as tué à une portée de fusil du bourg de Landon. Mais parle, parle donc !

Laverdière était devenu livide. Maintenant il savait pourquoi cet homme voulait le tuer. Oui, il avait incendié cette maison, à telle enseigne que lui et ses hommes avaient été exaspérés de n'y trouver qu'un butin sans valeur.

Se taire ! Mentir ! A quoi bon ? La vérité le pressait, l'enveloppait, l'étouffait. Eh bien, tant pis, si c'était la fin ! Ce n'était pas la première fois qu'il avait vu la mort de près, et toujours elle avait reculé. Pourquoi pas cette fois encore ?

Il avait eu une seconde d'hésitation.

Puis Laverdière, sans baisser les yeux, répondit :

— J'ai fait cela... C'était la guerre !

Jean Chêne grinça des dents, leva le pistolet à son front.

Laverdière continua :

— Vous allez me tuer... pourquoi ? Pour quelque vengeance particulière... Je ne vous connais pas. Si j'ai pillé votre maison, j'ignorais qu'elle fût à vous. Vous me retrouvez après quinze ans. Vous êtes soldat, je suis espion. J'ai recueilli, j'apporte à mes chefs des renseignements qui peuvent donner la victoire aux Français. Si vous me cassez la tête, on ne saura rien et vous serez la cause d'un désastre; songez à ce que vous allez faire ; s'il vous faut ma vie, vous pourrez toujours la prendre plus tard ; défaite ou victoire, vous tenez cela à la gueule de votre pistolet, et maintenant tirez si vous voulez.

Jean Chêne, des gouttes de sueur froide aux tempes, écoutait.

Impassible en apparence, pâle jusqu'au cœur, Laverdière trouvait la force de parler encore :

— Je ne sais pas qui vous êtes, il ne s'agit ni de vous ni de moi, mais d'un devoir supérieur, une dernière fois, moi le bandit, comme vous dites, l'espion, je vous rappelle quel est votre devoir de soldat, vous m'avez donné votre parole, je la réclame, c'est tout, je me tais.

Jean Chêne resta un moment immobile, les yeux rivés aux yeux du misérable.

Puis il baissa l'arme, alla vers la porte et parlant aux soldats :

— Cet homme est libre, dit-il, laissez-le passer.

XV

En un coin de la terre, occupant à peine un mètre carré, un homme assis devant une table, tenant une plume à la main, écrit en deux secondes une ligne sur du papier et signe.

C'est fait. La mort a la parole. Il la lui a donnée.

Qui vaincra ?... Qui mourra ?... Le formidable point d'interrogation est posé.

Sur toute la ligne, de la Sambre à Philippeville, les ordres courent, se croisent.

A gauche, s'appuyant à Leers-Fosteau et à Solre-sur-Sambre, quarante-cinq mille hommes : le premier corps commandé par Drouet d'Erlon, le soldat de Sambre-et-

Meuse et de Zurich, avec Allix, Donzelot qui gouverna les îles Ioniennes, Durutte qui, l'année dernière, a sauvé Motz, Jacquinot, le blessé d'Iéna; le deuxième corps, sous Reille qui venait d'épouser la fille de Masséna, avec Bachelu, Guilleminot qui fut l'ami de Moreau, Richard, Foy qui avait voté contre l'Empire.

Au centre, de Beaumont à Walcourt, soixante mille hommes; le troisième corps, Vandamme, à qui l'empereur de Russie, le tenant prisonnier, avait, par respect de son courage, rendu son épée, Lefol, Habert qui, à dix contre un, avait rejeté les Espagnols dans Carcagente, Berthezène, Domon, qui s'était séparé de Murat trahissant; le sixième corps, Lobau, « lion sous la peau d'un mouton » avait dit Napoléon, Simmer, Jeannin, Teste.

A droite, quinze mille hommes, s'appuyant à Philippeville, ayant à leur tête le lieutenant général Gérard, le héros de Bautzen, et avec lui Pécheux, qui fut capitaine de volontaires en 92, Maurin, Bourmont.

Autour de l'empereur, la garde impériale, les grenadiers de Friant, les chasseurs de Morand, les tirailleurs de Duhesme, Guyot et ses dragons, Lefebvre-Desnouettes et ses voltigeurs, Grouchy, Soult et ses hussards, Subervie, Exelmans, Kellermann et ses cuirassiers.

Cent vingt-huit mille hommes, trois cent trente-quatre bouches à feu. De tout cela Napoléon, d'un trait de plume, disposait comme d'un dé qu'on jette sur le tapis vert de la destinée.

Des deux extrémités de cette ligne, qu'on trace deux autres lignes se croisant à Charleroi, puis qu'au sommet de ce triangle on tire une parallèle. Ici d'Ath à Gand et à Namur, c'est l'ennemi.

Les Anglais à gauche avec le contigent belge, Wellington, le prince d'Orange. A droite, l'armée prussienne, Blücher, Ziethen. Cent mille hommes à gauche, cent vingt-cinq mille hommes à droite.

La pointe du triangle est le point de jonction : cette figure résume admirablement le plan de Napoléon ; il voulait entrer comme un coin entre les deux armées les séparer, battre chacune d'elles avant que l'autre eût le temps d'arriver à son secours, aller droit à Bruxelles, où, fier de la victoire, il traiterait de la paix... Peut-être !

Donc il fallait que sur la ligne française les trois groupes s'ébranlassent en même temps, la gauche obliquant sur la droite, la droite sur la gauche, le centre poussant droit devant lui.

Une proclamation impériale avait enflammé tous les courages, surexcité toutes les colères. En sa langue d'une brutalité simple, en phrases courtes qui entraient comme une pointe au cœur des soldats, Napoléon avait rappelé ce qu'étaient les arrogants Prussiens : « A Iéna vous étiez un contre deux ; à Montmirail, un contre trois ! »

De Fleurus à Arcole, d'Austerlitz à Champaubert, toute la gloire passée apparaissait, s'élevait, planait sur ces hommes qui, eux aussi, comprenaient qu'il fallait vaincre ou mourir.

En un seul point de la longue ligne d'attaque, on avait brûlé, en riant, à la flamme du punch la proclamation de Buonaparte.

Joyeux compagnons, sans doute, ayant sablé le champagne plus que de raison, dans une maison que l'on montrait encore, il y a quelque trente ans, au cours de Corbigni à Philippeville, des officiers rieurs s'étaient fort amusés de ce qu'ils appelaient les rodomontades : ils avaient passé la nuit, aimables et bruyants causeurs, dans un salon au-dessous de l'appartement occupé par M. de Bourmont.

C'étaient les aides de camp d'Andigné, de Trélan — noms qui méritent de n'être pas oubliés — puis des officiers de tout grade, Trémoville, Trézec, Vaudeval, Guichemont, fleur de noblesse française ; le plus âgé n'avait pas trente ans.

Il était trois heures du matin.

Déjà une lueur pâle filtrant à travers les fenêtres faisait jaunir la flamme des bougies en allumant les cristaux d'un reflet irisé.

— En vérité, messieurs, dit Trémoville, il me semble

que le signal du départ se fait bien attendre. Voici quatre fois au moins que nous croyons boire le coup de l'étrier et jusqu'ici le boute-selle n'est pas venu nous interrompre.

À ce moment, Guichemont, qui était allé aux nouvelles, rentrait.

— La journée commence mal, à ce qu'il paraît, fit-il en ricanant. Le troisième corps a du retard, les mouvements s'opèrent mal, il vient d'arriver ici une estafette que M. de Bourmont attendait porteur de mauvaises ou de bonnes nouvelles.

— Foin du troisième corps et de Vandamme! s'écria Trézec. Il y a une demi-heure que nous devrions être en route.

— Toujours même incurie.
— Au service d'un orgueil qui ne doute de rien.
— Buonaparte faiblit.
— Dites qu'il tombe.

Un silence se fit.

M. de Bourmont venait d'entrer en grand uniforme.

Il n'était pas seul.

— Messieurs, dit-il, les nouvelles que j'attendais sont arrivés, grâce au dévouement d'un de nos fidèles, M. Hubert de Queyraz, vieille noblesse bretonne, qui a rendu de grands services à notre cause; je vous le recommande, messieurs

Laverdière — car c'était lui — portait maintenant un uniforme d'officier d'état-major.

Les jeunes gens lui tendirent la main.

— Vous êtes des nôtres, monsieur de Queyraz.

Trézec emplit un verre et le tendant à M. de Bourmont:

— Monseigneur, nous permettez-vous de boire à votre santé?

Le comte de Bourmont était alors âgé de quarante-deux ans; assez grand, très mince, d'allures anglaises, il parlait bas, d'un accent presque triste; ses yeux gris, voilés de cils blanchâtres, ne regardaient pas en face.

— Messieurs, dit-il gravement, buvez au salut de la France...

— Et à vos victoires, monseigneur, dit une voix vibrante.

Le vicomte de Lorys venait d'entrer, frais, l'œil brillant, charmant dans son uniforme de lieutenant.

Aux mots qu'il avait prononcés, quelques sourires rapides avaient été échangés. Il n'y prit point garde.

— J'ai hâte de partir, reprit-il, je ne suis pas fait pour tenir garnison.

Bourmont s'entretenait avec ses aides de camp.

Quant au nouveau venu, il s'était approché de la fenêtre et regardait obstinément au dehors.

Des sonneries de clairon éclatèrent dans la ville.

Bourmont se tourna vers les jeunes gens :

— Messieurs, dit-il, voici l'heure. Allez m'attendre à la porte de Vauban.

Il s'arrêta un instant, puis reprit plus lentement :

— Il est entendu, messieurs, que je n'oblige personne à me suivre !

A cette phrase énigmatique dont le sens caché lui échappait complètement, Lorys s'écria :

— Et qui donc hésiterait ? Là où vous serez, monseigneur, là sera l'honneur.

Bourmont le salua de la main, comme pour le remercier, puis, ayant jeté encore un : « A tout à l'heure, messieurs, » il sortit.

— Bien dit ! fit Trémoville en tendant la main à Lorys. Je savais bien que nous pouvions compter sur vous.

— Pourquoi auriez-vous donc douté de moi ? s'écria Lorys.

— A propos, reprit Trémoville, il convient que nous fassions plus ample connaissance avec notre nouveau camarade, un franc royaliste que vient de nous présenter M. de Bourmont, M. Hubert de Queyraz.

Et allant vers le nouveau venu, il l'attira galamment par le bras.

Laverdière jouait de malheur ; sous ce nouvel avatar, il

Couvertures supérieure et inférieure
en couleur

N° 50   10 centimes

32 PAGES

LES GRANDS ROMANCIERS FRANÇAIS

JULES LERMINA : REINE

L. BOULANGER, éditeur, 90, Boulevard Montparnasse, PARIS

Ont paru dans :

LES GRANDS ROMANCIERS FRANÇAIS :

LE FILS DE FAMILLE
Par XAVIER DE MONTÉPIN
Livraisons 1 à 10

LE JEU DE LA MORT
Par PAUL FÉVAL
Livraisons 10 à 21

LA TONTINE INFERNALE
Livraisons 21 à 32

FLEURETTE
HISTOIRE D'UNE BOUQUETIÈRE
Par E. SCRIBE
Livraisons 32 à 44

Après cette charmante histoire, nous continuons par :

REINE
Par JULES LERMINA
Livraisons 4¹ᵉ à 52

Paris.—Imp. Paul Dupont (Cl.)

Ce visage livide, c'était celui de Marcelle.

fallait qu'il se trouvât encore en face d'un adversaire, et non des plus complaisants.

Cependant décidé à tout risquer, aujourd'hui surtout que l'audace lui réussissait, il s'avança hardiment à l'appel de Trémoville et, regardant Lorys en face, il le salua avec la plus parfaite aisance.

— Quel est cet homme? Que fait-il ici? s'écria Lorys en portant la main à son épée.

— Je me nomme Hubert de Queyraz, dit l'aventurier. J'ai l'honneur d'être attaché à l'état-major de M. de Bourmont.

— Mais, c'est impossible! clama Lorys. Messieurs, la religion de M. de Bourmont a été surprise. Nous ne pouvons admettre cet homme dans nos rangs!

— Mon ami! cria Trémoville.

— Mais vous ne savez donc pas... cet homme est un misérable, un espion de Fouché, que j'ai déjà châtié. Tenez, il porte encore au visage la marque de mon épée.

Dans le paroxysme de sa colère, Lorys, l'arme haute, s'élançait vers Laverdière.

MM. d'Andigné et de Trélan se jetèrent au-devant de lui.

— Monsieur de Lorys, dit le premier d'une voix irritée, vous oubliez où vous êtes et devant qui vous parlez. Comme votre supérieur, je vous ordonne de remettre votre épée au fourreau, sinon je serais contraint de sévir contre vous.

— Vous ne m'avez donc pas entendu? insista Lorys, je vous dis que cet homme a failli m'assassiner, que je l'ai vu, vu, vous entendez bien, commander aux bandes policières de Fouché.

— Pardon, messieurs, dit Laverdière avec le plus parfait sang-froid, il y a là une méprise que je ne veux point relever en ce moment, comme je le ferais en toute autre circonstance. J'ai eu le bonheur d'être désigné par mes chefs, par mes véritables chefs — et il appuya sur le mot — pour certaines besognes délicates que j'ai exécutées à mon honneur. M. le vicomte de Lorys ignore ces détails. Sauf des expressions un peu vives, que je ne tolérerais pas, si l'abnégation personnelle n'était aujourd'hui de droit strict, je comprends et j'excuse un malentendu sur lequel je désire qu'il ne soit pas insisté.

Lorys regarda autour de lui : pas un regard ne l'encourageait. Loin de là, il discernait sur tous les visages des signes non équivoques de désapprobation.

D'un geste brusque il refoula son épée dans le fourreau.

— Soit ! dit-il. Ce n'est pas en face de l'ennemi que je donnerai l'exemple de la rébellion.

Mais il ajouta avec une ironie mal contenue :

— Par ordre, je tiens M. de Queyraz comme parfaitement honorable... quitte à régler plus tard mon compte avec le capitaine Laverdière.

Sans attendre une réplique, il tourna le dos au personnage.

— Allons, à cheval, mon cher de Lorys, fit Trémoville en passant familièrement son bras sous celui du jeune homme. Tudieu ! quelle tête brûlée ! Vous ne pourrez donc jamais comprendre la politique, comme vous le disait si bien Mme de Luciennes.

— Je ne sache pas, répliqua Lorys, que Mme de Luciennes pactise avec de pareilles gens.

Il se tut subitement : il venait de se souvenir qu'il avait vu cet homme parler bas à Reine et s'incliner devant elle.

Il passa sa main sur son front.

— A cheval donc ! dit-il. En ce moment, je ne veux penser qu'à mon devoir.

Un instant après les officiers de l'état-major de M. de Bourmont étaient en selle.

Derrière venait l'escorte, composée de chasseurs à cheval.

— En avant ! messieurs, dit M. de Bourmont.

Et, par la poterne ouverte, le cortège défila au grand trot.

Derrière on entendait les appels de clairon qui se multipliaient, répercutés par les vieilles fortifications de Vauban.

Le quatrième corps s'ébranlait. Déjà, de la hauteur, on

voyait dans la campagne les cordons de troupes s'étendre le long des routes blanches.

Lorys suivait le groupe des officiers. L'air frais du matin baignait son visage et rafraîchissait son cerveau.

Il éprouvait un bien-être exquis.

Depuis quinze jours il lui semblait qu'il vivait dans un rêve.

C'est qu'aussi une pensée le soutenait, l'encourageait, pensée de bonheur et d'amour.

On se souvient qu'à sa grande surprise il avait appris de l'abbé Blache, lors de sa sortie de la Conciergerie, le brusque départ de M™ de Lucionnes.

Pour un cœur de vingt-cinq ans, ce sont là vraies douleurs.

Il s'était rendu au Champ de Mai, avec le secret espoir de l'y retrouver. Reine n'avait pas paru.

Les officiers d'état-major étaient groupés sur l'estrade, en face de l'École militaire, et les musiques régimentaires saluaient de leurs fanfares les drapeaux dont les couleurs éclatantes étincelaient au soleil de juin.

Puis des voix vibrantes déclamaient, en prosopopées excessives, mais à l'unisson de ces grandeurs, les espérances de la patrie.

Napoléon parlait.

Pour la première fois Lorys regardait en face le Corse haï.

D'abord le masque lui apparaissait lourd, pâteux, la taille épaisse, le dos abaissé.

Puis l'empereur se redressait : ses traits, sous le soleil, sous le reflet des aciers et des ors, prenaient des méplats de médaille.

Lorys écoutait.

Les mots de patrie, de sacrifice, d'effort suprême retentissaient, en notes qui éclataient comme des coups de clairon.

Ce fut ensuite le tourbillonnement des uniformes, le roulement emporté des chevaux lancés au galop, la cadence sévère du pas des fantassins, rectes et nets comme des machines de guerre, et au-dessus l'acclamation formidable, largement rythmée, allant trouver le ciel bleu comme pour porter dans l'infini la prière de la France.

Lorys était jeune ; il avait en lui toutes les naïvetés qui, si facilement se transforment en enthousiasme : quelque chose de son âme sortait de lui pour se joindre aux âmes de toute cette foule qu'il ne méprisait plus, dans sa collectivité majestueuse et puissante. De cette pensée universelle il se faisait au-dessus de lui comme un nuage d'où le patriotisme retombait en pluie sur son cerveau et sur son cœur.

Quand la voix du vieux Carthame s'était élevée, quand des mains de Marcelle la première branche de gui avait jailli, tombant dans les rangs des hésitants, Lorys avait senti ses lèvres s'entr'ouvrir. Il avait muettement crié, lui aussi :

— Vive l'empereur ! Vive la France !

C'était comme une éclosion d'honneur vrai, s'épanouissant sous la chaleur puissante émanée de cent mille poitrines françaises.

Et quand la cérémonie avait pris fin, Lorys était fier de son grade, fier des obligations contractées. Il ne s'agissait plus d'empereur, de Buonaparte, d'usurpateur. Carthame l'avait dit : « La patrie est en danger. »

Il avait couru chez lui, impatient d'être prêt au départ.

Là on lui avait remis un billet.

En partant, Reine de Luciennes avait tracé pour lui cette seule ligne :

« Je fais mon devoir ; faites le vôtre. *Non sibi, sed regi!* Au revoir ! »

Lorys avait baisé follement le papier ; elle ne l'oubliait pas, elle ne le fuyait pas ; par ces quelques mots, elle unissait leurs destinées en une mission de vaillance et de dévouement.

Comme Marcelle lui avait jeté une branche de gui, Reine lui envoyait, elle aussi, un talisman.

Marcelle ! Reine ! Il assemblait ces deux noms comme on prononce en même temps le nom de sa sœur et celui de sa femme. Toutes deux lui ordonnaient de faire son devoir : certes, il n'y faillirait pas. *Non sibi, sed Franciæ!* Est-ce que le roi et la France, ce n'étaient pas les deux formes d'une même pensée? Le roi attendait qu'on lui remît la France libre, victorieuse. Le devoir, c'était de lui restituer intact ce patrimoine dont on avait la garde.

Lorys était parti, sûr de lui désormais, prêt à tout effort comme à tout sacrifice.

S'il devait mourir, n'aurait-il pas du moins mérité une larme de Reine, un regret de Marcelle!

Allant maintenant sur la route de Belgique, sous la conduite de celui qu'il tenait pour un héros, M. de Bourmont, Lorys, encore tout bas, prononçait ces deux noms.

Il se sentait des appétits de périls, des fringales de batailles.

L'état-major galopait, ayant en première ligne les plumes blanches du lieutenant général, quelque chose comme le panache historique de Henri IV. Fermant à demi les yeux, Lorys, la pensée perdue dans le passé, rêvait de ces grandes chevaleries, naïfs sacrifices de l'homme à l'idée de justice.

Le mouvement physique a ses ivresses. Le ciel était clair, le soleil levé irradiait. Lorys se baignait dans cette chaude lumière. Tout en lui s'élargissait; il se sentait orgueilleux de vivre, de tenir sa place, si petite fût-elle, dans l'acte prodigieux qu'il pressentait.

On allait toujours.

Philippeville avait disparu derrière les cavaliers, qui, descendus dans le vallon, s'étaient engagés dans un chemin creux, entre deux murailles taillées en plein roc.

Où se dirigeait-on? Lorys ne songeait pas à se le demander. Il suivait le chef, s'attendant à ce que la minute prochaine fût marquée d'une surprise, d'un : « Halte! » retentissant, d'un : « En avant! » qui fût un signal de combat.

A deux pas de lui, Trémoville, Trézec.

Quelque part, Laverdière. Mais il ne le cherchait pas. Après tout, qu'il se battît bien, et on verrait.

Un quart d'heure s'était passé, puis une demi-heure.

Le chemin s'était rétréci : ce n'était plus qu'un défilé où deux cavaliers à peine pouvaient passer de front. Seulement il semblait qu'on allât plus vite, en hâte sans doute de rencontrer l'ennemi.

Derrière les gentilshommes, l'escorte, au milieu de laquelle flottait au bout d'une lance le guidon tricolore.

Soudain le paysage changea.

On était sorti du défilé : en face la plaine, une route qu'on venait d'atteindre en un carrefour.

Bourmont s'était arrêté. L'état-major s'était rapproché et en cercle se groupait autour de lui.

Lorys remarqua que le lieutenant général était très pâle.

Bourmont avait fait quelques pas, traversant l'état-major, allant vers l'escorte.

Il appela d'un signe celui qui la commandait :

— Capitaine, lui dit-il, retournez en arrière, je n'ai plus besoin de vous.

Celui à qui il parlait était un vieux soldat à figure balafrée. Il s'était arrêté court :

— Général, dit-il, ai-je bien compris l'ordre ?

— Oui, retournez à Philippeville.

— Nous sommes à la frontière.

— Je le sais ; allez !

Le capitaine regarda Bourmont ; ses lèvres s'agitèrent, mais il se tut : l'ordre était précis.

Il leva son épée et cria :

— A gauche ! conversion ! marche.

Et filant sur le flanc de l'escorte, il alla reprendre sa place à la tête du détachement.

Rien de plus. Pas un mot. C'était silencieux, réglementaire.

Pourtant Lorys se sentit tout à coup le cœur serré d'une inexprimable étreinte.

Ces hommes qui tournaient bride — à un commandement régulier — il ne les connaissait pas ; cependant il avait cette étrange impression que c'étaient des amis qui partaient.

Bourmont était resté immobile, les yeux fixés sur la route blanche, suivant d'un regard — qui ne regardait pas — les croupes des chevaux s'enfonçant dans le lointain.

A cent mètres, le chemin tournait.

L'officier passa, disparut.

Puis un à un les hommes, dans le coude, s'effacèrent : le cuivre des coiffures, l'acier des sabres, le cuir poli des harnais, tout peu à peu, jetant sa dernière lueur, fut caché par un monticule au-dessus duquel deux arbres seuls planaient comme des sentinelles impassibles.

Et quand du dernier chasseur la dernière silhouette se fut évanouie, Bourmont, plus pâle encore, remit son épée au fourreau, tourna le dos au chemin, et se courbant sur son cheval, dit d'une voix singulière que Lorys ne lui avait jamais entendue :

— Allons, messieurs... et vive le roi !

Le galop recommença cette fois plus rapide, brutal.

On eût dit qu'on fuyait quelque chose, ce quelque chose d'innomé et qui avait disparu là-bas, avec le dernier cavalier.

Lorys ne rêvait plus : il s'était rapproché de Trémoville, botte à botte, comme s'il éprouvait le besoin de ne pas se sentir seul.

— Où sommes-nous ? où allons-nous ? demanda-t-il.

— A Florennes, répondit l'officier.

Ce fut tout : d'un coup d'éperon il avait poussé son cheval pour dépasser Lorys.

La course s'animait ; on eût dit une charge.

Lorys cherchait à réprimer son angoisse : il avait un chef, il le suivait.

Là-bas, le village entrevu tout à l'heure — Florennes — dessinait ses toits de chaume. Le clocher effilait sa pointe dans le ciel. On arrivait.

Sans doute on allait le traverser bride abattue pour, au

bout de quelque longue rue, tomber à l'improviste sur les avant-postes.

Une chaussée pavée. Encore un temps de galop, et, sur la place, devant l'église, en face d'une grande maison, Bourmont s'arrêta court.

Sans attendre une aide, il mit pied à terre.

Une porte s'était ouverte; il entra, faisant signe aux autres de le suivre.

Il y avait là, dans une vaste pièce au rez-de-chaussée, quelques hommes qui vinrent au-devant de lui, les mains ouvertes, puis qui lui parlèrent tout bas.

Bourmont, d'un geste nerveux, enleva de sa tête l'énorme chapeau à plumes et le posa sur une table, devant lui.

Puis il passa sa main sur son visage, de toute la largeur de la paume, tordant ses lèvres, comme si, toutes sèches, elles eussent été douloureuses.

Il tira de sa poche un carnet élégant, aux armes de sa maison.

Il y prit une lettre, la déplia, et, sans regarder la feuille, sans doute sachant de mémoire les mots qui y étaient écrits :

— Écoutez, dit-il, voici la lettre que j'adresse au lieutenant général Gérard.

Il y eut un mouvement de curiosité; on se rapprocha. Bourmont lisait très bas :

« Je quitte l'armée : je ne puis ni ne veux servir plus longtemps l'usurpateur, dont l'ambition effrénée perd la France. On ne me verra pas dans les rangs étrangers. Ils n'auront de moi aucun renseignement capable de nuire à l'armée française; mais je tâcherai d'aller défendre les proscrits français, de chasser loin de la patrie le système des confiscations, sans perdre de vue la conservation de l'indépendance nationale. »

Pas un mot : ces gentilshommes connaissaient de longue date la résolution prise. Ils n'avaient même plus à approuver.

— Nous sommes en territoire belge, reprit Bourmont.

Vous êtes libres, messieurs. Ceux qui viendront avec moi porter leurs hommages au roi de France seront les bienvenus. Il faut que dans une heure cette lettre soit aux mains du lieutenant général Gérard. Qui veut se charger de cette mission ?

— Je suis aux ordres de M. de Bourmont, dit une voix.

Et Hubert de Queyraz, naguère capitaine Laverdière, fit un pas vers M. Bourmont, la main tendue.

— Peut-être courrez-vous quelque danger ?

— Pour le roi, dit Queyraz en s'inclinant.

— Allez donc, et que Dieu vous garde !

Queyraz eut un sourire d'intense satisfaction : il devenait un personnage de premier plan ; il sentait que, pour un peu, il eût déjà été envié par ces courtisans de demain.

Laverdière assujettit son ceinturon ; puis, le chapeau crânement posé, il fit demi-tour et se dirigea vers la porte.

Mais, au moment où il allait la franchir, quelqu'un se dressa devant lui.

— Vous ne passerez pas !

— Vous dites ?

— Je vous dis que vous ne passerez pas !

Lorys était là, tête nue, pâle comme un linceul, les yeux étincelants.

— Ça, mon jeune étourneau, fit Laverdière, dont les traits se contractaient, vous rencontrerai-je donc toujours sur mon chemin ? Allons ! place, ou, de par Dieu, je m'ouvre ma route à coups d'épée !

— Et mon épée te la fermera, bandit !

Lorys, dégainant, se tint, barrant la porte, la lame prête.

Il y eut des exclamations de colère. Les gentilshommes firent mine de se jeter sur Lorys. Plusieurs tirèrent leurs épées.

Lorys décrivit un large cercle avec la sienne :

— De traîtres à assassins, la distance est courte, dit-il ! Ah ! c'est pour cette œuvre infâme que vous cherchiez un complice de plus ! Vous vous êtes trompés ! Complice, non pas, mais justicier. Allons ! Judas, espion de Judas, défends-toi !

Et son épée menaça la poitrine de Laverdière.

Celui-ci s'était rejeté en arrière et était retombé en garde, l'épée droite.

— Messieurs, au nom du roi ! cria Trémoville.

— Laissez-moi faire, répliqua Laverdière. Aussi bien il y a trop longtemps que ce blanc-bec me gêne.

Il engagea le fer, résolu à tuer.

Derrière lui, ceci se passait :

Bourmont avait rapidement conféré avec ses gens. On vit une porte s'ouvrir, puis il disparut suivi de la plupart des siens.

Une minute après, on entendit des galops de chevaux.

Cependant le combat s'animait.

Queyraz-Laverdière était un bretteur de première force ; de plus, Lorys s'obstinait à se tenir dans le cadre de la porte, se contraignant à ne pas bouger d'une semelle, situation désavantageuse qui gênait ses mouvements.

Les épées s'entrechoquaient avec des cliquetis furieux.

Des deux côtés, même acharnement. Duel à mort.

Déjà, dix fois, l'épée de Laverdière avait frôlé l'habit du jeune homme ; mais toujours la parade arrivait, suivie d'une riposte foudroyante.

Soudain, Lorys, qui ne perdait de vue aucun de ses gestes, le vit glisser sa main gauche dans sa poche.

Il distingua, devina plutôt la crosse d'un pistolet.

Alors, se fendant avec une rapidité inouïe, passant sous l'épée de Laverdière, qui lui effleura les cheveux, il frappa le misérable à l'épaule, un peu trop haut.

Mais le pistolet, à demi sorti de sa poche, échappa à la main que le coup avait paralysée. Il tomba. Il y eut une explosion, preuve évidente de l'infamie de cet homme, qui cherchait à substituer l'assassinat au duel.

Lorys, les forces décuplées par la colère, s'élança sur lui, le saisit à la gorge et, le lançant contre la muraille, livide et faiblissant, il le souffleta violemment ; puis, arrachant les boutons de son habit, il prit la lettre de Bourmont, la jeta à terre devant les quelques officiers royalistes qui étaient restés, et, posant sur le papier la pointe de son épée :

— Qui aura le courage de ramasser cette lettre ? dit-il.

— Ah ! c'est aussi trop d'insolence ! cria quelqu'un.

Les épées dégainées menacèrent. Lorys, qui maintenait la lettre sous son pied, se redressa, prêt à soutenir l'assaut.

Mais, à ce moment, se rouvrit la porte par laquelle Bourmont était sorti.

Reine de Luciennes parut : les épées se baissèrent devant elle.

— Messieurs, dit-elle, M. de Bourmont vous attend au château d'Yvelle. Conduisez-y votre compagnon blessé.

Lorys, interdit, stupéfait — stupide, aurait dit le vieux Corneille — la regardait, sans un mot, sans un mouvement.

Laverdière s'affaiblissait, le sang coulant à flots de sa blessure.

On le soutint : il marcha, mais en passant devant Lorys, il jeta sur lui un regard empreint d'une haine si féroce que tout autre que le jeune homme eût frissonné devant sa menace.

La porte retomba sur eux.

Alors Reine se baissa, et, ramassant la lettre de Bourmont :

— Monsieur de Lorys me tuera-t-il pour la reprendre ? dit-elle en souriant.

Reine se tenait devant lui, drapée dans une amazone qui moulait son corps de vierge, hardiment, coiffée d'un chapeau de ligueuse, gracieusement théâtrale sans le vouloir.

Il la regardait, se demandant si tout ce qui venait de se passer n'était pas un hideux cauchemar, et si ce n'était pas là le réveil exquis, inespéré.

Elle posa sa main sur son bras :

— Ainsi, quand vous me disiez que j'étais votre volonté,

votre conscience, l'âme de votre âme, vous me mentiez donc, Georges de Lorys ? Oui, je me souviens encore de vos propres paroles : « Où vous irez, j'irai, me disiez-vous de cette voix qui tinte encore à mon oreille, conduisez-moi, entraînez-moi, loin, bien loin. Je ne demande que de sentir votre bras sur le mien. » Oui, vous me disiez tout cela. Et voici que maintenant vous me regardez de vos grands yeux hagards, comme si vous ne reconnaissiez pas qui vous parle.

Elle ajouta plus bas :

— Celle que vous avez dit aimer... et qui, son œuvre accomplie, maintenant peut vous avouer... qu'elle vous aime.

Reine disait vrai : depuis cette nuit étrange où ils s'étaient trouvés tous deux en même péril, un sentiment nouveau s'était emparé d'elle, puissant, impérieux.

Quand Marcelle était apparue, défendant à son tour celui qui l'avait protégée, Reine avait senti dans son cœur comme une morsure. Brûlure de jalousie, colère de femme contre femme.

Elle était partie, irritée, sans tourner la tête, croyant qu'elle haïssait et haïrait celui à qui une autre voix de femme avait parlé.

Quand elle s'était trouvée seule, dans sa chambre, tout à coup, elle avait pleuré.

Oui, pleuré comme une enfant, sans savoir, sans raisonner, parce qu'elle souffrait, parce que soudain, par cette jalousie même, une révélation s'était faite en elle... elle aimait !

Jusqu'ici, dans l'orgueil de sa beauté triomphante, elle avait puisé la conviction de sa domination invincible.

Voici qu'elle doutait, que ce doute la torturait, et de cette torture même naissait en elle la sensation d'une souffrance qui la ravissait, qui l'enivrait.

Elle aimait !

Elle avait failli — elle la grande dame, habituée à attendre les hommages — sortir de nouveau en pleine nuit, courir chez Lorys, l'attendre, pourquoi ? pour le flageller de sa colère et de son mépris! D'abord, peut-être ! Mais tout à coup elle avait compris que ce qui était, hier, cette sûreté d'elle-même, cette fierté impeccable, tout cela n'existait plus ; elle se savait, se sentait tout à coup lâche ; un seul regard, un mot doucement prononcé aurait eu raison de toutes ses résolutions, de toutes ses vanités de coquette.

Jalouse ! c'était une folie. Cette femme, il ne la connaissait pas, il avait, en la défendant contre un insolent, fait son devoir de gentilhomme. Qu'était cette Marcelle? Oh ! elle n'avait pas oublié le nom... une créature insignifiante... Manante, fille d'un manant, s'abaisserait-elle à redouter une pareille rivale ? Est-ce qu'elle n'avait pas apprécié mille fois les délicatesses de Lorys, aristocrate de naissance, d'éducation, de goûts... pourquoi l'accuser de l'impossible, de l'invraisemblable ?

A mesure qu'elle réfléchissait, Reine s'effrayait et, malgré elle, souriait de sa terreur... de sa terreur d'aimer.

Elle eût voulu se railler elle-même, se prouver que rien de nouveau ne s'était passé dans sa vie... Pourquoi mentir? Dans le calme de cette nuit, elle sentait comme un envahissement lent de tout son être, elle s'abandonnait à cette douceur inconnue de prononcer tout bas un nom en frissonnant délicieusement.

Elle s'était endormie, en berçant ce souvenir.

Au réveil, plus calme, elle s'était interrogée. C'était vrai, elle s'était donnée, elle ne s'appartenait plus ; mais la mission qu'elle s'était imposée, mais les devoirs qu'elle devait remplir, est-ce qu'elle allait oublier tout cela ?

Elle ne le pouvait pas. Elle n'était pas libre. Eh bien, elle se hâterait, en accomplissant sa tâche, de reconquérir son indépendance. Reverrait-elle Lorys? C'était risquer de perdre toute énergie, d'abdiquer toute volonté. S'il la suppliait de ne pas partir... oui, elle resterait, elle manquerait à toutes ses promesses.

Mieux valait en finir, aller jusqu'au bout, puis, au jour du triomphe, dire à Lorys :

— Vois, comme je me suis hâtée pour te revenir.

D'ailleurs, n'avait-elle pas plus que jamais charge d'un double avenir ?

Sa victoire à elle, ce serait sa gloire à lui !

Elle partirait tout de suite, sans le revoir.

Ils se retrouveraient là-bas, dans la joie du triomphe, loin de ces jacobins et de... leurs filles !

Vite. Un billet à Lorys. Elle eut peur de trop écrire. Sa main voulait aller plus rapidement que sa pensée, que sa dernière prudence. Elle la retint.

Deux lignes seulement. Quand elle signa, il lui sembla qu'elle livrait son âme, comme en un pacte.

Puis une chaise de poste l'avait emportée.

Depuis lors, en une fièvre nouvelle que son impatience décuplait, l'héroïne de la trahison, inconsciente de son infamie, avait plus habilement que jamais tendu ses pièges, combiné ses intrigues; cette désertion d'un officier général au matin du combat était son chef-d'œuvre.

Plus tôt s'écroulerait le régime maudit qui pesait sur la France, plus tôt le roi rentrerait à Paris, aux acclamations du peuple, et plus tôt se réaliseraient ses espérances, qui venaient de prendre une forme réelle comme un reflet tout à coup fixé.

Bourmont trahissant, Lorys le suivrait. Oh ! elle le connaissait bien. Il n'était pas dans son cœur un sentiment qui ne fût dans le sien. Elle l'attendait à Florennes, comme un rendez-vous d'amour, le premier... pour elle.

Et voici que, tout à coup, elle avait appris par Bourmont que Lorys, qui était sien, qui, partageant ses convictions, était prêt comme elle à tout pour hâter la chute de Napoléon, soudain se rebellait, se révoltait. Oh ! caprice d'enfant ! elle comprenait bien d'ailleurs ce qui l'avait si fort irrité, c'était d'avoir retrouvé devant lui ce Laverdière, que le hasard plaçait toujours en face de lui, comme en cette misérable aventure de petite jacobine, comme en l'échauffourée ridicule de la rue de l'Éperon. Après tout, c'était naturel. Les gentilshommes n'aiment pas se compromettre avec ces personnages, bien qu'on soit obligé de les employer.

Aussi, au lieu de l'attendre, renonçant à un plaisir depuis longtemps savouré, elle était accourue et, maintenant, de sa voix de charmeuse — d'autant plus séduisante qu'elle était plus sincère — elle lui disait tout cela, reniant ce Laverdière, l'insultant, le chargeant de tous ses dédains.

Est-ce qu'il n'était pas heureux de la revoir? est-ce que tout n'était pas oublié?... Tout, sauf ceci, qu'elle l'aimait, et que désormais rien ne les séparerait plus.

Lorys ne répondait pas : ce qui se passait en lui était l'équivalent de ce que Reine avait éprouvé naguère, au retour de la petite maison de la rue de l'Éperon.

En lui aussi se faisait une suprême révélation, commencée au Champ de Mai.

D'abord il n'avait vu qu'elle.

Reine était là, Reine, la tant aimée; c'était elle qui lui tenait les mains, qui fixait sur ses yeux ses grands yeux d'opale. Il sentait sur ses cheveux la caresse de son haleine. Que signifiait tout le reste? Que le ciel tombât, pourvu qu'ils mourussent tous deux, ainsi, en cette étreinte à la fois chaste et brûlante où se fondaient leurs âmes.

Tout à coup, était-ce une illusion? Était-ce quelque jeu d'écho lointain répercuté à ses oreilles?... Lorys entendit une sonnerie de clairon, voilée et pourtant vibrante, comme une voix qui, du fond d'une tombe aurait appelé au secours.

Il se redressa; ses bras se délièrent des bras de Reine.

Il la regarda en face, comme s'il la voyait pour la première fois.

Et il cria :

— Reine! Reine! trop tard! Vous m'avez perdu!

— Moi! moi! Mais tu ne me reconnais donc pas? Te perdre! mais nous sommes désormais l'un à l'autre!

Il éclata d'un rire strident, navrant :

— Lorys, le vicomte de Lorys... à toi... tu dis cela; mais c'est toi qui ne me reconnais pas... Marquise de Luciennes, regarde-moi donc bien en face. Est-ce que je ne porte pas au front le stigmate des lâches et des traîtres?

— Georges, Georges, revenez à vous... Mon Dieu! il devient fou!

— Fou!... je l'ai été, je ne le suis plus... Fou! je l'ai été quand j'ai pu croire qu'il existait quelque chose au-dessus de la patrie. Un empereur, un roi, des jacobins! Mais qu'est-ce donc que tout cela? Des titres, de la noblesse ou bien de la liberté! Despotisme ou République, des mots! Reine, sais-tu ce que c'est que la patrie?...

Elle s'était reculée maintenant, l'enveloppant d'un regard épouvanté.

— La patrie, Reine, c'est le coin de terre où tu es née, où tu as grandi, ce sont nos bois bretons où ont vagué nos rêves d'enfance, c'est Paris où je t'ai aimée, c'est le vent qui passe, c'est la voix qui parle, ce sont les mots que nous prononçons et qui ont la saveur française et tu peux admettre, je te le demande, que des étrangers posent brutalement le pied sur les fleurs qu'ont semées nos mères, sur les sillons qu'ont ensemencés nos pères, que dans ce pays qui est notre maison familiale agrandie, ces hommes, ces ennemis, ces haineux entrent, brutaux, méprisants, et disent : « Nous sommes les maîtres. » Mais Danton que vous dites corrompu, Robespierre que vous appelez hypocrite ne l'ont pas voulu et nous le voudrions, nous, les honnêtes gens!

— Georges, mais tu n'entends pas les paroles que tu prononces, ces noms abhorrés, ces gens ont tué le roi.

— Si le roi a appelé les étrangers en France, ils ont bien fait!

— Par grâce, taisez-vous!

Il lui saisit les mains et l'attirant vers la fenêtre:

— Reine, écoutez, est-ce que vous n'entendez pas? Au loin on se bat, on tue des Français, il y a des frères à nous qui tombent et se tordent. Eh bien, Reine, c'est nous qui les tuons!

C'était en Lorys comme une hallucination de désespoir.

— Anglais, Prussiens assassinent les Français, et je suis là, moi ! vicomte de Lorys, dameret de boudoir, chevalier d'antichambre, à l'abri, sain et sauf, parce que Mᵐᵉ Reine de Luciennes a fait de moi un complice de Bourmont, le dernier des poltrons et des avilis.

Elle tenta de protester.

Tout à coup il la saisit dans ses bras et la serra contre sa poitrine :

— Écoute, Reine, tout à l'heure tu as dit que tu m'aimais. Ah ! je t'aime, moi aussi, de toutes les forces de mon âme eh bien, veux-tu que nous nous réhabilitions ou que nous mourrions ensemble ; vois-tu, on peut faire le mal inconsciemment ; je ne comprenais pas moi-même ce que je comprends aujourd'hui ; je te pardonne, mais il faut que je me pardonne à moi aussi. Reine, partons, allons droit devant nous, sous les balles, dans la mêlée. Crions aux soldats de la France : « Courage ! » et si l'un tombe, ramassons son fusil pour défendre son cadavre, pour empêcher qu'on passe sur son corps pour entrer dans notre pays. Ceci, je vais le faire, suis-moi ! Rachetons un crime qui est le mien comme le tien. La patrie est indulgente, elle verra nos repentirs. Viens, Reine... Tu refuses !

— A mon tour, Georges, je vous dirai... « Je ne puis pas trahir ma cause, mes amis ».

— Vos amis ?... les Fouché, les Laverdière ou les Bourmont ?... Eh bien, soit !

D'un geste violent, il arracha ses épaulettes :

— On dégrade les déserteurs, dit-il.

Sur son genou il brisa son épée :

— On désarme les lâches. Il ne me reste plus qu'à être fusillé. Je vais offrir ma poitrine aux balles, adieu !

Il s'élança vers la porte.

Mais Reine l'avait devancé.

— Non, je ne veux pas ! cria-t-elle. Georges, tu n'as plus ta raison, c'est moi qui te parle, ne me quitte pas, ne m'abandonne pas ainsi ; tu n'as pas commis de crime, tu n'es pas coupable, et que sais-je, moi ? Je t'aime.

Il la reprit dans ses bras, plus étroitement ; et, tandis

qu'un sanglot secouait sa poitrine, il l'embrassa longuement sur les lèvres.

— Georges, murmura-t-elle.
— Adieu ! cria une voix qui s'éloignait.

Et Reine, seule, tomba à genoux, pleurant.

XVI

Depuis la défection de Bourmont, trois jours s'étaient passés, jours lamentables qui font une tache rouge.

Le 16 juin, Ligny, les Quatre-Bras; le 17, Gembloux, la Maison-du-Roi; le 18, Waterloo, la défaite, l'écrasement, la déroute!

Charras historien, Michelet et Hugo, poètes et voyants, ont raconté ces épouvantes.

Après la résistance affolée, sublime à force de désespoir, après un secouement d'agonie où tout cri finissait en râle, l'épouvantable sensation passa, sur des milliers d'hommes, de la mort présente, inévitable, quelque chose de pareil à la catastrophe que seuls redoutaient nos pères de la vieille Gaule: le ciel tombe!

Alors le délire de la peur, la vésanie furieuse de l'épouvante, la fuite tourbillonnante, heurtée, avalanche brisée dont les hachures, en une giration incorrecte, se croisent, bondissent, s'émiettent les unes contre les autres, s'obstruent mutuellement la voie sur la déclivité implacable qui les entraîne, s'écrasent contre tout obstacle, rebondissent pour retomber de plus haut, jusqu'à l'aplatissement final dans le gouffre.

Ici les morceaux de la débâcle sont des hommes : ce qui dévale, dans l'effroyable éboulement, c'est de la chair vivante qui sent chaque déchirure, souffre de chaque angle, saigne de chaque heurtement.

Et plus sauvage que l'ouragan, le vainqueur, à coups de

cruautés, pousse et poursuit cette cohue de vaincus, gibier que le chasseur serre après l'avoir forcé, la fureur triomphante se ruant sur la lassitude, sur l'hébétement, sur la peur, sur les volontés tuées, sur les énergies désagrégées, sur le troupeau que la panique cauchemarde.

On ne sait plus, on ne voit plus, on ne pense plus, on court : ce n'est pas de la lâcheté, c'est l'épilepsie de l'épouvante. On veut passer, être loin, on piétine sur qui tombe, on renverse qui s'arrête ! Derrière, l'ennemi qui n'est plus soldat, mais boucher.

A qui se laisse atteindre, le sabre sur le crâne, la pointe dans les reins, le pistolet sur la tempe.

Et la galopade effrénée — qu'accélèrent les clameurs haineuses et les hurlements lugubres — traverse les champs, les chemins, les villages, après Lumelette, Ottignies, Mousty, Bousval, Genappe.

Il y a cinq heures qu'on fuit, cinq heures qu'on entend derrière soi le galop macabre des cavaliers, égrenant sur la route des blessés que le meurtre achève.

On ne peut ainsi mourir jusqu'au dernier ! Si l'on pouvait faire reculer les tueurs ! Qui sait ! Oh ! gagner deux heures, une heure, des minutes de repos.

Comme sous le suprême lancinement des tortures, parfois les corps tout à coup se redressent, des hommes, à Genappe, s'arrêtèrent, Lobau en tête. Il faut tenter de fermer l'écluse devant le torrent ; à l'entrée du village, on entasse des voitures, des fourgons, des madriers, des meubles même : c'est jeté pêle-mêle, amoncellement des choses disparates, non équilibrées, et où des cadavres bouchent les interstices. Et derrière ce rempart improvisé, des poitrines halètent, des soldats tombent de s'être arrêtés.

Mais vain espoir de halte, l'ennemi !

On tire sur la trombe qui se précipite et qui passe, démolissant l'obstacle. Les crosses tournoient, des fulgurations de poudre mettent dans la nuit des éclairs dont la lueur se reflète plus brillante dans le sang frais.

Sur ce retranchement qui ne tient pas debout, que des

hommes essayent d'étayer de leurs bras, la mitraille se rue, secouant ces misérables débris, comme ferait un dogue monstrueux entre ses dents.

Tout tombe; la voie est ouverte. Blücher que Wellington a lancé, comme on découple un molosse, franchit la barricade et la tuerie recommence, plus furieuse parce qu'on a tenté d'y échapper; on a voulu voler la mort. Elle se venge : ce n'est plus un combat, c'est un bain de sang.

Pas de quartier ! pas de prisonniers ! le général Duhesme tend son épée à un soldat, le soldat la prend et s'en sert pour le tuer. On achève les blessés. Râler, c'est se dénoncer. Pour y mieux voir, comme en un abattoir, on met le feu. Nul ne se défendant plus, c'est le massacre à coup sûr.

Devant une maison effondrée, dans l'angle d'un mur, un homme est debout, la tête en arrière, les bras en croix : Retenu dans ses poings crispés, son large manteau étendu fait sur les pierres une tache noire. On dirait une gigantesque chauve-souris.

Un vieillard. Mort. Son sabre est à ses pieds, brisé. Sa face parcheminée, que surmonte une forêt de cheveux blancs, hérissés, fait mascaron sinistre et sublime.

Les premiers Prussiens l'ont tué : ceux qui viennent le déchiquètent. Ce grand corps qui ne veut pas tomber est une cible, et chacun, passant, tape dessus. La figure est coupée en deux d'un revers de sabre. Le corps oscille et ne tombe pas. Un second coup fait la croix, et ainsi ce visage est haché. Pourtant quelque chose reste qu'on devine, plutôt qu'on ne le voit, une physionomie sublime de douleur et d'énergie qui transparaît sous le sang.

Il n'est jeu qui ne finisse. Les Prussiens sont passés : car il ne reste plus un homme debout !

Dans le misérable village, les pavés disparaissent sous les tas des morts, qu'éclairent, dans un ciel pur, les étoiles insouciantes.

Seule, l'horloge du clocher, dans le silence, régulièrement parlait.

Aux premières lueurs d'aurore, dans un monceau de cadavres, au tournant de la rue, en face de l'angle où s'accotait le vieillard, quelque chose remua : il y avait donc encore de la vie dans cette mort.

Une tête se dressa, hagarde, sanglante, à peine humaine.

Pourtant, l'homme — qui avait au corps des lambeaux d'uniforme — avait la force de pousser de l'épaule les affalements lourds qui l'ensevelissaient. Et ainsi peu à peu, il se trouva à genoux, écartant de ses deux mains ses cheveux que le sang collait à ses joues.

Il resta ainsi un long moment, immobile, les yeux grands ouverts, les prunelles ternes.

Comme autour de lui rien ne bougeait, il fit un nouvel effort, cette fois plus vigoureux. Il se trouva debout; mais chancelant, il dut s'appuyer à la muraille.

Le jour grandissait, très blanc : l'homme fit un pas, levant haut les pieds pour ne pas marcher sur les corps. Il ne semblait pas inquiet. A qui a vu la mort d'aussi près, il n'y a plus de danger appréciable. Vivant, il affirmait hardiment sa vie, sans penser à se cacher.

Il se trouva hors de l'amas sous lequel tout à l'heure il était englouti et se tint sur un coin de pavé où il n'y avait que du sang.

Cette fois l'homme regarda autour de lui avec la curiosité d'un ressuscité.

Il vit les morts et eut un frisson d'horreur, mais non de peur : en une seconde repassa devant ses yeux, dans son cerveau, l'effroyable vision de la crise suprême, de ces bouches tordues en malédictions, de ces bras fauchant des têtes, de ce sang jaillissant comme d'inépuisables sources.

Sans doute il se dit :

— Puisque je vis, d'autres peut-être sont vivants comme moi.

Et lentement, avec sang-froid, il se mit à palper les corps qui l'entouraient, soulevant les têtes, portant les doigts aux paupières. Quand le regard vitreux disait que tout était fini, il reposait doucement le cadavre et passait à un autre.

Ainsi, sans avoir encore surpris un souffle, il se trouva devant l'angle où le vieillard était toujours, affaissé maintenant, tassé pour ainsi dire et cependant toujours debout, comme si la volonté donnait encore à ses jambes arc-boutées la résistance du fer, à ses bras aussi qui ne s'étaient pas abaissés, étendant toujours le manteau.

Et le soldat, tressaillant d'une indicible angoisse, tomba en arrêt devant le cadavre en murmurant ce nom : « Carthame! »

Oui, c'était le vieux conventionnel, dans son uniforme d'officier d'intendance dont le drap vert était raide de sang.

Un sanglot monta à la gorge du jeune soldat, il posa religieusement ses mains sur la tête du vieillard; il la sentit froide et durcie comme de la pierre.

Les membres étaient raidis. L'habit tailladé était horrible à voir, car sous chacune de ses déchirures on devinait une blessure.

Le soldat réfléchissait : la pensée lui venait de ne point laisser là ce cadavre.

Pourquoi? C'était un instinct qu'il ne raisonnait pas. Aussi parce qu'il savait le nom du mort, seul reconnu dans cette foule d'anonymes.

Où le porter?

Dans le village, nul bruit. Les habitants s'étaient enfuis.

Il trouverait bien une maison déserte, une porte ouverte : il ne voulait pas que ce mort se perdît dans la promiscuité horrible. Il serait mieux, étendu, sous un toit.

Il se baissa, saisit le cadavre par la ceinture, le soulevant, le penchant en avant pour l'appuyer sur lui.

Mais il y avait une résistance. C'était ce manteau qui semblait retenu par derrière, comme s'il eût été serré sous quelque pierre, arrêté par quelque pointe de fer.

D'un effort plus vigoureux, il parvint à l'arracher. Le corps tomba dans ses bras.

Et de la poitrine du soldat, un cri jaillit, de surprise et d'effroi.

Derrière le vieux jacobin mort, dans cet angle qu'il cachait désespérément, il y avait un autre corps à terre.

Une femme, immobile, masse inerte.

La tête était rejetée en arrière, s'appuyant au mur comme dans le sommeil.

Ce visage livide, crispé par une angoisse indicible, c'était celui de Marcelle, de Marcelle que le vieillard avait défendu vivant et que mort il avait cachée de son cadavre.

— Marcelle ! Marcelle !

Et le second qui criait ce nom, c'était Georges de Lorys, qui depuis trois jours se battait follement, pour le rachat de son honneur, de cet honneur que la première lui avait révélé celle qu'il avait appelée sa sœur.

Déposant Carthame sur la terre, il courut à la jeune fille et la souleva dans ses bras. Pas plus lourde qu'un enfant.

— Morte, morte ! Elle aussi ! Assassinée.

— Prends garde, monsieur le soldat, dit une voix derrière Lorys, si les Prussiens revenaient !

Lorys s'était retourné d'un bond. C'était un paysan qui lui avait parlé, avec l'accent wallon.

— Monsieur, dit le jeune homme, cette femme n'est peut-être pas morte. Aidez-moi.

— Hum, tu sais, monsieur, c'est dangereux.

Il avait cinquante ans, les cheveux gris, la face large et rougeaude.

Il embrassa d'un regard toute la rue :

— Je suis revenu plus tôt que les autres. Si tu veux, monsieur, nous avons le temps.

Il prit les mains de la jeune fille : elles étaient moites et molles.

— Ça n'est pas mort, sais-tu. Viens par ici, je trouverai un moyen.

— Mais ce vieillard ? Pouvons-nous l'abandonner... c'est son grand-père ?...

— Ah ! monsieur, pense d'abord aux vivants... après aux morts... Suis-moi...

Il n'y avait qu'à obéir. Lorys jeta un dernier regard sur

le héros qui, jusqu'à son dernier souffle et même au delà de la mort, était resté le grand-père dévoué.

Portant dans ses bras Marcelle toujours inanimée, il s'engagea dans une ruelle où le paysan le précédait.

XVII

Du 1ᵉʳ au 22 juin 1815, quel changement d'axe dans le monde vivant !

Du Champ de Mai, où la France acclame Napoléon, à l'Élysée où, dans un petit salon retiré, Napoléon vaincu écrit fiévreusement les quelques lignes qui lui retirent le pouvoir, quelle distance !

La bataille de Waterloo a été perdue le 18 ; quatre jours après tout est fini.

L'empire, applaudi il y a moins d'un mois, s'effondre piteusement, clandestinement en quelque sorte.

Entre le passé et l'avenir, il y a une barrière de cadavres ; et, chose curieuse, ce sont ceux qui n'ont pas combattu, ceux qui n'ont pas eu aux yeux et au cerveau l'épouvantable réalité du désastre qui sont les plus impitoyables : Napoléon, qui était tout, n'est plus rien ; ils se vengent d'avoir encore une fois cru en lui ; son plus grand crime n'est pas d'avoir été vaincu, mais d'avoir été cru le vainqueur possible. Il doit porter la peine de leurs espérances tombées.

Lui, physiquement et moralement ébranlé, n'avait plus que des colères ou des rancœurs : il s'exaspérait que sa parole ne fût plus acceptée comme un oracle. Puisqu'il s'affirmait désintéressé de tout, sinon du salut de la France, il n'admettait pas qu'on doutât de sa bonne foi. Il offrait de se mettre à la tête de l'armée avec le titre de général. Froidement on lui faisait comprendre que sous le général l'empereur transparaîtrait.

Que valait sa promesse d'abandonner le pouvoir au lendemain de la victoire, à supposer qu'il l'eût obtenue ?

Poser la question, c'est répondre. Vainqueur à Waterloo, il n'eût pas signé la paix; vainqueur aux environs de Paris, il serait, au retour, rentré aux Tuileries. L'évidence était là.

Fouché, dont la clairvoyance se doublait d'ambitions égoïstes, menait toutes ces complications d'intrigues. Il s'était posé en sentinelle devant le trône de France, prêt à s'écarter devant le plus offrant. Il était convaincu, non sans raison, que Napoléon était un obstacle décisif à la paix possible.

Le dilemme était simple. Ou Napoléon et la guerre, ou la paix et les Bourbons.

De ces deux solutions, la première avait pour elle l'instinct populaire, exalté par la haine de l'étranger, par la peur de l'invasion. L'autre réunissait tous les intérêts positifs, toutes les ambitions fatiguées d'attendre, toutes les lâchetés déguisées sous les prudences apparentes. Les Chambres — Corps législatif et Sénat — expression d'une oligarchie médiocre, — redoutaient avant tout un subit redressement de l'autocrate, avec les brutalités de Brumaire. Résistant à toute sentimentalité, incapables de l'effort viril, de l'acceptation des suprêmes responsabilités, sachant la patrie en danger, mais effrayées de le proclamer, elles s'agitaient, s'épuisaient en discussions oiseuses où parfois éclataient des perfidies inspirées par Fouché.

Un écho montait, enveloppant Napoléon, chanson monotone dont le refrain était un mot : Abdication.

Autour de l'Élysée, pourtant, il y avait comme un remous de popularité; la foule appelait, saluait le sauveur, qui ne résistait pas au désir, parfois, de se montrer sur les terrasses. Cette force populaire, indisciplinée, dont toujours il avait eu la terreur intime, un instant la pensée lui vint de s'en servir, de faire appel à ce qu'il appelait la sauvagerie des multitudes. Plus que sa raison, son orgueil le retint. Quelqu'un avait prononcé le mot qu'il redoutait :

— Empereur de la canaille !

Irrésolu, acculé, il avait signé son abdication.

Le 25, on lui signifia que, n'étant plus souverain, il devait quitter Paris, où sa présence était une cause de troubles et d'inquiétudes : l'homme qui, trois mois auparavant, avait été, à son entrée aux Tuileries, l'objet d'une ovation enthousiaste, dut, sans bruit, avec une maigre escorte, quitter en voiture, rapidement, le dernier stade de sa prodigieuse odyssée.

Désormais, le maître tout-puissant s'appelait Fouché.

A galops de charge, Blücher et ses Prussiens se ruaient sur Paris. Il avait juré de venger la reine de Prusse. Le soudard se doublait d'un chevalier. Sa haine se compliquait de galanterie. Wellington, plus froid, ayant supporté le choc de Waterloo, le suivait de trop loin au point de vue stratégique. Bondir sur Blücher isolé, l'écraser et attendre de pied ferme Wellington en retard, c'était plan à la portée des intelligences les plus médiocres, servies par quelque énergie. Surtout par du patriotisme.

On n'osa rien.

Blücher atteignait Compiègne, Creil. Le 29, il était à Gonesse. Le canon tonnait dans la plaine Saint-Denis.

Les Parisiens écoutaient frémissants ce bruit lourd et sinistre qui leur rappelait les désastres de 1814.

Napoléon était encore à la Malmaison, avec quelques fidèles.

Mais Fouché, qui ne voulait pas être accusé de l'avoir livré aux portes mêmes de Paris, soudain accéléra son départ.

Le 29, Napoléon quittait la Malmaison ; le 1ᵉʳ juillet, il couchait à Tours, en route pour Rochefort, où les Anglais l'attendaient.

Justement ce même jour, 1ᵉʳ juillet, une chaise de poste, lancée au grand trot de quatre vigoureux percherons, roulait sur la route qui mène de Saint-Germain à Versailles.

Toute la journée le ciel avait été couvert, et maintenant une lourdeur d'orage pesait sur l'horizon..

De temps en temps, des éclairs muets.

A l'intérieur de la chaise quatre personnes.

Mᵐᵉ la marquise de Luciennes, MM. de Malarvic,

père et fils, le fils, beau garçon, un peu fat, bien en cour, candidat aux plus hautes faveurs ; le père, actuellement diplomate et truchement de M. de Vitrolles que Fouché avait mis en liberté, enfin un comparse, le très insignifiant abbé Blache, qui était monté en route, ramassé par obligeance à la sortie de Saint-Germain.

On s'engageait sur la montée de Marly : la montée était rude et, malgré l'effort, les chevaux ralentissaient le pas.

M. de Malarvic faisait valoir l'intelligence de son fils, en l'accablant de questions dont par avance il connaissait les réponses :

— Ainsi, vos renseignements sont positifs ?
— Napoléon ne pourra fuir.
— Et pourtant cet infâme Fouché lui a rendu la liberté.
— Il ne pourra quitter les côtes de France... nos amis font bonne garde.
— Dieu le veuille !... Cet homme vivant, c'est une perpétuelle menace pour la paix de l'Europe.
— Sans parler des misérables qui veulent continuer la lutte.

L'abbé Blache parut un instant sortir de sa torpeur modeste.

— Oui, il m'a été dit que des soldats, de ces gens qui se font tuer pour un bout de chiffon tricolore, avaient fait serment de fermer la porte de Paris à nos excellents amis et au besoin de faire sauter la ville pour s'ensevelir avec eux sous les ruines.

— Voilà bien des idées de révolutionnaires ! s'écria Hector de Malarvic. Que ceux qui sont de cet avis sautent, soit ! mais nous ?

A ce moment la marquise, qui jusque-là semblait endormie ou, en tout cas, indifférente à ce qui se disait autour d'elle, se pencha, regarda à travers les glaces de la chaise.

Sous la lueur de ce crépuscule d'orage, son visage semblait pâli : les yeux, cerclés de noir, brillaient de fièvre.

Plus belle peut-être qu'elle ne l'avait jamais été, Reine apparaissait affinée, idéalisée pour ainsi dire.

Hector de Malarvic, solide, rougeaud, éclatant de jeunesse pléthorique, s'inclina vers elle :

— Nous sommes dans les bois de Marly, dit-il d'un ton empressé. Les côtes sont un peu rudes, mais en vérité ces postillons en prennent trop à leur aise et je vais...

Elle l'arrêta d'un geste :

— Laissez, dit-elle, nous arriverons toujours à temps.

Quel que fût le sens de cette phrase, Hector crut y répondre en s'écriant :

— Le roi était le 28 juin à Cambrai, grâce à une attaque imprévue des Prussiens qui a balayé les bonapartistes. Il ne saurait tarder à entrer dans Paris. Il est bon qu'il y trouve ses fidèles, et vous êtes, madame, au premier rang.

Sans lui répondre, Reine dit tout à coup :

— Puisque les chevaux sont fatigués, il les faut soulager un instant ; d'ailleurs, je désire descendre et faire quelques pas.

— Vous êtes notre reine, répliqua Malarvic, enchanté de ce jeu de mots que certainement Reine n'avait jamais entendu. J'aurai l'honneur de vous offrir mon bras.

— Mᵐᵉ la marquise a bien voulu agréer le mien, déclara l'abbé, à qui Reine avait adressé un regard significatif. Elle ne voudrait pas manquer de parole à son humble serviteur.

— Pourtant, madame, commença Hector...

— M. l'abbé a des droits antérieurs, répliqua Reine, qui s'appuya sur l'épaule de l'abbé et sauta légèrement sur la route.

Vêtue de noir, enveloppée dans un manteau de soie brune dont le capuchon plissé retombait sur son front, Reine semblait porter un deuil.

Elle avait saisi le bras de l'abbé et l'entraînait en avant. Quand elle fut certaine de ne pas être entendue :

— Dites-moi la vérité, je vous en supplie. Je ne vous dirai pas que je suis forte, que l'annonce d'un épouvantable malheur me laissera impassible ; ce serait un mensonge indigne de moi. Monsieur l'abbé, vous qui l'avez connu, vous qui l'avez aimé, vous me comprenez. Est-il vivant ?... Est-il...

Elle ne put prononcer le mot terrible.

L'abbé lui prit la main et la lui pressant avec force :

— Vous aussi, dit-il, je vous connais mieux que vous ne vous connaissez vous-même... comme je connaissais ce pauvre Georges...

— Vous parlez de lui comme si... vous ne deviez plus le revoir !

— Vous demandez la vérité, la voici. Du jour où il a fui l'état-major de Bourmont, de ce misérable traître...

— Vous dites?

L'abbé appuya plus fortement de ses doigts sur la main qu'il tenait toujours.

— Écoutez-moi, mon enfant. Vous êtes jeune, vous vivez dans un monde de rêves faux et menteurs. J'ai soixante ans, j'ai tout vu et j'ai tout compris, et je suis arrivé à cette conclusion : « Ce qui est juste est juste, ce qui est injuste est injuste. » Une banalité, comme vous voyez. Et pourtant elle conduit à cette conclusion, c'est que l'homme qui ayant donné sa parole ment à cette parole est un criminel. Bourmont avait-il oui ou non prêté serment à Napoléon ? Oui ! Il a trahi, c'est un coupable...

— Pour le roi !...

— Je vous en prie, taisez-vous, ou je serais obligé d'être trop dur. Vous avez été élevée dans le respect excessif de croyances secondaires. Il n'en est qu'une de vraie, de supérieure à tout : l'honnêteté. Il est malhonnête de trahir la cause qu'on a juré de servir.

— Monsieur l'abbé, mais pourquoi me dites-vous tout cela?

— Pourquoi ! parce que si Lorys est mort, pauvre enfant, Lorys que vous aimez, la meilleure et plus franche conscience que j'aie connue, s'il est vrai que jamais plus nous ne devions le revoir, c'est à ces théories méchantes et fausses que nous devrons sa mort. Il était naïf, lui... Rappelez-vous : il ne voulait pas servir sous Bonaparte;

vous l'y avez obligé. Il vous a obéi ; mais du jour où il a accepté cette épée, cet enfant honnête s'est dit qu'il avait contracté un devoir. Il n'a pas admis ces royales finasseries auxquelles vous le croyiez si expert, vous pourtant qui aviez foi en lui quand il vous disait qu'il vous aimait. Et si alors il vous avait menti, qu'auriez-vous dit ?

— J'étais sûre de lui.

— Vous lui rendez justice, c'est bien. Eh bien, fidélité n'a pas deux sens. Oh! j'ai su tout ce qui s'était passé là-bas, en cette heure odieuse... et du crime commis par les autres — et dont, hélas ! vous étiez vous-même la plus coupable — peut-être, il a voulu subir l'expiation.

— Par grâce, taisez-vous, vous me faites mal...

— Il avait promis de donner sa vie, il est allé l'offrir, non plus en officier, mais en soldat obscur, se mêlant aux derniers rangs, ayant peur d'être reconnu, de s'entendre crier : « Celui-là était un des complices de Bourmont! » On l'a vu aux Quatre-Bras, on l'a vu avec Ney à la Haie-Sainte, pleurant de n'être pas frappé...; un niais, soit, mais un niais sublime et que j'aime de toute la force de mon vieux cœur. J'ai retrouvé sa trace jusqu'à ce village de Genappe, où les amis du roi, vos amis, ont tout tué. Ils l'ont tué dans le tas, voilà !

Et l'abbé, s'arrêtant, essuyait des larmes sur la manche de sa soutane.

Reine ne pleurait pas : elle avait les yeux fixes, secs, une infinie douleur lui étreignait le cœur. Elle ne comprenait pas bien encore ce que lui disait l'abbé... Elle croyait tant à la sainteté de sa cause qu'il lui semblait que tout, en son nom, était justifié d'avance... et pourtant c'était un crime, puisque Lorys en était mort !

La sentant trembler, comme en une agonie, il reprit plus doucement :

— En vérité, je ne sais pas... je n'affirme rien. Il semble que le corps de Lorys n'ait pas encore été retrouvé. Quelques-uns des vaillants de Genappe ont pu s'échapper... Oh ! peu nombreux ! Peut-être était-il parmi ceux-là ?

— Ah ! si vous disiez vrai! s'écria la pauvre femme. Je

ne sais pas si j'ai bien ou mal agi, je ne discute pas; mais si vous saviez comme je souffre... et pourtant vous avez raison, oui... j'ai cru, moi, un instant que Lorys manquait à la parole qu'il m'avait donnée, et j'ai cru en mourir. Il aurait alors commis un crime... certes, un crime. Et de ce que vous me dites là, déjà aussi j'ai compris quelque chose, le jour où là-bas, à Florennes, il m'a presque insultée. Oh! je le lui ai bien vite pardonné. Mais, hélas! il était parti! mon ami, vous que Lorys a souvent appelé son père, je vous supplie, cherchez encore... Songez donc! il est peut-être blessé, mourant, il prononce mon nom. Je le sauverais. Vous le retrouverez, n'est-ce pas? Et alors appelez-moi. Si loin qu'il faille courir, je viendrai. A vous qui êtes prêtre, qui recevez les confessions, je puis dire combien je l'aime.

M. de Malarvie s'était approché à distance discrète, et mettant le chapeau à la main :

— Marquise, l'heure passe, et l'orage menace de plus en plus.

Reine cacha sous son manteau la main de l'abbé.

— Souvenez-vous, lui dit-elle tout bas en la lui serrant de toute sa force.

Un instant après les quatre personnages étaient remontés dans la voiture qui roulait rapidement vers Rocquencourt.

Reine se taisait, s'enfonçant dans sa douleur silencieuse.

C'est qu'en vérité jamais créature humaine n'avait eu foi meilleure et plus franche. Elle l'avait prouvé.

Jetée dans la vie sans autre guide que des colères familiales, s'ignorant femme pour ne se croire que combattante, elle était allée droit devant elle, sans dévier, vers cet idéal qu'elle s'était créé à elle-même et qui lui semblait sublime. A son but elle avait tout sacrifié, s'oubliant, n'écoutant ni les premiers éveils de sa raison ni les premiers battements de son cœur. Elle s'était enfermée dans sa croyance comme dans un cloître, rêvant le martyre.

Georges de Lorys était venu, naïf lui aussi, mais avec plus de passion. L'attrait qui l'avait attirée vers lui n'avait d'autre source, croyait-elle, que cette communauté, plus

Couvertures supérieure et inférieure
en couleur

N° 51   10 centimes

32 PAGES

LES GRANDS ROMANCIERS FRANÇAIS

JULES LERMINA : REINE

L. BOULANGER, éditeur, 90, Boulevard Montparnasse, PARIS

Ont paru dans :

LES GRANDS ROMANCIERS FRANÇAIS :

LE FILS DE FAMILLE
Par XAVIER DE MONTÉPIN
Livraisons 1 à 10

LE JEU DE LA MORT
Par PAUL FÉVAL
Livraisons 10 à 21

LA TONTINE INFERNALE
Livraisons 21 à 32

FLEURETTE
HISTOIRE D'UNE BOUQUETIÈRE
Par E. SCRIBE
Livraisons 32 à 44

Après cette charmante histoire, nous continuons par :

REINE
Par JULES LERMINA
Livraisons 45 à 52

Paris.–Imp. PAUL DUPONT (Cl.)

Puis il retomba raide mort.

51ᵉ LIVR.

superficielle que profonde, d'espérances et d'ambitions.

Puis un jour, par une de ces révélations que la nature tient en réserve pour les plus inconscients, ses yeux s'étaient ouverts; il avait suffi pour cela que le hasard jetât sur sa route une autre femme. Pourquoi cette douleur de jalousie qui tout à coup avait étreint son cœur? Lorys était donc pour elle plus qu'un compagnon d'armes, plus qu'un allié, choisi comme par caprice au milieu de tant d'autres. Il prenait un nom, il était lui. Elle entendait — comme l'écho de mots jusqu'alors incompris — les paroles d'amour qu'il lui avait dites à l'oreille, et tout son être avait vibré à cette mélodie, à laquelle jusque-là elle était restée sourde!

Et voici que la première fois qu'elle le lui avait avoué, il l'avait repoussée! Sa voix, naguère si douce, s'était faite tout à coup âpre et vengeresse.

Elle l'avait supplié de rester, de la suivre! il était parti!

Et pourtant il l'aimait, elle le sentait, elle en avait la conviction intime... Quel était donc la force qui soudain se révélait supérieure à son amour?

Quand éclata la nouvelle du désastre de Waterloo — victoire contre Buonaparte et pour le roi — Reine, au milieu des ricanements de ces courtisans dont pas un ne lisait dans son cœur, n'avait qu'une pensée : était-il vivant? A mesure que les récits arrivaient plus terrifiants, qu'on cherchait à dénombrer ces hécatombes de morts, elle se sentait mourir; ce nom, à chaque seconde elle croyait qu'on allait le prononcer, lui arrachant l'espoir avec le cœur.

Là-bas, à Gand, où elle avait suivi M. de Bourmont, les hommages l'avaient entourée. Un galantin l'avait surnommée madame Warwick, la faiseuse de rois, et le mot avait couru les salons.

Le roi ne se montrait pas ingrat : elle montait au rang de favorite... politique. Il l'avait publiquement remerciée des services rendus en regardant malicieusement du côté de M. de Malarvic. Mariage fait, grande charge à la Cour, le tabouret. Il y avait autour d'elle un susurrement d'admiration et d'envie.

Elle, souriante, sentait son cœur pleurer.

Pas de nouvelles: de Georges de Lorys, pas un mot, même malveillant. Il était déjà oublié.

Elle avait trouvé le moyen de faire parvenir un mot à l'abbé Blache, osant lui avouer son secret.

Et le brave homme s'était mis courageusement en quête, allant, courant, interrogeant.

A Genappe il avait décidément perdu la piste.

Alors Reine avait voulu revenir en France. MM. de Malarvic s'étaient offerts à l'accompagner. Que lui importait cette escorte ou une autre? L'abbé s'était trouvé au rendez-vous fixé d'avance, et maintenant la pauvre femme, blottie au coin de la voiture, écrasait son mouchoir contre ses dents pour ne pas éclater en sanglots.

— Qui vive?

Le cri français éclata tout à coup.

Les Malarvic tressaillirent: Des Français sur cette route?... Ils l'avaient cependant choisie parce qu'elle devait, selon eux, d'après les nouvelles reçues, être occupée par les Prussiens.

L'abbé Blache se pencha à la portière.

— Amis, dit-il, Français.

— Descendez.

— Postillon, fouettez les chevaux! cria M. de Malarvic.

— Non pas; on obéit aux consignes françaises, dit l'abbé avec une autorité qui déplut singulièrement aux deux gentilshommes.

Il ouvrit la portière et mit pied à terre.

Un sergent de chasseurs était là avec une douzaine d'hommes, l'arme au bras.

— Qui êtes-vous, demanda-t-il, et que faites-vous sur cette route?

— Nous sommes Français, vous dis-je, et nous allons à Versailles.

— On n'entre à Versailles qu'à coups de sabre; les Prussiens y sont. Vos noms ?

Malgré les grondements, d'ailleurs assez prudents des Malarvic, l'abbé satisfit la curiosité du sergent :

— Hum ! fit celui-ci, graine d'émigrés. Qu'on descende et qu'on me suive.

— Vous oubliez, sergent, dit l'abbé, qu'une dame est avec nous et que vous lui devez des égards.

— Une dame ? Ah ! oui ! une marquise !

— De quel droit vous opposez-vous à ce que nous continuions notre route ?

— Les hommes descendront, reprit-il. Quant à cette dame, qu'elle reste dans la voiture. On va vous conduire au capitaine et vous vous expliquerez.

D'autres soldats sortirent du taillis : il y eut un colloque avec le sergent.

— Bon, dit celui-ci à l'abbé, le capitaine va venir. On s'entendra.

L'abbé était assez au courant des choses de la guerre pour comprendre qu'on était tombé au milieu d'une embuscade française. Peut-être quelque coup de désespoir tenté par des patriotes. Mais à quoi bon questionner, sûr d'avance de ne pas obtenir de réponse.

Quelques minutes s'écoulèrent encore : les soldats, l'arme haute, écoutaient les bruits de la nuit.

Enfin, un groupe se dessina dans l'ombre, et la haute taille du capitaine apparut : c'était Jean Chêne.

L'abbé Blache alla droit à lui.

— Capitaine, dit-il, nous ignorions que cette route fût interceptée. Ne pourrons-nous donc continuer notre route ?

— Vous ne pouvez aller à Versailles. On se bat par là. Il faut retourner en arrière, ou mieux vous diriger sur Paris par la route de Boulogne. Vous avez des passeports ?

Jean Chêne lisait; tout à coup il laissa échapper une exclamation :

— Cette dame qui vous accompagne est bien...

— Mme la marquise de Luciennes.

— Permettez.

Il s'approcha de la voiture et, se découvrant :

— Madame de Luciennes, dit-il.

Reine entendit la voix et se pencha vivement.

Elle reconnut le capitaine et eut un geste irrité.

— Que me voulez-vous ? demanda-t-elle.

Il baissa la voix.

— Madame, dit-il, voici la seconde fois que le hasard vous jette sur mon chemin. Une seconde fois je vais vous rendre la liberté. Puissiez-vous vous souvenir un jour que deux fois le capitaine Jean Chêne s'est montré généreux pour vous.

L'orgueil de Reine reparut tout entier :

— Généreux ? Qui vous demande votre pitié ? Nos passeports ne sont-ils pas en règle ?

Jean Chêne se tut : il savait quelles trahisons la marquise avait machinées contre la patrie ; il savait — par quelle voie ? — la part qu'elle avait prise à la défection de Bourmont.

— Pauvre femme ! fit-il simplement.

Pour la seconde fois ces deux mots, prononcés par la même voix, frappaient l'oreille de Reine.

— De quoi vous permettez-vous de me plaindre ? demanda-t-elle avec colère... et de quel droit ?

— De quel droit ? fit Jean Chêne en la regardant en face, du droit que je tiens d'une morte.

Puis, sans ajouter un mot, il retourna vers ses hommes :

— Que deux d'entre vous escortent cette chaise de poste jusqu'à la route de Boulogne. Si le postillon fait mine de revenir en arrière, une balle dans la tête. Allez !

Il s'était écarté, tandis que les soldats ayant pris les chevaux par la bride les faisaient tourner sur place.

Pour les éclairer, Jean Chêne élevait la lanterne qu'il tenait à la main.

A ce moment une forme féminine se dessina auprès de lui.

— Père, dit une voix fraîche et jeune, je viens te dire adieu.

Reine n'entendit rien. Mais elle avait vu cette femme, elle avait reconnu Marcelle, et en une seconde toutes ses rancunes lui étaient remontées au cœur. Plus poignantes, plus irritantes encore que jamais.

Une idée nouvelle la saisissait. Si Lorys avait abandonné la cause qu'il servait, s'il l'avait repoussée, elle, sa fiancée, sa femme, c'était au nom de ces mêmes idées qu'elle avait entendu proférer au père de Marcelle, à cet homme qui — elle ne savait pourquoi — l'insultait de sa pitié.

Qui sait si c'était cette fille, cette jacobine qui l'eût endoctriné, ensorcelé !

Elle croyait tout comprendre.

Ce n'était pas à sa conscience que Lorys avait obéi, c'était à cette femme. S'il avait rejoint l'armée de Napoléon, ç'avait été pour complaire au père de sa... Maintenant elle croyait trouver, en cette vision presque fantastique de Marcelle, comme une réponse mystérieuse à ses angoisses, comme une injonction de la destinée d'avoir à oublier Lorys...

Et tandis que les Malarvic se répandaient en déclamations furieuses contre ces jacobins dont on allait enfin débarrasser la France, Reine, s'efforçant de chasser le souvenir de Lorys — pleurait moins et souffrait davantage.

XVIII

De tous les cafés qui eurent la vogue à l'époque de la Restauration, il n'en est pas qui ait excité plus vivement l'admiration des contemporains que le célèbre estaminet connu sous le nom des Mille-Colonnes. Si la Régence était depuis soixante ans déjà le refuge paisible des joueurs d'échecs, si le café de Foy était spécialement réservé aux calmes rentiers, le Caveau aux bavards politiciens, le café

Lomblin aux militaires, Tortoni aux gens de Bourse, le café Chéron aux gens de lettres, le café Touchard aux comédiens, les Mille-Colonnes constituaient le rendez-vous éclectique de ce qu'on pourrait appeler, par un anachronisme hâtif, le tout-Paris de 1815.

Les chroniqueurs du temps qualifient l'établissement d'un mot, qui résume toutes les épithètes louangeuses : c'est un temple.

Dans la galerie du Palais-Royal, des lettres de feu annonçaient l'entrée, comme des lampes de parvis.

Dès les premières marches, une merveille. Une glace au mur du palier, « si bien ajustée, dit le bon M. de Jouy, qu'il avait failli s'y casser la tête en cherchant un passage. »

Le brave ermite de la Chaussée-d'Antin et autres lieux peut à peine contenir son enthousiasme devant le salon principal qui prend hardiment le titre de salle du Trône. Rien n'est plus brillant, s'écrie-t-il, rien n'est plus somptueux. Les colonnes en marbre vert Campan, les chapiteaux, les arabesques en or, les ornements en bronze ou cristaux se répètent et se multiplient dans ces lambris de glace où l'œil s'égare et ne peut ni compter les objets ni mesurer l'espace. Là, sur une estrade d'acajou massif, rehaussé de bronze doré, siège sur un véritable trône, acheté à l'encan de quelque Pertinax (Pertinax dénote une érudition de bon aloi) une reine-limonadière, coiffée d'un diadème en pierreries, fait avec une imperturbable majesté les honneurs d'un autel, pour ne pas me servir du mot ignoble de comptoir, surchargé de vases de cristaux, d'argent et de vermeil, destinés aux libations.

Comme ce « libations » nous rejette en arrière !

Les consommations, d'ailleurs, et particulièrement le punch, y étaient, paraît-il, détestables.

D'autres salles permettaient, du reste, aux amateurs de solitude d'échapper à la véritable cohue qui, au jour du 3 juillet 1815, avait envahi le café pour y quérir des nouvelles : c'est qu'on attendait — soit avec colère, soit avec impatience — la signature de la capitulation dont les termes, disait-on, avaient été arrêtés la veille au conseil de guerre de la Villette.

L'agitation était générale ; le Palais-Royal regorgeait de curieux, et à travers les fenêtres ouvertes sur le jardin on entendait le brouhaha de la foule qui échangeait ses impressions, non sans les ponctuer parfois de sérieux horions.

En vérité, les exaspérés étaient rares, les satisfaits étaient légion. Napoléon avait éreinté la France à ce point qu'elle ne demandait plus qu'à s'endormir, comme un voyageur à la recherche d'un gîte quel qu'il soit.

Le bruit avait couru dans la journée que deux jours auparavant les cuirassiers d'Exelmans avaient attaqué et battu les Prussiens sur la route de Versailles. Justement au milieu d'un groupe, un homme, en uniforme de lancier, monté sur une chaise, pérorait :

— Ils étaient plus de quinze cents ; ils sortaient des bois de Verrières en criant : « Paris ! Paris ! » Il a fallu voir la brigade du général Vincent leur tomber sur la coloquinte. Ils n'ont pas tenu cinq minutes ; on les a poursuivis, sabrés. Ils ont traversé Versailles au grandissime galop, fuyant vers Rocquencourt ; mais la danse n'était pas finie ; il y avait là le général Piré avec ses lapins... et la fameuse compagnie du Gui... et ça a recommencé. Les paysans sont venus à la rescousse et on a fait un abatis de Prussiens ! Ah ! si le général Exelmans avait été soutenu... Mais oui, toujours la même chose, comme il arrivait à Louveciennes, il a trouvé là le gros des Prussiens ! et il a fallu déguerpir... plus vite que ça.

— Trahis, comme toujours !
— C'était bien la peine d'exaspérer l'ennemi.
— On verra sur qui ça retombera !

Les exclamations se croisaient, en général peu sympathiques à nos derniers défenseurs.

Dans le silence qui avait suivi, une voix s'était élevée, d'une des fenêtres du café étincelant de lumières, jetant, comme une réponse à toutes les anxiétés, le cri de : « Vive le roi ! »

Il y eut des murmures bientôt étouffés.

— Le roi, c'est la paix ! Vive la paix ! crièrent d'autres voix.

Depuis quelques instants, à travers les groupes, un petit homme rôdait, se faufilait dans les rangs pressés, écoutant les conversations, recueillant les moindres mots prononcés.

Vêtu d'un habit de drap brun, ses jambes maigres engainées dans une culotte noire, il passait inaperçu, nul ne prenait garde à lui, si bien qu'il pouvait faire en conscience son métier de quêteur de nouvelles.

Au moment où le cri royaliste avait été jeté, il avait vivement levé la tête et, dans le cadre brillant de la fenêtre, il avait aperçu un personnage de haute taille, fièrement campé dans un uniforme flambant neuf.

Il eut un geste de surprise et un instant s'arrêta.

L'abbé Blache, car c'était lui, tenait religieusement la promesse qu'il avait faite à la marquise de Luciennes. Il cherchait, demandant à tous les échos quelque renseignement, si léger fût-il, sur le vicomte de Lorys. Nul ne connaissait ce nom, même parmi les soldats rentrés à Paris ; nul ne pouvait lui répondre.

Celui qu'il venait d'apercevoir et qui appelait l'attention par un excessif amour de la royauté n'était autre que le capitaine Laverdière.

Il convient d'ajouter qu'il ignorait absolument le nouvel avatar de l'aventurier Mais ce qui le frappait, c'est qu'il avait entendu parler de l'affaire de la cour des Messageries et du duel qui s'était engagé entre Laverdière et de Lorys, querelle d'ailleurs sans importance et sans doute déjà oubliée, mais qui en l'occurence présentait cet avantage, c'est que Laverdière connaissait de Lorys et, par conséquent, pouvait peut-être mieux que tout autre fournir quelque indice sur ce qu'il était devenu.

En admettant même qu'il eût gardé rancune au vicomte, il existait des moyens de la lui faire oublier et de l'employer utilement.

Tous ces raisonnements, l'abbé se les était faits en une

seconde et s'était arrêté à cette conclusion qu'en somme il n'avait pas le choix des moyens.

Donc il se décida à franchir le seuil du fameux temple et, se laissant porter par la foule, il arriva bientôt devant la fenêtre où tout à l'heure paradait le vaillant capitaine.

Celui-ci, ayant produit l'effet désiré, applaudi à l'intérieur du café par la bande de petits-maîtres et de nobliaillons qui échauffaient leur zèle aux flammes du punch, maintenant s'était assis, le torse haut, fier de lui, confiant en l'avenir.

De fait, son horizon s'ensoleillait singulièrement. La blessure reçue au service de M. de Bourmont l'avait fait passer du premier coup au rang de héros.

Aussi Queyraz s'était-il hâté de revenir à Paris, afin de soigner, dès le premier jour, la question capitale des récompenses promises.

Le roi ne pouvait tarder à faire son entrée dans la bonne ville : pour prendre patience, l'ex-aventurier, certain désormais d'en avoir fini avec sa vie d'expédients, buvait force rasades de punch.

Il vit, s'approchant de lui, très poli, le chapeau à la main, le petit abbé qui souriait, comme on montre un gâteau à un dogue pour éviter son coup de dent.

Assez dédaigneux, Laverdière regardait ce fantoche. Pourtant un vague souvenir surgissait en lui. Où donc l'avait-il vu ?... Mais pardieu ! chez la marquise de Luciennes qui lui faisait fort bonne mine. Justement, depuis l'affaire de Florennes, elle avait semblé l'éviter, ce qui n'avait pas été sans l'inquiéter, car c'était sur elle qu'il comptait, plus que sur tout autre protecteur.

— Monsieur de Laverdière, je crois, dit l'abbé le plus poliment du monde.

Laverdière eut envie de protester, de revendiquer son vrai nom. Mais l'autre continuait :

— Me permettriez-vous de vous demander un service ?

— Bon, il a besoin de moi, pensa l'autre, c'est à merveille. Laissons venir.

Il souleva son chapeau, et désignant sur la banquette de velours une place à côté de lui :

— A vos ordres, monsieur l'abbé.

— Vous me connaissez ?

— Comme un des fidèles, si je ne me trompe, de Madame de...

Et il lui jeta à l'oreille le nom de la marquise.

— En effet, je suis un de ses humbles serviteurs, et c'est un peu en son nom que je fais appel à votre obligeance.

— En ce cas, monsieur l'abbé, heureux de vous servir. Dans cette poitrine-là, ajouta-t-il en se frappant du poing le thorax, bat un cœur dévoué, mettez-le à l'épreuve.

— Je vous avertis qu'il s'agit de quelqu'un avec lequel vous avez eu quelques querelles, sans grande importance d'ailleurs, mais que je vous prie d'oublier.

— Pardieu, mon cher abbé, si je tenais rancune à tous ceux que j'ai quelque peu malmenés dans ma vie, ma mémoire ne suffirait pas à conserver leurs noms.

— Vous n'avez sans doute pas oublié celui que je vais prononcer ?

— Dites.

— Il s'agit du vicomte Georges de Lorys.

Laverdière ne broncha pas ; il avala une forte rasade de rhum, se contraignant à ne point pâlir.

C'est que justement ce nom était le seul peut-être — non pas le seul, il en était un autre — qu'il ne pût entendre sans qu'une amertume de haine lui montât aux lèvres.

Laverdière dut tousser encore pour se donner le temps de reprendre son sang-froid :

— Oui, fit-il insouciamment, je me souviens, en effet. Donc, c'est de cet excellent vicomte que vous avez à me parler ?

Malgré toute sa finesse, l'abbé qui ignorait les deux incidents de la rue de l'Éperon et de Florennes, du moins en ce qui touchait l'aventurier, fut pris au piège :

— Oui, et je suis bien heureux de vous voir en si bonne

disposition. Voici : M. de Lorys a été mon élève, je lui suis sincèrement attaché. Or, je ne vous cacherai pas que je suis dans une mortelle inquiétude : on l'a vu à Waterloo, puis, entraîné dans la déroute, on a suivi sa trace jusqu'à Genappe; à partir de ce moment, aucune nouvelle ; a-t-il succombé, se trouve-t-il quelque part blessé, mourant ; j'ai cherché, j'ai interrogé, je n'ai pu rien apprendre, et je désespérais, quand j'ai reconnu votre voix, tout à l'heure, quand vous avez crié...

— Vive le roi ! fit Laverdière. C'est le cri de mon cœur.

— Je le sais... Donc, je me suis dit que le capitaine Laverdière connaissait beaucoup, beaucoup de monde, que par lui-même ou par ses amis il lui serait peut-être possible de me fournir quelque information ; vous me rendriez là, je vous l'assure, un service signalé, et peut-être à une autre personne qui ne serait pas ingrate.

Décidément l'abbé parlait trop.

Laverdière ne fut pas un instant sa dupe.

Ce n'était pas pour son compte que l'abbé cherchait à savoir ce qu'était devenu de Lorys. Parbleu, la chose était claire. La petite marquise s'était assez compromise avec ce godelureau pour qu'elle désirât savoir si elle était, oui ou non, libre de ce côté.

— Pourquoi dissimuler avec moi ? fit-il en clignant de l'œil. Avouez-moi donc tout simplement que vous venez de la part de Mme la marquise...

— Mais...

— Je suis bon diable, allez... et point si noir qu'on me croit. Je comprends fort bien ce qui se passe. La marquise, mon cher abbé, est brouillée à mort avec ce petit monsieur, pour lequel, je vous l'avoue, ma sympathie est des plus modérées, à ce point que j'aimerais beaucoup mieux n'avoir pas à m'occuper de lui... mais, d'autre part, comme il pourrait reparaître au moment où l'on s'y attendrait le moins, on tient à savoir d'avance à quoi s'en tenir.

Après tout, qu'importait à l'abbé les suppositions de cet

homme ! Les projets de Georges et de Reine avaient été assez nettement posés pour qu'une indiscrétion ne présentât aucun danger; le capitaine faisait d'ailleurs fausse route, en se méprenant sur les sentiments de la marquise, ce qui était préférable.

— Eh bien, mon cher capitaine, reprit l'abbé, si je n'ai pas le droit de vous répondre catégoriquement, du moins n'ai-je pas le droit de vous interdire les suppositions... l'importance, c'est de savoir si je puis compter sur vous.

Certes, jamais Laverdière n'avait accepté mission avec plus de plaisir.

Qu'il le trouvât ou non, il saurait bien faire, soit à lui, soit à sa mémoire, tout le mal qu'il lui avait souhaité depuis un mois.

Donc il se répandit en protestations.

— Combien de temps vous faut-il?

— Du temps? Mais quelques heures.

— Ainsi, vous croyez que demain matin...

— Je saurai la vérité.

— Ecoutez, dit l'abbé, si vous apprenez quelque renseignement positif, venez demain matin à l'hôtel de Lucionnes, vous m'y trouverez.

— M°™ la marquise est donc de retour?

— Je ne nie ni n'affirme, faites pour le mieux; donnez preuve de votre zèle et de votre bon vouloir. Je crois que vous ne vous en repentirez pas.

— A demain donc ! fit Laverdière, et faites-moi l'honneur de ne pas douter de mon dévouement à vous et... à M™° la marquise.

En somme, l'abbé était enchanté de sa négociation. Rompu aux besognes d'espionnage, Laverdière était certes le meilleur limier qu'on pût lancer sur une piste.

L'abbé posa donc sa main dans celle que lui offrait le capitaine et de nouveau se glissa à travers la foule où il disparut.

— Comment diable vais-je découvrir ce damné vicomte? fit Laverdière presque à haute voix.

— Si vous le permettez, fit une voix auprès de lui, je vous y aiderai.

Laverdière se retourna vivement.

Il reconnut le baron Hector de Malarvic, et cette fois, saisi d'un véritable respect — car il savait la faveur de la famille auprès de Sa Majesté — il se dressa, respectueux, le chapeau à la main.

Étrange physionomie que celle de ce jeune homme, superbe de force et de santé, beau garçon en somme, et dont cependant la physionomie avait un caractère quasi troublant : les yeux enfoncés sous les arcades sourcilières ne regardaient pas en face, ou bien, s'ils s'y décidaient, c'était une sorte d'arrogance brusque et dure qui étonnait et gênait à la fois.

Il portait le costume d'un parfait élégant de l'époque.

A Paris depuis deux jours, il n'avait pas perdu une minute pour s'habiller à la mode de demain, redingote de camelot gris bleu à collet de velours, chapeau de castor haut et évasé, gilet de piqué moiré dit à nuages, pantalon de coutil, bottes de castor ; d'ailleurs, le parfait idéal du mauvais goût.

Le tout complété d'une face-à-main en or qu'il agitait continuellement en parlant, comme pour faire ressortir la couleur éclatante de ses gants d'un jaune safrané.

— Vous plairait-il de m'accorder un moment, dit-il, nous nous installerons pour causer en l'un de ces petits cabinets.

— Tout à votre disposition, monsieur le baron.

Son interlocuteur se dirigea vers le fond de la salle et, soulevant une portière :

— Voilà qui est à merveille, fit-il en montrant une petite pièce toute tendue de drap gris rehaussé d'or, véritable boudoir à bonnes fortunes. Ah ! pardon, un mot à dire à la déesse du lieu.

Laverdière le vit s'approcher de la reine limonadière et lui parler à voix basse. Il lui fut répondu d'un aimable signe de tête.

— J'attends quelqu'un, dit-il en revenant. Un sorbet au

kirsch, n'est-il pas vrai ? c'est ma boisson favorite. Mais asseyez-vous donc, monsieur de Queyraz, là, en face de moi.

Quand la commande eut été apportée :

— Donc, mon cher monsieur de Queyraz, reprit-il, trempant la cuiller de vermeil dans le mélange glacé, Mme la marquise de Luciennes désire savoir ce qu'est devenu le petit de Lorys...

— Vous savez...

— Beaucoup de choses... Ce petit abbé se mêle de singulières besognes... passons. Certes, j'ai moins de titres que quiconque à votre complaisance, ayant eu jusqu'ici peu d'occasions de vous rencontrer ; pourtant je m'enhardirai, si vous le permettez, à vous parler à cœur ouvert.

— Monsieur le baron, c'est un honneur dont je ne demande qu'à me montrer digne.

La face-à-main accentua le mouvement, sautillante.

— Vous me plaisez fort, monsieur de Queyraz, je sais que vous êtes un homme d'énergie, qui ne se laisse pas arrêter par des petitesses ridicules et qui, le cas échéant, va droit au but envers et malgré tout.

Queyraz le regarda et ne rencontra pas ses yeux. Où diable pouvait tendre ce préambule assez original ?

— De notre temps, les hommes comme vous sont précieux, monsieur de Queyraz, et on ne saurait évaluer trop haut leurs services, vous êtes surtout homme d'épée, n'est-il pas vrai ?

— En effet, monsieur le baron.

— Je sais de bonne source, continua Malarvic, que Sa Majesté — qui entre parenthèses sera aux Tuileries avant quatre jours — a l'intention de réorganiser ses compagnies de mousquetaires, ainsi qu'il l'avait fait l'année dernière.

La face-à-main se balançait maintenant en un mouvement doux et régulier.

— Que diriez-vous, mon cher monsieur de Queyraz, d'un brevet de capitaine, authentique celui-là ?

Sans prendre garde au sens énigmatique du dernier

membre de phrase, Laverdière laissa échapper une exclamation joyeuse. Les capitaines de mousquetaires — dans l'étiquette de la cour — avaient le pas sur les plus haut gradés de l'armée active. Leur service les rapprochait de la personne même du monarque : c'était la porte ouverte à toutes les ambitions, la main ouverte à toutes faveurs.

— Eh bien, qu'en dites-vous ? reprit le baron.

— Je dis, monsieur le baron, que cette faveur, si elle m'était faite, créerait à celui qui me l'aurait procurée le droit de me demander ma vie.

— Et même celle des autres, dit tranquillement Hector.

Queyraz eut un léger frisson.

Il s'agissait d'un marché. Eh bien, soit ! Il avait risqué moins pour moindre récompense.

— Monsieur le baron, dit-il d'un ton qu'il s'efforça de rendre significatif, j'attends vos ordres.

— Oh ! à peine des avis, fit le baron dont le regard s'était de nouveau dérobé. Je veux d'abord vous donner quelques nouvelles. A vous de juger le parti que vous pourrez en tirer.

Queyraz ne broncha pas : il s'agissait d'écouter entre les mots.

— Tout d'abord, sachez que la capitulation est signée...

— Le bruit court, en effet...

— Ne nous occupons pas des bruits, dit assez sèchement le baron, comme s'il lui déplaisait d'être interrompu. Je sais qu'elle est signée à des conditions satisfaisantes. Demain, il en sera donné notification aux Parisiens. Dès ce soir, à minuit, les hostilités seront suspendues.

Un temps d'arrêt. Queyraz se répéta mentalement les paroles prononcées.

— Je dis donc, reprit Malarvic, qu'à partir de minuit les soldats de Buonaparte doivent s'abstenir de tout acte d'hostilité contre nos alliés. Blücher continuera sa marche en avant ; Wellington arrive, les troupes françaises doivent se retirer devant eux. A tout prix, il convient d'éviter des conflits. Les mesures sont prises, des ordres formels ont été expédiés... ou vont l'être... pour que les troupes de l'usurpateur mettent l'arme au pied et laissent passer les alliés. Tout cela est fort intéressant, n'est-il pas vrai ?

— Aussi, monsieur le baron peut-il être certain que je n'en perds pas une syllabe.

— Naturellement, dit Malarvic, ces ordres — dont l'importance ne saurait vous échapper, sont confiés à des hommes sûrs. Jugez de la gravité de la situation : par exemple, à Saint-Cloud, au pied de Montretout, sont cantonnées les compagnies du général Piré, celles qui ont fait le coup de feu il y a deux jours à Versailles et à Rocquencourt. Têtes brûlées, maudits jacobins, que la capitulation même pourrait ne pas arrêter, et qui, à plus forte raison, si, par un accident impossible, ils n'en recevaient pas avis à temps, seraient fort capables de tirer sur les troupes prussiennes ou anglaises, ce qui serait un véritable guet-apens, punissable selon les lois de la guerre, justiciable d'une cour martiale, procédure des plus sommaires, comme vous le savez sans doute.

— Je le sais, murmura Queyraz attendant toujours le mot de l'énigme.

— J'attends ici, dit négligemment le baron de Marlavic, un officier qui sera chargé de porter au général de Piré l'ordre en question. Pour plus de sûreté, j'ai tenu à m'occuper de cette affaire. Voici l'ordre.

Et il déposa un pli sur la table.

— Bon ! pensa Queyraz, voici l'affaire... l'officier c'est moi. Pour quelle raison ce baron veut-il que l'ordre parvienne trop tard.

Par un mouvement instinctif, il tendit la main vers le papier.

— Mais non, cher monsieur de Queyraz, dit Malarvic en posant sur le pli sa main tout ouverte, je vous ai dit que j'attendais quelqu'un. La mission peut présenter des périls et je me ferais scrupule de vous en charger.

— Mais alors ? fit naïvement Queyraz.

Malarvic tira sa montre.

— Il sera là à dix heures et demie, dit-il. Encore un quart d'heure.

Puis, comme si le sujet était totalement épuisé :

— J'allais oublier de vous parler de M. de Lorys...

— Hein ?... Ah ! c'est vrai, pardon.

La vérité, c'est que Queyraz perdait absolument la carte. Ou ce petit baron était bien niais, ou il était bien fort.

— En vérité, reprit Malarvic, Mme de Luciennes, — je puis bien vous dire cela, à vous qui êtes de ses meilleurs amis, — montre pour ce petit vicomte plus d'indulgence qu'il ne conviendrait. Il a trahi le roi ; il a fait plus, il a combattu contre nos alliés, contre les défenseurs du trône.

Il reprit haleine et le lorgnon recommença son mouvement giratoire.

— Mme de Luciennes semble prendre en considération certains engagements qui sont tombés d'eux-mêmes. Le roi désire que le blason des Luciennes s'écartèle de quelque blason de même valeur. D'où ceci, qu'il serait véritablement regrettable que ce petit de Lorys, devenu indigne, vînt troubler des projets auxquels Sa Majesté attache quelque importance.

— Blason, blason, pensait le capitaine, bon ! Tout cela signifie que tu veux épouser la marquise et que le Lorys te gêne ; après ?

En réalité, il commençait à supporter très impatiemment ces réticences calculées, ces tartuferies qui l'agaçaient plus que de raison.

— Enfin ? commença-t-il.

A ce moment la portière se souleva et un officier parut.

Bronzé, figure rébarbative, type de grognard. Peu aimable.

Il vit M. de Malarvic et dit :

— C'est bien à vous, monsieur — il sembla chercher dans sa mémoire — le baron de Malarvic, que je dois m'adresser ?

— En effet, mon brave. Vous savez de quoi il s'agit ?

— Une dépêche à porter à Saint-Cloud.

— C'est bien cela... au général Piré. M. le duc d'Otrante, en me la remettant, m'a signalé son importance. Il faut qu'elle soit remise avant minuit... vous entendez bien... avant minuit...

Le vieil officier regardait le singulier personnage que ses chefs avaient cru devoir choisir pour intermédiaire, alors que d'ordinaire les ordres venaient par voie hiérarchique.

Mais il avait reçu des instructions formelles. Pas d'observations à faire.

Malarvic sembla deviner une sorte d'hésitation.

— Voici le sceau du ministère, dit-il. M. le maréchal Davout attache une importance spéciale à cette mission... Il s'agit de la vie de quelques milliers d'hommes.

— Au général Piré, à Saint-Cloud, lisait l'officier. Bon, il faut une heure... Mon cheval est solide, il m'attend au coin de la rue de la Loi.

— Vous voulez dire la rue Richelieu. Allez donc, monsieur, et que Dieu vous garde!

L'officier fronça les sourcils. Décidément Napoléon n'était plus là, pour que de pareils godelureaux eussent le verbe si haut. On avait d'étranges façons de traiter des choses militaires.

Il ne dit rien, salua, pivota sur ses talons et disparut.

— Mon cher monsieur de Queyrac, dit Malarviz, j'oubliais... Encore un mot. Vous désirez savoir où est M. de Lorys? 6ᵉ compagnie de chasseurs, capitaine Jean Chêne... général Piré, cantonné à Saint-Cloud... Heureusement que cette dépêche arrivera à temps, sans quoi il pourrait lui arriver malheur.

Queyraz s'était levé d'un bond.

Il avait compris.

Il enfonça son chapeau sur sa tête.

— Une compagnie de mousquetaires, dit-il brutalement en tendant sa main à M. de Malarvic.

Le gentilhomme y plaça la sienne.

— Vous avez ma parole, dit-il.

Queyraz fit un demi-salut : c'était tout ce que valait un associé.

Puis il sortit rapidement.

XIX

Marcelle vivait dans un cauchemar, dans une exaltation maladive, faite de terreurs et d'angoisses.

Après la revue du Champ de Mai, la compagnie de Jean Chêne avait reçu l'ordre immédiat de départ; aussi Carthame, muni de sa commission, grâce à la protection de Carnot, qui le connaissait et répondait de lui, avait dû partir pour la frontière du Nord.

Il eût voulu laisser Marcelle à Paris; mais la jeune fille l'avait tant supplié! Est-ce que grand-père la prenait pour une petite-maîtresse?

Le vieillard avait longtemps hésité, et pourtant il se disait que, dans la crise que traversait Paris, Marcelle là-même pouvait courir des dangers.

Un peu d'égoïsme aussi. N'était-elle pas la lumière de son cœur, le suprême amour humain de cette âme large, où la patrie tenait l'autre place? Carthame aimait Marcelle comme si elle eût été de son propre sang; il disait qu'elle était de ses larmes : n'avait-elle pas été recueillie, sauvée par la seule femme qu'il eût aimée, par la seule créature qui eût été la vraie moitié de son être?

Pour résister à l'offre de ce dévouement, il eût fallu ne le pas désirer. Il eut l'air de se laisser convaincre.

Tous deux partirent : Marcelle, joyeuse de se sentir nécessaire, peu dupe des raisonnements qu'elle avait suggérés elle-même; Carthame, fiévreux, inquiet, doutant de Napoléon, doutant des hommes et des choses.

Mais, en ces crises, dès que l'engrenage vous saisit, les angoisses cessent vite : l'activité surexcite toutes les facultés de l'âme et du corps.

Carthame retrouvait sa lucidité d'esprit, son invincible

énergie. Il lui semblait que la Convention était derrière lui, avec sa passion de salut public.

C'était entendu : Marcelle l'accompagnerait aussi loin que s'étendrait la barrière formée par l'armée française. On ne reculerait pas, pensait-il. Là où s'arrêterait l'arrière-garde, elle s'arrêterait elle-même.

En fait, elle avait suivi les équipages, même après Ligny, même après Gembloux.

Carthame, absorbé par ses occupations, n'avait pas trouvé un moment pour révéler à sa fille ce secret qu'il était allé quêter auprès de Jean Chêne. Il s'agissait bien, en vérité, d'intérêts intimes! Chaque minute qui passait faisait le danger de la patrie plus terrible, plus menaçant.

— Va-t'en, lui disait-il, je n'ai peur que de toi!

Elle resta.

Et soudain, un soir, elle s'était vue entourée d'un tourbillon, quelque chose comme une trombe.

Au moment de se faire tuer, Carthame avait senti son nom lui monter aux lèvres. Elle était là, à un quart de lieue, et la déroute allait passer sur elle, l'écraser.

Pourtant de ses yeux de vieillard qui ne connaît plus les larmes, sanglant, brisé, Carthame, hors de Waterloo, revenant comme Dante de l'enfer, avait galopé, saisi la jeune fille, l'avait jetée en travers de son cheval et, emporté par l'avalanche, il était allé droit devant lui, n'ayant plus qu'une pensée, la sauver! Qu'il la sût en sûreté, après il reviendrait; car, cette fois, il n'avait plus de raisons de vivre.

Mais point d'arrêt. Carthame galopait, spectre parmi ces spectres que la panique fouaillait de ses lanières sanglantes.

A Genappe, il s'était arrêté, en une seconde d'espoir.

La barricade emportée, il s'était placé devant l'enfant évanoui; et le sabre au poing, étendant son manteau pour la cacher, il n'avait plus voulu que ceci : n'être pas renversé.

On l'avait tailladé : il était resté debout, cachant l'enfant.

En son dernier râle, il avait espéré cela et était mort.

Marcelle vivait ; elle s'était retrouvée dans une hutte de paysan, non pas folle, mais stupéfiée, hypnotisée par ce tournoiement de mort.

Auprès d'elle, Georges de Lorys.

Elle ne le reconnaissait pas tout d'abord.

En ces quelques jours, il avait vu de si près la mort qu'il n'était plus un jeune homme.

L'âge se doit mesurer au temps qui reste à vivre : que de fois, en ces trois jours, il avait été plus vieux qu'un vieillard.

Après l'odieuse scène de Florennes, alors que s'était fait en lui le déchirement de la révélation décisive, alors que comprenant le mépris mérité par la trahison, il s'était méprisé lui-même pour son inconsciente complicité, alors surtout qu'il avait éprouvé cette atroce douleur de trouver dans cette atmosphère de honte la femme que son amour idéalisait, il n'avait plus eu qu'une pensée, oublier, se racheter, mourir !

Que serait-il, unité dans le nombre ? Rien. Du moins, au dernier rang des combattants, ignoré, il saurait, seul, à quel devoir il obéirait, et, tombant, il se pardonnerait.

Il prononcerait le nom de Reine, en une suprême effusion d'amour indulgent, puis tout serait fini.

Trois jours de fièvre, trois jours de rage ! le hasard avait fait qu'à Waterloo, sa compagnie, décimée, où nul ne savait son nom, avait dû se fondre, sur le champ de bataille même, dans une autre. C'était celle que commandait Jean Chêne.

A peine si ces deux hommes avaient pu échanger un mot :

— Bravo ! monsieur le vicomte, avait dit le capitaine du Gui, vous voilà donc des nôtres !

Puis la bataille. Jusqu'à la dernière minute, baïonnette faussée, fusil brisé, Georges était resté debout, puis, lui aussi, en l'éclatement suprême de la mitraille, avait entendu le : « Sauve qui peut ! » et la tourmente humaine l'avait emporté.

On sait ce qui s'était passé à Genappe.

Il avait sauvé Marcelle : quarante heures de délire, elle était revenue à elle.

Carthame! Jean Chêne! Nul n'était là. Mais Lorys avait parlé. Il y eut tout de suite entre eux comme une camaraderie de champ de bataille. Il lui avait dit toute la vérité, sans phrases, comme elle était, épouvantable, sans artifices.

Comme elle avait pleuré sur Carthame, tout en savourant, à mesure que Lorys parlait, la grandeur sublime de cet homme dont elle sentait le cœur battre en elle, héritage d'honneur!

Elle ne dit pas qu'elle eût voulu être morte, elle aussi : sa tâche n'était pas encore accomplie. Il était encore un homme dont elle était l'espérance.

Où était Jean Chêne, son père?

— Partons pour Paris.

Lorys n'avait pas hésité : depuis ces derniers événements, il semblait qu'il ne s'appartînt plus.

Il put louer une chaise de poste et, grâce à la complicité des paysans, devancer les colonnes ennemies.

Le 22, ils étaient à Paris.

Ils coururent à la rue de l'Éperon.

Jean Chêne y avait paru : il était donc vivant! Il n'avait fait que passer. Il avait demandé Marcelle, puis, sur la réponse négative qui lui avait été faite, il avait déclaré qu'il courait aux avant-postes.

On le chercha. Il fut vite retrouvé. Il tenait la campagne avec sa compagnie entre Billancourt, Sèvres, Versailles et Saint-Germain, ayant groupé autour de lui ceux des compagnons du Gui qui avaient survécu à Waterloo.

Il leur avait donné cette seule consigne :

— Tant qu'il y en aura un de vivant, il défendra le sol natal.

Quand il vit Marcelle, il devint si horriblement pâle que Lorys crut qu'il allait mourir; mais le soldat sauva le père :

— En des jours comme ceux-ci, dit-il en souriant, on n'a pas le droit de mourir de joie.

Il écouta, la tête dans ses mains, le terrible récit de la mort de Carthame :

— Comme il t'aimait! fit-il en attirant Marcelle contre sa poitrine. Hélas! voici que tu n'as plus que moi, et, ajouta-t-il en montrant la direction de Saint-Germain, les Prussiens sont là.

Quand il sut ce qu'avait fait Lorys, il lui tendit ses deux mains :

— Petite, dit-il, je crois que nous avons fait un miracle. Monsieur de Lorys, au nom de Marcelle et de la France, je vous remercie.

— Mais ne suis-je pas Français comme vous? s'écria Lorys. Croyez-vous donc que je sois encore le fou, l'ingrat qui, il y a un mois, discutait la couleur du drapeau? Et puis, vous ne savez pas...

Jean Chêne l'interrompit d'un geste ;

— Je sais tout ; vous avez voulu, non coupable, racheter le crime de Philippeville.

— Crime qui n'est pas encore expié, répliqua Lorys. Capitaine, j'ai eu l'honneur de combattre là-bas sous vos ordres. Voulez-vous encore me faire une petite place?

— La France n'a pas trop de défenseurs; j'accepte. Vous le savez, c'est ici la guerre furieuse, cruelle : les Prussiens ne font pas de prisonniers.

— J'étais à Genappe.

Marcelle, tout d'abord, ne voulait pas quitter le bivouac de son père; mais Jean Chêne se montra inflexible. Il fallait qu'elle retournât à Paris.

— Écoute, dit-il à Marcelle, je ne puis ni ne veux te garder ici. Mais, du moins, pour toi comme pour moi, je veux que tu ne sois pas loin de moi. Voici : je connais à l'entrée du pont de Sèvres une petite auberge. Elle est tenue par un de nos plus fidèles amis. Chez lui chaque matin, tant que les routes seront libres, un des nôtres ira te chercher et t'amènera auprès de moi; je t'embrasserai; j'aurai fait provision de courage, et tu repartiras.

Ne pouvant obtenir davantage, Marcelle avait accepté avec joie.

— Au revoir, père; au revoir, monsieur de Lorys. Vivez tous deux : c'est votre fille, c'est votre sœur qui vous en prient.

Entre les deux jeunes gens, pendant les longues heures qu'ils avaient dû passer côte à côte, en cette fièvre qui suit les émotions violentes, pas un mot n'avait été prononcé qui ne fût empreint de la même simplicité cordiale. Mieux que la naissance, le baptême de sang les avait sacrés frère et sœur. A Marcelle rien ne semblait plus naturel que la protection dont Lorys l'entourait; pour lui, rien de plus légitime que la confiance qu'elle lui témoignait. Trois fois, il lui avait été donné de la défendre : c'était un lien que rien désormais ne pouvait briser. Ils se serraient les mains en amis.

Il lui avait raconté son passé, ne cachant rien de son amour pour Reine, n'éprouvant pas la moindre hésitation à lui raconter leurs fiançailles. S'il s'irritait un peu, se souvenant de Florennes, elle la défendait. Est-ce qu'une femme avait charge de politique? Elle se trompait. Etait-elle pour cela moins adorable ? Il en convenait aisément, se promettant quand elle serait sa femme, de l'élever à son tour comme un enfant dont il ferait l'éducation morale.

— Pourquoi n'allez-vous pas la voir? lui disait Marcelle. Elle est peut-être de retour à Paris.

Non, pas encore. Elle devait être entourée de tous ces faux gentilshommes qui l'adulaient, qui exaltaient les passions que maintenant il réprouvait. Plus tard. Il n'avait pas encore payé sa dette.

— Mais vous l'aimez toujours?
— De toute mon âme.

Tout naturellement, Lorys se chargea de conduire Marcelle à la maison désignée par son père.

Elle fut accueillie par un brave homme à bras ouverts. Ancien soldat de la République, amputé d'une jambe, un des survivants des premières luttes de 92, Lorrain — qu'on avait surnommé Lorrain de Valmy, instinctive rénovation des titres de noblesse — occupait une petite maison, au bord de la Seine, tout proche du pont de Sèvres.

Quelques jours se passèrent, n'amenant aucune complication nouvelle. L'ennemi avançait rapidement, mais le contact ne fut pris que dans les derniers jours de juin.

Le 1ᵉʳ juillet, dans la soirée, Marcelle n'avait pu voir son père que pendant quelques minutes. C'était juste à l'heure où la chaise de la marquise était arrêtée aux avants-postes.

Ce soir-là, Jean-Chêne l'avait embrassée plus longuement encore que de coutume. Lorys n'était pas là, tenant embuscade avec ses hommes — il avait repris ses galons de lieutenant — à quelque distance.

— On parle d'armistice, de capitulation, avait dit Marcelle.

La main de Jean-Chêne s'était crispée sur le pommeau de son épée; il s'était tu.

Encore deux jours sans incident notable. Le cercle ennemi se resserrait, et maintenant, Jean Chêne, avec sa compagnie, bivouaquait sur les bords même de la Seine, dans les bois de Saint-Cloud.

Les bruits relatifs à la capitulation s'accentuaient; tous ces vieux défenseurs du pays frémissaient en songeant que l'heure allait sonner où leurs armes se briseraient dans leurs mains, et ils se regardaient sombres et furieux.

Cette nuit-là, Marcelle, dans la petite maison, ne s'était pas couchée.

Elle avait ouvert sa fenêtre et elle restait accoudée, écoutant. La lune s'était levé tard, éclairant de sa lueur d'acier le ruban de la Seine, qu'elle suivait du regard, là-bas, vers les profondeurs ténébreuses des bois.

Soudain — il était à peu près onze heures et demie — Marcelle entendit, sur la route, venant de Paris, le galop précipité d'un cheval : une estafette, sans doute. Elle en avait bien vu passer déjà, mais pourquoi, cette fois, ce bruit lui martelait-il le cœur plus péniblement que de coutume?

Elle se pencha au dehors, épiant le passage du cavalier,

comme si, rien qu'à le voir, elle eût pu deviner quelque chose.

C'était un officier français : la clarté très blanche permettait de distinguer les détails de son uniforme ; s'il n'eût été penché en avant, éperonnant son cheval, elle aurait distingué ses traits.

Il approchait du pont. Encore quelques minutes et il allait le franchir.

Portait-il un ordre d'attaque? au contraire, était-ce la fin de la lutte ?

A ce moment, un autre cavalier, lancé avec une rapidité vertigineuse, apparut derrière l'officier, et, si vite que l'on eût dit le tourbillonnement d'un cauchemar, Marcelle le vit atteindre l'officier, l'envelopper pour ainsi dire de son ombre, faire corps avec lui.

Puis il y eut une détonation sèche, sinistre ; l'officier chancela un instant, puis tomba.

L'autre tira encore sur lui un second coup de pistolet ; le corps eut une dernière convulsion, puis resta immobile.

Alors l'autre tourna brusquement bride et, dans ce mouvement, Marcelle vit, sous la lumière éclatante de la lune, son visage, qu'elle reconnut.

Et, se pliant hors de la fenêtre, à tomber, elle cria :

— Assassin ! assassin !

Mais déjà le misérable avait disparu.

Marcelle, affolée, s'élançait dans la maison criant au secours.

Lorrain était déjà près d'elle, le fusil à la main, la soutenant dans ses bras, car elle n'avait plus la force de se tenir debout.

Que se passait-il ? L'ennemi attaquait-il le pont de Sèvres?

Marcelle, haletante, incapable de prononcer une parole suivie, l'entraînait vers la porte, murmurant des mots sans suite.

Ils sortirent, Marcelle courant vers le pont.

Elle arriva la première, s'agenouillant auprès du malheureux, dont le cheval, épouvanté, avait pris la fuite, disparaissant dans la nuit.

— Ah ! le pauvre homme ! cria Lorrain, une chute de cheval !

— Non ! non ! Écoutez, j'ai vu, oui, j'ai vu ! Mon Dieu ! il est mort !

Et elle soulevait la tête bronzée du vieil officier, dont le masque se creusait.

A la tempe, on voyait un trou noir. Le coup avait été tiré à bout portant.

Lorrain, arc-bouté sur sa jambe de bois, essayait de le redresser.

Soudain, l'homme ouvrit les yeux tout grands, et, dans un soupir ou plutôt dans un râle, murmura :

— Dépêche... général Piré... Ha !

Les mâchoires se contractèrent, il y eut dans ce corps une effroyable convulsion, puis il retomba raide mort.

Marcelle, foudroyée, sanglotait.

— Pauvre vieux, fit Lorrain, c'est tristement finir pour un soldat !

Marcelle releva la tête :

— Mais vous ne savez pas encore : il a été assassiné !

Et, faisant sur elle-même un violent effort, elle raconta ce qui s'était passé.

— Diable ! dit Lorrain. Il nous a parlé d'une dépêche ; où donc est-elle ?

Il ouvrit l'habit du mort et y trouva une pochette de cuir.

— Rentrons, dit-il ; et voyons cela.

— Nous ne pouvons laisser là ce malheureux.

— Que voulez-vous ? Chaque chose en son temps. Hélas ! le pauvre homme ne s'impatientera plus.

Tous deux revinrent vers la maison.

A la lueur d'une chandelle, ils ouvrirent le porte-feuille « Au général Piré » !... C'était bien la dépêche annoncée.

— Que faire ? criait Marcelle en se tordant les mains ; c'est peut-être une grave nouvelle qui intéresse le salut de tous ceux qui sont là...

Lorrain réfléchit :

— C'est bien simple. Je ne suis pas bien valide, mais il faut ce qu'il faut : je porterai la dépêche.

— Vous avez raison, dit-elle, mais par grâce, hâtez-vous ! quelque chose me dit que cet ordre est d'une importance capitale ; ce misérable devait avoir quelque intérêt à empêcher l'arrivée de cette dépêche.

Elle pressentait je ne sais quelle ténébreuse intrigue.

Lorrain se hâtait de son mieux.

— Attendez-moi, disait-il, je vous promets d'aller aussi vite que possible. Je remettrai la lettre, je saurai des nouvelles, soyez patiente.

Marcelle, malgré son désir de le voir s'éloigner, voulut encore qu'à eux d'eux ils relevassent le malheureux officier. Le laisser au milieu de la route, c'était risquer qu'il fût écrasé par les chevaux. Ils parvinrent à le traîner jusqu'au pont et là ils l'appuyèrent contre les pierres.

Lorrain partit à l'aventure.

Marcelle ne rentra pas : elle restait là, accoudée sur le parapet, cherchant à voir, à entendre quoi ? Le savait-elle ?

Mais pourquoi son cœur battait-il si fort ? Pourquoi ses tempes se serraient-elles à éclater ?

Peu à peu, elle se sentit prise d'un engourdissement.

La fraîcheur de la nuit la pénétrait et le miroitement de l'eau l'étourdissait.

Elle n'avait plus la notion du temps, de la vie ambiante. Des visions incohérentes traversaient son cerveau. Il lui semblait que des explosions déchiraient l'air, que des lueurs rouges l'entouraient. Mais elle ne bougeait pas, inerte, comme hypnotisée.

Tout à coup elle tressaillit : une main venait de saisir son bras.

— Ah ! mademoiselle Marcelle, vite, vite !... dans la maison... les Prussiens...

Elle ouvrit les yeux, hagarde.

Mais Lorrain — car c'était lui — l'entraînait, presque courant.

Ils arrivèrent, il ferma la porte et s'appuya dessus comme pour la consolider de son poids :

— Ils ne verront pas la pauvre baraque, grommelait-il... Ah ! les bandits...

— Mais que se passe-t-il donc ?

Marcelle ne sortait du cauchemar du rêve que pour retomber dans la réalité plus effrayante.

— Vous ne pouvez pas deviner ; c'est horrible ! D'abord, à peine avais-je franchi le pont que j'ai failli tomber dans un corps prussien. Oui, ils n'étaient pas à cinq cents mètres d'ici. Enfin j'ai pu me glisser, mais à une demi-lieue, savez-vous ce que j'ai rencontré ? des Anglais ! Comment cela ! les Français étaient encore là dans l'après-midi, je marchais, je marchais, et le temps passait ; je ne savais plus où aller. Enfin, à plus de deux lieues, j'ai rencontré des Français ; j'avais mis plus de deux heures à faire ce chemin-là. Savez-vous ce que j'ai appris : la capitulation est signée ; les Prussiens et les Anglais entrent à Paris, nos soldats se retirent.

— Mon père ?...

— Oh ! pauvre petite, voilà la fatalité, fit Lorrain, en donnant un coup de poing sur la table. Le général Piré n'a pas été averti à temps de la suspension d'armes, si bien qu'il n'a pas donné aux avants-postes l'ordre de se retirer et...

— Eh bien ?

— Eh bien ! la compagnie de Jean Chêne, voyant arriver des Anglais, a tiré dessus. Il y a eu, dit-on, une boucherie : cinquante contre mille.

— Mort ! mon père est mort !

— Paraît que non ! Ils ont été pris, une douzaine : et, comme ils ont violé la capitulation, ils seront, ce matin même, traduits devant une cour martiale... et fusillés !

— Fusillés !... qui cela ?

— Pas les soldats, probable, mais les officiers, et... ils sont deux.

— Les noms !... Mais je sens que je deviens folle !

Lorrain baissa la tête.

— L'un, dit-il d'une voix navrée, c'est notre capitaine, notre frère, Jean Chêne.

— Père! père! non, je ne veux pas!

— L'autre, c'est ce jeune lieutenant qui était toujours avec Jean Chêne... un vicomte de...

— De Lorys?...

— C'est ça... Et tenez, voyez... voilà les Prussiens qui passent! Ah! misère de France!

Au dehors, on entendait le pas lourd des cavaliers.

L'invasion arrivait à sa dernière étape.

Écrasée, Marcelle était tombée à genoux, sans voix, sans pensée.

Devant cette épouvantable catastrophe, qui dépassait les forces humaines, elle restait brisée, inerte, immobile.

Que pouvait-elle? La lutte était impossible. Courir à Saint-Cloud, se jeter aux pieds du général anglais? Mais est-ce qu'il l'écouterait? Est-ce que seulement elle pourrait parvenir jusqu'à lui? Cette fois c'était bien la fin, la mort!

— Si on connaissait quelqu'un encore? se lamentait Lorrain. Il y a tant de gens à Paris qui sont les amis des Anglais. Car enfin, c'est une injustice, une infamie. On ne tue pas des officiers qui ont fait leur devoir de soldats.

Il frappa du pied.

— Ah! si le vieux Carthame était là!

Tout à coup, Marcelle poussa un cri en se dressant.

Quelqu'un? Mais oui, il y avait quelqu'un. Une femme, la marquise de Luciennes. La fiancée de M. de Lorys. Elle ne le laisserait pas mourir. Elle le sauverait. Et Jean Chêne serait sauvé avec lui. Il faut courir. Allons, est-ce que j'ai le droit d'être faible. Lorrain, venez, venez à Paris, nous la trouverons. Mais puisque je vous dis qu'elle aime un de ceux qui vont mourir?

XX

La marquise de Luciennes était une des triomphatrices du jour. Parmi les ultras qui s'étaient hasardés à Paris depuis le départ de l'ogre de Corse, il n'en était pas un qui ignorât la part qu'elle avait prise aux derniers événements, l'activité qu'elle avait déployée, l'influence toute-puissante qu'elle avait mise au service de la cause royale.

Dans ce monde étrange, où les idées, où les mots n'avaient plus le même sens que pour le commun des mortels, les héros s'appelaient Bourmont, Blücher, Wellington, tous ceux qui avaient hâté la défaite de la France; Waterloo était une victoire, Ney un traître, l'armée de mont Saint-Jean un ramassis de brigands.

Dès que la nouvelle de la capitulation s'était répandue dans Paris, une sorte de mouvement de bascule s'était produit. Tous les patriotes, écœurés, s'étaient renfermés chez eux, peu soucieux de revoir l'entrée des étrangers, tandis que, dans les rues, sur les quais, sur les places, dans les jardins, avaient surgi, s'évadant des cachettes où ils se terraient, ces personnages aux allures cauteleuses, ces satisfaits hésitants, lâches même devant leurs succès, s'enhardissant peu à peu et grimpant sur leur insolence, qu'on ne voit émerger qu'aux jours des grandes catastrophes nationales.

Foule étrange, poudrée, aux habits à la française, — ironie de la vieille mode — femmes en grande toilette, petits-maîtres portant l'épée en verrouil, bas de soie et boucles diamantines.

La France leur appartenait. C'était le triomphe dès longtemps préparé par Fouché, qui n'en devait jouir que pendant quelques mois.

On parlait bien de colères fougueuses dans les fau-

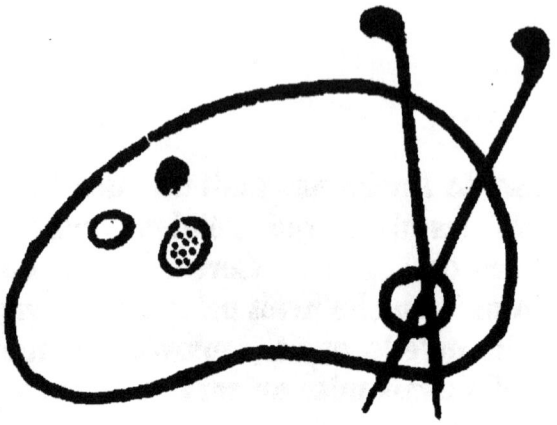

Couvertures supérieure et inférieure
en couleur

Ont paru dans :

LES GRANDS ROMANCIERS FRANÇAIS :

LE FILS DE FAMILLE
Par XAVIER DE MONTÉPIN
Livraisons 1 à 10

LE JEU DE LA MORT
Par PAUL FÉVAL
Livraisons 10 à 21

LA TONTINE INFERNALE
Livraisons 21 à 32

FLEURETTE
HISTOIRE D'UNE BOUQUETIÈRE
Par E. SCRIBE
Livraisons 32 à 44

Après cette charmante histoire, nous continuons par :

REINE
Par JULES LERMINA
Livraisons 45 à 52

Paris.-Imp. PAUL DUPONT (Cl.)

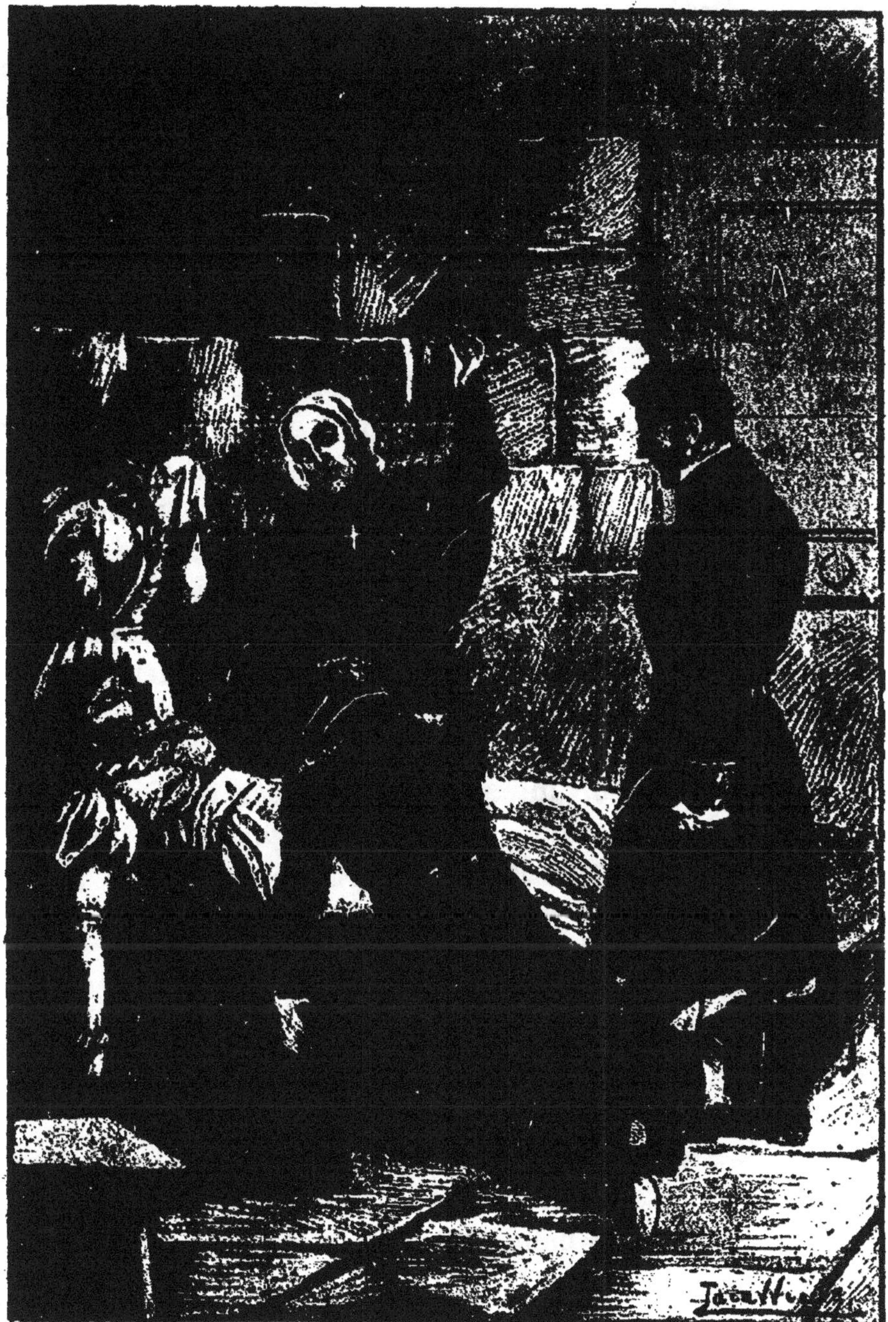

Reine était étendue sur un lit de camp.

52ᵉ LIVR.

bourgs, d'officiers qui brisaient leur épée, de soldats qui brûlaient leurs drapeaux. Un peu de bruit aux extrémités de Paris : comme dit Charras, le dernier battement de l'artère épuisée.

Sachant la marquise matinale, ainsi qu'il convient à un chef de parti, les plus impatients s'étaient, dès neuf heures, présentés à l'hôtel de Luciennes et en avaient trouvé les portes ouvertes. La marquise n'avait pas encore paru, mais ses salons se remplissaient. Le héros de la fête était sans contredit M. de Malarvic, dont on connaissait les attaches directes avec le roi, auprès de qui son influence avait dès longtemps balancé celle de M. de Blacas. Son fils Hector pouvait prétendre aux plus hautes destinées. Trémoville, Trézec, Guichemont étaient arrivés le matin même, devançant M. de Bourmont, qui n'avaient pas voulu quitter le roi. Et, avec tous les coryphées de la saturnale réactionnaire, tout un monde de comparses, quémandeurs de places, mendiants de croix, impatients d'établir et de faire valoir leurs titres.

Et quel meilleur intermédiaire auprès de Sa Majesté que Mme de Luciennes, qui, disait-on, avait été gratifiée, la veille même, d'une lettre autographe de Wellington.

Quelques-uns, à voix basse, demandaient à Trémoville :

— Est-il vrai que ce petit de Lorys?...

— Ne m'en parlez pas... un fou ! répliquait Trémoville, qui, au fond du cœur, conservait quand même une sorte d'affection à son ancien camarade.

— Dites surtout un niais, reprenait un autre en clignant de l'œil du côté d'Hector de Malarvic, dont les prétentions victorieuses sur la belle marquise n'étaient plus un mystère.

— La déesse du temple tarde bien à paraître, ajoutait un galantin, dont la jeunesse était contemporaine de la Pompadour.

Mme de Luciennes entra, pâle, vêtue de noir.

Tous s'empressèrent autour d'elle : elle était le soleil levant.

Nul ne remarquait que, sur cette femme naguère si jeune et si fraîche, un vent de glace eût passé.

Les yeux fixes, les lèvres serrées, elle écoutait à peine, répondait par monosyllabes.

Ce qu'elle souffrait était inexprimable : maintenant elle avait la conviction — née d'un pressentiment inexpliqué — que Lorys était mort.

Quand elle était entrée, son regard s'était posé sur toutes ces faces obséquieuses ou banales ; quand elle avait entendu ces voix sans chaleur — échos de tombe — elle s'était sentie abominablement écœurée.

Plus le temps passait et plus elle se souvenait.

Il lui semblait entendre encore l'accent naïvement enthousiaste de celui qui ne lui parlerait plus : ici, dans ce salon même, comme il avait follement — mais si généreusement ! — stigmatisé les compromis de conscience et les intrigues de basse politique !... Et, c'était singulier, Reine le revoyait toujours en cette scène douloureusement tragique de Florennes, alors que dans ses yeux s'était allumée une lueur qu'elle n'y avait pas encore trouvée et qui l'avait, malgré elle, brûlée d'une exquise blessure.

Ah ! certes, elle lui pardonnait tout, d'avoir insulté à ses dieux, de l'avoir presque insultée elle-même !

Certes, elle aussi, pour qu'il fût là, près d'elle, pour qu'il les lui répétât encore, ces mots délicieusement révolutionnaires, au risque d'être sacrilège, elle aurait tout oublié, et l'orgueil des Sallestaines et la passion royaliste des Luciennes. Pourquoi avait-elle tant tardé à connaître son cœur ou à mieux l'écouter.

Et elle l'avait laissé courir à la mort !

Un nouvel arrivant mit tout le monde en émoi.

Cette fois c'était le plus grand hommage qui pût être rendu à la marquise.

Le général Colville, du corps anglais de Hill, venait lui-même saluer l'alliée fidèle qui avait facilité la tâche des envahisseurs.

Il s'inclinait en portant la main de Reine à ses lèvres.

Il lui parlait, rappelant qu'il avait eu l'honneur de lui

être présenté à Londres, à telles enseignes qu'il lui avait dit, il ne l'avait pas oublié :

— A Paris, madame, j'aurai l'honneur de vous rendre ma première visite... Puissiez-vous ce jour-là avoir quelque ordre à donner à votre très fidèle serviteur !

Très galant et très correct d'ailleurs.

Pour la première fois de sa vie, Reine, lorsque ses lèvres s'étaient posées sur sa main, avait éprouvé comme un sentiment de répulsion : Lorys était mort sur le champ de bataille ! C'était peut-être les soldats de cet homme qui l'avaient tué !

On accaparait l'heureux vainqueur : il fallait qu'il donnât des détails sur les dernières opérations.

Il arrivait de Saint-Cloud. Tout allait bien, sauf une échauffourée dans la nuit, des Français qui avaient violé la capitulation et dont, naturellement, la cour martiale ferait bonne justice. On parlait d'erreur, de dépêche interceptée par le hasard.

Reine n'écoutait pas ; elle tenait ses yeux obstinément fixés sur la porte. Elle attendait quelqu'un. L'abbé Blache lui avait tout dit. Elle l'avait approuvé. Qui sait si la haine de cet homme pour Lorys ne serait pas plus ingénieuse à le découvrir que leurs sympathies ?

Enfin, sa femme de chambre parut et lui adressa un signe discret.

Elle s'excusa. Pour quelques minutes... Une affaire urgente...

Dans son boudoir, Laverdière l'attendait.

Elle le regarda en face, suppliante, n'osant interroger.

Il ne dit qu'un mot :

— Vivant !

La pauvre femme porta la main à son cœur et chancela ; mais, s'appuyant au dossier d'un fauteuil, elle se redressa.

En face de cet homme il lui déplaisait de montrer toute sa faiblesse.

— Merci, dit-elle seulement, comme si ce seul mot résumait toutes ses pensées.

Si, jusque-là, il avait conservé quelque doute sur les sentiments de Reine à l'égard de son ennemi, maintenant, il était absolument édifié.

Elle l'aimait.

On y mettrait bon ordre. M. de Malarvic n'avait pas droit à l'ingratitude, n'ayant pas encore payé les services réclamés.

La marquise crut avoir recouvré son sang-froid et d'une voix qu'elle estimait parfaitement naturelle :

— Où est-il ? demanda-t-elle.

— Tout près d'ici, madame. Il sert dans le corps du général Piré qui, hier soir encore, occupait Sèvres et Saint-Cloud.

— Vous êtes certain de vos renseignements ?

— Absolument.

Et regardant Reine beaucoup plus fixement que les convenances ne l'eussent permis :

— M. le vicomte Georges de Lorys a repris son grade de lieutenant ; il sert sous les ordres d'un fieffé révolutionnaire dont madame la marquise ne doit pas avoir oublié le nom.

— Ce nom ?

— Le capitaine Jean Chêne.

Reine tressaillit si violemment que le mouvement ne pouvait échapper à Queyraz.

— Jean Chêne ? balbutia-t-elle. En effet, je crois me souvenir...

Queyraz prit un temps, comme on dit au théâtre, puis il ajouta en détaillant les syllabes :

— Père de certaine jacobine qu'on appelle Marcelle.

— Oui, je sais. Après ?

Ce nom, tout à coup jeté, l'avait frappée en plein cœur.

Elle fit cependant bonne contenance.

— Continuez, dit-elle.

— C'est que le sujet est presque délicat, et je craindrais...

Les gens de la trempe de Laverdière ont une psychologie à eux, brutale, procédant par grandes masses sans analyses. Pour lui, Reine était amoureuse de Lorys. Il s'agissait de lui prouver qu'elle faisait fausse route. Rien de plus.

Ce que sa grossièreté de soudard ne pouvait deviner, c'est que ce clavier sur lequel il posait ses pattes lourdes était fait de fibres si sensibles, si aiguëment impressionnables, que le moindre contact rude le troublait de dissonances affreusement douloureuses. Il croyait l'irriter, il la tuait.

Elle se tenait droite ayant en elle le tremblement de toute sa nervosité, impassible en apparence :

— Je vous ai dit de parler, fit-elle.

— Eh bien, sachant où était Jean Chêne, ma tâche était facile.

— Parce que ?

— Parce que, sachant où était l'un, je ne pouvais manquer de découvrir l'autre bien vite.

— Ah ! ce qui signifie ?

— Tenez, madame la marquise, je suis un soldat qui ne sait pas tergiverser. La piste que je suivais partait d'assez loin, de certaine rencontre remontant aux derniers jours de mai, avec M. de Lorys et cette donzelle, cette Marcelle, alors qu'il défendait contre une prétendue impolitesse sans importance — je vous l'affirme — cette fillette qui se trouvait être la fille du jacobin Jean Chêne.

Il s'arrêta, savourant les palpitations qui faisaient frémir le corsage de Reine.

— Je l'ai rencontrée une autre fois, cette petite. Vous le savez du reste, à la rue de l'Éperon, à telles enseignes qu'ils furent arrêtés ensemble, elle et le vicomte, et conduits à la Conciergerie.

Reine ignorait cette circonstance. La conviction que Queyraz voulait lui inculquer maintenant s'imposait à elle. Et de nouveau, en cette âme où l'amour était si nouvellement éclos, la jalousie latente éclatait poignante et suggestive de cruauté.

— Arrêtés tous deux, ensemble, vous en êtes sûr ?

— Puisque j'eus l'honneur de les escorter jusqu'à la

porte de la prison. En vérité je ne supposais pas que M. de Lorys fût à ce point entaché de jacobinisme. De fait il se compromettait surtout pour protéger cette fille et je suis persuadé que, dans l'affaire, la politique n'occupait qu'un rang très secondaire.

Elle eut le courage de sourire.

— Lorys et la Marcelle ont passé toute la nuit à la Conciergerie. Oh! pas en cachot, rassurez-vous. Le lendemain matin, vers sept heures, ils ont été mis en liberté. M. de Lorys allait ensuite au Champ de Mai, où les compagnons du Gui le traitèrent en compagnon et affilié, puis il partait pour l'armée, tandis que cette fille, que je ne sais quel lien attachait au vieux conventionnel Carthame, l'ami de Robespierre, quittait Paris, sous prétexte de suivre l'intendance. Il est vrai que le vicomte, attaché à l'état-major de M. de Bourmont, eût eu quelque peine à le rejoindre, sans certain incident...

Ainsi voilà quelle était l'explication de ce bel accès d'honneur patriotique! Voilà pourquoi Lorys avait renié sa cause, pourquoi, alors qu'elle lui avouait niaisement son amour, alors qu'elle essayait de le retenir, il avait si grande hâte de s'enfuir : c'était pour courir auprès de cette fille!

Ame ou corps, la virginité de blessure exaspère la sensation du premier coup. En Reine, les deux souffrances — physique et morale — s'affinaient en quelque chose d'atrocement torturant, comme une pointe qui, ayant traversé son cœur, eût atteint son cerveau. Il y avait de la folie dans ce martyre. C'était un soulèvement de l'être, en une marée de honte, de colère, de mépris qui mettait à ses lèvres un goût âpre, à sa gorge une sécheresse brûlante.

— Il l'a rejointe? fit-elle.

— Pas aussi vite qu'il l'eût désiré. Tout ce que je sais, c'est qu'ils sont revenus ensemble en chaise de poste, comme en un doux voyage de noces. M. de Lorys, qui ne pouvait abandonner son beau-père futur, entêté de bataille, est allé le rejoindre aux avant-postes. Rien de plus d'ailleurs, sinon, comme j'ai déjà eu l'honneur de le dire à madame la marquise, que M. le vicomte de Lorys est vivant, très vivant.

Des paroles enfiellées de Laverdière, pas une qui n'eût en quelque sorte inoculé son poison au cœur de la pauvre femme !

Lorys avait menti toujours, bassement, odieusement. Tandis qu'il était à ses pieds, murmurant enfantinement des mots d'amour, il pensait à l'autre, à cette fille, à sa maîtresse !

De la douleur ! non pas. Une humiliation qui se transformait en haine, en désir insensé de vengeance et de châtiment. Ah ! comme avec joie elle les eût frappés tous deux au cœur.

Elle voulait se contraindre au calme. Mais comment contenir le frémissement de fièvre qui l'agitait jusqu'aux fibres les plus intimes de son être ?

Tout à coup elle dit :

— Monsieur de Queyraz, rentrons au salon. Je vous prie de m'offrir votre bras.

Elle méprisait cet homme, et ce lui était comme un commencement de revanche que de s'abaisser jusqu'à lui en cette déchéance, elle se punissait d'avoir cru à la sincérité, à l'honneur, à l'amour. Elle ne raisonnait plus d'ailleurs : les sentiments surgissaient en elle par à-coups, en manifestations immédiates d'instinct.

Hubert de Queyraz ouvrit la porte du salon, s'effaçant et s'inclinant profondément pour la laisser passer.

A ce moment, comme si cette subite rentrée interrompait une conversation engagée, le nom de Lorys soudain prononcé fut suivi d'un silence général.

La marquise avait entendu : est-ce que d'aventure on se permettait de la railler ?

— Vous parliez, je crois, de M. le vicomte de Lorys, dit-elle en regardant hautainement ceux qui l'entouraient.

Tous les yeux se tournèrent vers le général anglais qui, debout, un papier à la main, parlait à voix basse à un officier, immobile devant lui, le doigt au schapska.

— Mille pardons, madame, dit Colville en s'adressant à la marquise. J'ai à m'excuser d'avoir reçu ici un aide de camp... mais il y avait urgence... affaire de prisonniers de guerre.

— Ah ! M. de Lorys est prisonnier ?

— Avec un autre officier. C'est à la suite de l'échauffourée de cette nuit ; aucune importance, d'ailleurs.

Reine le regardait ; peut-être devinait-elle l'horrible vérité ?

Mais qui peut dire ce qui se passe dans les âmes passionnées, alors qu'elles sont ébranlées par le premier choc du désespoir.

Elle détourna les yeux, ne questionna plus et, s'asseyant sur le canapé :

— Monsieur de Malarvic, dit-elle, venez donc auprès de moi.

Le comte quitta son fils que Quoyraz avait attiré dans l'embrasure de la fenêtre.

— Vous savez la nouvelle, dit Hector avec un sourire ironique ; une dépêche annonçant la capitulation n'est pas arrivée à sa destination, si bien que ce pauvre Lorys...

— Il y a des fatalités, dit Quoyraz, qui, malgré lui, eut un léger frisson.

On s'épouvante parfois d'avoir trop réussi.

L'Anglais congédiait son aide de camp. Il consulta sa montre et dit tout bas à Trémoville :

— Dans deux heures... Que voulez-vous, c'est la guerre !

— Accordez-moi une minute, dit le jeune homme.

— Volontiers, mais pourquoi ?

Trémoville était léger, égoïste, mais il avait été l'ami de Lorys, et de l'affaire de Philippeville il ne lui gardait pas rancune, ayant une notion obscure de ce qui s'était passé dans l'âme du jeune homme. Et puis, que diable ! il est des circonstances où, entre gentilshommes, il convient de serrer les coudes ! La pitié a des droits sur les plus insouciants.

Il s'approcha du canapé sur lequel se trouvait Reine,

engagée dans une conversation confidentielle avec M. de Malarvic.

— Madame de Luciennes voudrait-elle m'accorder une minute ?

Elle se tourna vers lui :

— Tout à l'heure, monsieur de Trémoville.

— Madame, reprit-il d'une voix sourde, il y a urgence.

Elle eut un léger haussement d'épaules.

— Vous êtes indiscret. Enfin, de quoi s'agit-il ? j'écoute... parlez haut, monsieur de Trémoville. Nous n'avons pas ici de secrets les uns pour les autres.

Trémoville se redressa ; quelque chose dans le ton de Reine le blessait :

— Madame, reprit-il à haute voix, j'aurais voulu parler bas, ainsi qu'il convient lorsqu'il s'agit d'une question de vie ou de mort. Mais puisque vous le voulez, sachez que mon ancien ami, M. le vicomte de Lorys...

Reine se leva, droite, blanche.

— Monsieur de Trémoville, dit-elle d'une voix glaciale, je désire que jamais plus ne soit prononcé ici le nom de l'homme qui a trahi la cause du roi.

Ce fut tout. Trémoville fit un pas en arrière.

Le général, qui de très bonne foi avait attendu, congédia son aide de camp d'un signe.

Reine savait-elle ? La colère de la femme trompée l'entraînait-elle à cet excès de cruauté qu'elle prononçât elle-même l'arrêt de mort de celui qu'elle avait aimé ?

Comprenait-elle que l'aide de camp emportait l'ordre de tuer deux Français, coupables d'avoir violé la capitulation ?

M. de Malarvic l'avait reprise, croyant qu'elle l'écoutait, parce qu'elle était auprès de lui, tandis qu'elle n'entendait que deux noms, incessamment répétés à son oreille : Georges, Marcelle.

Encore une fois, la femme de chambre de Reine parut, la physionomie troublée.

— Qu'est-ce encore ? dit Reine. Un billet ?... Eh bien ! donnez.

Elle prit le papier qui lui était présenté.

Elle le déplia et lut :

« Madame,

« Au nom de tout ce que vous avez de plus sacré, il faut que je vous parle. Par grâce, ne perdez pas une minute. Venez m'entendre. Je vous en supplie à genoux.

« MARCELLE. »

Marcelle !... Cette femme, chez elle, venant audacieusement la braver !

Brusquement, elle se décida : il lui plaisait maintenant de lui jeter en face son mépris et sa colère.

Elle se leva, sans souci de ses visiteurs qui, le sourire aux lèvres, attendaient son bon plaisir. Elle écarta ceux qui lui barraient le chemin, allant droit devant elle comme une somnambule.

A peine avait-elle fait un pas dans l'autre pièce, que Marcelle s'était jetée à genoux et lui saisissant les mains :

— Madame, madame... Oh! si vous saviez... il faut les sauver !...

D'un recul presque effrayé, Reine avait arraché ses mains à l'étreinte, si violemment, que la jeune fille fut à demi renversée. Et l'interrompant, sans même l'avoir entendue :

— Que voulez-vous ? que venez-vous faire ici ?... Je vous défends de me toucher, de me parler !... Vous avez osé venir ici, vous ?... C'est bien là l'impudence de vos pareilles !

Marcelle, pâle, les cheveux défaits, brisée de fatigue, — elle avait fait la route à pied, courant, — la regardait, une main appuyée sur le tapis. Elle ne la reconnaissait pas. Sous ce masque convulsé, elle ne retrouvait pas cette femme si jeune, si belle qu'elle avait entrevue un soir, alors que, bravant ses adversaires, elle avait toutes les grâces d'une héroïne.

Reine continuait, hachant les mots, pouvant à peine parler :

— Que me voulez-vous ?... Qu'y a-t-il de commun entre

vous et moi!... Sortez, si vous ne voulez pas que je vous fasse jeter dehors...

Mais Marcelle, galvanisée par le désespoir, cria :

— Mais vous ne savez donc pas. On va les tuer... les tuer, entendez-vous ?

Elle se traînait, voulant s'accrocher à la robe de Reine qui toujours reculait, répondant seulement :

— Sortez ! Je veux que vous sortiez.

— Mais je vous dis qu'on va tuer mon père... qu'on va tuer M. de Lorys...

Ce nom ! elle osait le prononcer. Quand il tomba sur le cœur de Reine, ce fut le déchirement d'une blessure.

Elle éclata de rire, follement, bêtement.

— On va tuer M. de Lorys ? Eh bien, que voulez-vous que cela me fasse ? Défendez-le si vous pouvez, sauvez-le, cela vous regarde, vous, sa maîtresse !

Et dans ce mot, que sa bouche d'honnête femme n'avait jamais prononcé, elle mettait toutes les rages du dégoût.

Marcelle, frappée par l'insulte, avait eu comme un hoquet de suffocation. Mais naïve, croyant à quelque horrible erreur :

— Vous ne m'avez donc pas comprise, madame ? Il s'agit de M. de Lorys, votre fiancé !

— Mon fiancé !

— Est-ce que je me trompe, mon Dieu ! Mais c'est lui qui me l'a cent fois répété. Il m'a dit qu'il vous aimait, que vous l'aimiez aussi, que vous aviez échangé votre parole.

En ce moment, tout à sa défense, n'obéissant qu'à l'impulsion de la vérité, oubliant tout pour ne plus combattre que le mensonge, elle parlait doucement, avec une conviction émue.

Cette voix était si chaste et si franche, les yeux de la jeune fille, que maintenant Reine voyait fixés sur les siens, étaient éclairés de tant d'honnêteté que Reine eut une vague intuition de sa cruauté. Mais, en le paroxysme de passion qui l'entraînait, elle ne pouvait s'arrêter.

— Ce n'est pas vrai ! cria-t-elle. Je vous dis, moi, que M. de Lorys est votre amant !

Marcelle poussa un cri, couvrant son visage de ses deux mains.

Mais, quelle que fût sa souffrance, il lui fallait parler; le temps passait.

— Je ne sais quelles horribles pensées vous sont venues, madame, je vous jure que je dis la vérité. Je suis ici parce que mon père, parce que M. de Lorys vont être fusillés; entendez-vous? fusillés! Je ne connais personne, nul ne peut leur porter secours, essayer l'impossible, les arracher aux mains des Anglais; vous, vous êtes puissante... Je me suis souvenue de votre nom que M. de Lorys m'a tant de fois répété, vous disant énergique et bonne. Je me disais que, l'aimant comme il vous aime, vous feriez tout pour le sauver, et qu'ainsi vous sauveriez aussi mon père, vous me répondez par je ne sais quel mensonge qui m'épouvante. On les tuera, on les tuera!

Elle sanglotait, secouée par un tremblement :

— Ah! si vous disiez la vérité! s'écria Reine.

— Vous pouvez donc quelque chose! s'écria Marcelle. Vous pouvez les sauver et vous hésitez! ah! parce que vous croyez que je mens, mon Dieu! mais comment vous prouver?... Je vous dis que M. de Lorys vous aime, vous adore! moi! mais je ne suis rien pour lui, une passante qu'il a protégée, un enfant qu'il a sauvé! M'aimer, moi, est-ce qu'il y pense, puisque tout son cœur est plein de vous?

Reine la saisit par les poignets :

— Regardez-moi en face, et dites-moi que vous ne l'aimez pas?

— Je vous le jure... par quoi donc? mon Dieu! Mais est-ce que c'est pour lui que je suis venue, c'est pour mon père, mon bon et cher père qui est toute ma vie. Je parle de M. de Lorys, parce que c'est lui qui vous aime, que vous aimez; mais je ne pense qu'à mon père.

— Aimez-vous M. de Lorys?

— Je ne peux pourtant pas vous dire que je le hais. Il a été bon pour moi, il a vu mourir mon grand-père

Carthame, il s'est battu auprès de mon père, il m'a sauvé la vie; je l'appelle mon frère!

— Ah! si vous mentez...

— Marcelle dit la vérité! cria une voix.

L'abbé Blache venait d'entrer et, s'adressant à Reine :

— Mais, pauvre femme, si vous saviez ce que vous faites? Marcelle mentir?... Regardez-la donc... Est-ce que votre sœur Blanche de Sallestaines a jamais menti?

— Blanche! ma sœur!... Pourquoi ce nom?

— Ce nom, c'est celui de la mère de Marcelle, comme Jean Chêne, son père, s'appelle Jean Liostal...

— Mais dites-lui donc que M. de Lorys l'aime! cria Marcelle, qui, en son cœur de femme, comprenait quel était le seul, le suprême argument.

— M. de Lorys meurt pour avoir été fidèle à sa parole, dit l'abbé. M. de Lorys n'a jamais menti.

Reine écoutait, les yeux grands ouverts, hagarde.

Soudain, sa conscience s'ouvrant tout à coup, elle saisit la main de Marcelle, l'entraîna vers le salon, ouvrit toute grande la porte.

— Général, cria-t-elle, en s'adressant à lord Colville, tout à l'heure vous parliez ici même de deux prisonniers. Ils se nomment, n'est-il vrai, Jean Chêne et le vicomte de Lorys?

— En effet, madame.

— Et vous allez les tuer?

— Madame...

— Répondez-moi oui ou non. On va les assassiner?

— Ne prononcez pas ce mot, madame. Une cour martiale les a condamnés.

— Eh! que m'importe? Je ne veux pas qu'ils meurent, entendez-vous! Quel est leur crime?

— Ils ont violé la capitulation. Ils ont attaqué mes troupes, dans un guet-apens.

— Parce que l'ordre de suspendre les hostilités ne leur est pas parvenu! s'écria l'abbé Blache. L'officier qui portait la dépêche a été assassiné au pont de Sèvres.

— Au pont de Sèvres, fit Marcelle. Oui, oui, j'ai vu le crime.

Puis, avec un cri, elle courut à Laverdière qui se trouvait là :

— Et voilà l'assassin, je le reconnais.

— Moi! s'écria Laverdière, mensonge!

— Oui, assassin... je t'ai vu, te dis-je, tu as frappé l'homme par derrière d'un coup de pistolet. Messieurs, je vous dis que cet homme est la cause de cette effroyable erreur : il ne peut nier, il ne nie pas; mais vous le connaissez bien tous cet espion, le capitaine Laverdière.

— Je m'appelle Hubert de Queyraz, et je ne connais pas cette femme.

— Ah! tu t'appelles Hubert de Queyraz, fit l'abbé. Alors tu es l'assassin. Tu as tué cet homme comme jadis, sous le nom de Casse-Bleu, tu tuais et tu assassinais pour voler... Reine de Luciennes, regardez cet homme : c'est lui qui a assassiné votre sœur, la mère de Marcelle.

— Lui! Et c'est lui qui m'a dit tout à l'heure... Misérable!...

— Assassin de ma mère, cria Marcelle, ose donc me dire en face que tu n'as pas tué l'homme du pont de Sèvres!

Laverdière se taisait, regardant autour de lui. M. de Malarvic lui tournait le dos.

— Général, disait Reine au général Colville, vous entendez, il y a eu un crime horrible. Ces hommes sont innocents, je vous en supplie, sauvez-les...

Et, avec un courage presque sublime, elle ajouta :

— M. de Lorys qu'on va tuer est mon fiancé et je l'aime...

Colville se tourna vers Laverdière :

— Vous avez tué cet officier?

— Eh bien, oui, mais loyalement, en duel.

L'Anglais, de son gant qu'il tenait à la main, lui toucha le visage.

— Je compte, messieurs, que quelqu'un d'entre vous fera justice de cet homme.

Puis, s'adressant à Reine :

— Madame, s'il n'en est trop tard, je réparerai le mal que ce misérable vous a fait.

— J'ai fait atteler en poste, dit l'abbé. La voiture est là dans la cour.

— Quelle heure ? commença Reine.

Colville leva la main pour l'interrompre. Il n'osait pas lui répondre.

— Allons, madame, et priez Dieu !

Un instant après, la chaise de poste s'élançait sur la route de Saint-Cloud, emportant, avec l'Anglais et l'abbé Blache, les deux femmes qui s'embrassaient en pleurant.

XXI

Devant la cour martiale, Jean Chêne et de Lorys s'étaient défendus sans forfanterie comme sans faiblesse.

En les âmes profondément honnêtes, encerclées en quelque sorte par la vérité qui ne leur permet pas un écart, la défense était simple.

La capitulation était proclamée. Ils l'ignoraient. Tant que notification officielle n'en était pas arrivée aux avant-postes, le devoir des soldats était de repousser l'envahisseur, par quelque moyen que ce fût.

En pleine nuit, des Anglais avaient tenté de franchir la ligne de délimitation qu'ils avaient à garder, ils s'étaient battus pour la défendre.

Un contre dix, c'était folie, soit ! C'était le devoir. Ils avaient obéi à la consigne.

Interrogés séparément, Jean Chêne et Lorys avaient fait les mêmes réponses.

Amenés devant le tribunal, ils avaient répété les mêmes explications.

Jean Chêne avait dit :

— Nous nous expliquons, nous ne nous défendons pas. Ce que nous avons fait, serait traître à son pays qui ne l'eût pas fait.

— Vous ignoriez que la capitulation fût signée ?

— Colonel, avait répliqué Jean Chêne à celui qui l'interrogeait, vous êtes un soldat ; je ne douterais pas de votre parole. Je ne vous reconnais pas le droit de douter de la mienne.

— Avez-vous une preuve à fournir au tribunal ?

— Si j'avais cette preuve, c'est que je saurais que la capitulation est signée. Vous me le dites, je vous crois ; vous ne me croyez pas, c'est votre affaire !

En somme, les membres du tribunal étaient liés par la loi.

Jean Chêne, capitaine, le vicomte de Lorys, lieutenant, étaient condamnés à mort.

Seulement, ces juges militaires avaient envoyé le texte du jugement à lord Colville.

Suprême recours dont leur conscience exigeait la sanction.

On avait réuni les deux condamnés.

Il était huit heures. A onze heures le jugement serait exécuté.

Les deux hommes se trouvèrent seuls dans une chambre, au rez-de-chaussée de la maison qui, quelques années plus tard, par le crime de Castaing, allait acquérir une sinistre notoriété, l'hôtel de la Tête-Noire.

Une sentinelle gardait la porte.

Les deux hommes se tendirent les mains. Puis Jean Chêne dit :

— Nous voici morts... c'est moi qui vous tue. Je vous demande pardon.

— Que voulez-vous dire ?

— C'est l'heure de la franchise, monsieur de Lorys, et croyez bien que si je vous veux rappeler certains souvenirs, c'est parce que ma conscience me force à le faire. Monsieur de Lorys, est-ce que vous étiez patriote ?

Lorys tressaillit. Comme Jean Chêne le regardait, lui

tendant la main, il mit sa main dans la sienne et répondit :

— Non. Maintenant, je comprends ce que vous voulez me dire. C'est, en effet, du jour où je vous ai entendu, vous et vos compagnons, qu'il s'est fait en moi une lumière. Pourtant, ce ne fut pas l'éclatement complet de la vérité ! Vous parliez de la patrie, mais en même temps je sentais chez vous des préoccupations accessoires, la forme du gouvernement, votre haine pour Bonaparte. Vous vous compreniez bien, je ne vous comprenais pas. Quand, à Florennes, j'ai repoussé la trahison, c'était par une sorte d'instinct, non encore par conviction. Savez-vous quand j'ai su ce qu'était la patrie ? C'est quand j'ai vu un ennemi, un étranger frapper un des nôtres en criant : *Tod ! Caput !* ce ne sont peut-être pas les mots exacts, mais cela sonnait sauvagement à mon oreille : être tué en langue étrangère, fit-il en riant, cela me paraît horrible. Je devinai la séparation des races, cette lutte exterminatrice. Je devinai ce que je ne savais pas, c'est que la patrie, c'est la grande famille et j'ai voulu défendre la France, comme j'aurais défendu ma mère.

— Lorys, dit alors Jean Chêne, ne nous faisons pas d'illusions, dans deux heures nous serons morts. Cependant il faut toujours compter avec le hasard. L'un ou l'autre de nous peut survivre.

— Que voulez-vous dire ?

— Rien de plus que ce que je dis. Selon toute vraisemblance, nous serons fusillés ensemble. Vous savez sans doute qu'il est un usage, c'est qu'on respecte de certaine façon la hiérarchie dans la mort. Ne vous offensez pas ; le capitaine est censé plus fort que le lieutenant ; on fusille d'abord le grade inférieur. Vous mourrez donc avant moi. On aurait peur que vous faiblissiez en voyant mourir votre capitaine avant vous. C'est ainsi. Ne discutons pas. Mais nous avons affaire à des Anglais ; il se peut que les usages soient intervertis ; je n'en sais rien. Raisonnons dans toutes les hypothèses. En tout cas, ajouta-t-il presque gaiement, il en est toujours un des deux qui mourra le premier.

— Que ce soit moi.

— Vous avez toute chance, mon jeune ami. Mais tablons sur l'invraisemblable. Entre le moment où les fusils s'abaissent et celui où les balles vous frappent, il se passe... Qui sait?... L'un peut survivre. Qui sera frappé d'abord? Est-ce vous? est-ce moi? Quoi qu'il en soit, vous et moi, nous avons des affections, des devoirs. J'ai confiance en vous. Ayez confiance en moi. Si vous mourez et que par quelque circonstance imprévue je survive, avez-vous une mission à me confier?

— Oui, dit Lorys. Écoutez-moi. Je vous ai assez laissé lire dans ma conscience pour que vous me compreniez bien. J'ai été royaliste fou, inconscient, enivré par je ne sais quel mysticisme de légitimité que je ne discute même pas. Aujourd'hui, j'ai reconnu le droit humain. Mais, si j'ai repris ma raison, je n'ai pu ni n'ai voulu reprendre mon cœur. Il ne m'appartenait plus. J'aime... et quand je prononce ce mot, au seuil de la mort, entendez-le dans toute sa largeur, dans toute sa plénitude. J'aime Reine de Luciennes...

Jean Chêne ne bougea pas et dit seulement :

— Continuez.

— Si vous la connaissiez, bonne, ardente, héroïque, passionnée. Pour son roi comme pour Dieu, Reine donnerait sa vie. C'est une pénétration de tout son être. Une conquête de toute sa sentimentalité, par bonté, par esprit de justice. A mon tour je vous dirai, ne discutons pas. Reine, c'est la probité vivante. Je l'aime, dans toute la sincérité de mon âme, avec les élans de la jeunesse et les entraînements de mon âge mûri, je l'aime, vous comprenez. Ce mot-là dit tout. Eh bien! si je meurs, allez à elle et dites-lui... mon Dieu! peut-être me hait-elle maintenant, expliquez-moi à elle, qu'elle comprenne l'impulsion à laquelle j'ai obéi; je ne veux pas être excusé, certes non! mais je veux qu'elle sache que, même en m'étant séparé de la cause qu'elle défend, à laquelle elle se sacrifie, je suis resté son ami, son amant, son fiancé. « Que m'importe le roi? » lui disais-je une fois. Il est un seul mot que je n'ai pu prononcer, c'est : « Que m'importe la patrie ! » Qu'elle me pardonne. Au dernier moment, ne m'en veuillez pas, Jean Chêne, si je pense à elle plus qu'à la France, je meurs pour l'une, laissez-moi donner à l'autre la dernière pensée de ma vie.

— Mon fils ! fit Jean Chêne en prenant le jeune homme dans ses bras. A mon tour, dit-il après un silence. Georges, notre conscience est formée par les temps où elle se développe. Vous êtes jeune. Moi je suis un fils de 92. Mon sang, ma vie, mes moelles sont imprégnés du souffle de ces époques que nous appelons grandes et qui surtout furent effrayantes. Si vous saviez ! Fils, époux, père, je vois se dresser devant moi cette horrible guerre de castes que je réprouve, mais qui m'a déjà tant fait souffrir. Je ne suis pas un jacobin, mot stupide, je suis un défenseur du droit, de la vérité, de la justice. Où est le mal, je vais et je défends le bien. C'est une passion cela aussi ! Laissez-moi dire que c'est la plus belle. J'ai besoin de toute ma foi au moment où je vais mourir. Peut-être m'a-t-elle absorbé à ce point que j'ai oublié des intérêts plus immédiats, même ceux de mon cœur. Que voulez-vous ? On ne se partage pas. Mais, de Lorys, à mon tour je vous dirai : Vous me connaissez assez pour savoir quelle place Marcelle tient dans ma vie ; c'est à elle que je songe... Moi mort, elle est seule au monde... Que deviendra-t-elle ? Voulez-vous être son frère ?

— Certes, vous avez ma parole. J'aime Mlle Marcelle comme une amie, comme une sœur. Si vous vouliez plus, si vous vouliez que je me dévoue tout entier à elle ! Mais pourquoi parler de tout cela, puisque nous devons mourir tous les deux ?

— Il faut que vous sachiez qui je suis, qui elle est... Vous aimez Reine de Luciennes, eh bien... Reine est la sœur de sa mère !

— Marcelle est une Sallostaines ?

— Je vous le dis, la sœur de Reine... Écoutez !

Rapidement, Jean Chêne répéta le récit qu'il avait fait à Carthame.

Et tandis qu'il écoutait, Georges se souvenait. Oui, Reine un jour avait parlé de cette sœur, mais avec quel accent de haine !

Mais non, elle était généreuse... ses yeux s'ouvriraient aux lumières de bonté comme s'étaient ouverts les siens.

Il eut le courage de mentir :

— Reine m'a parlé de sa sœur, elle aimera sa fille...

— Ah ! que je le voudrais, s'écria Jean Chêne, ce serait pour elle comme une réhabilitation...

— Je réponds d'elle...

— Eh bien, écrivons ! On nous a laissé du papier, suprême pitié... Moi, je vous lègue Marcelle...

— Si je meurs au contraire et que vous me surviviez, ce que je souhaite sincèrement, car moi, je suis seul au monde, je vous lègue ma Reine... Tenez, j'écris : « Reine, je vous aime... mon cœur ne bat que pour vous, et au moment fatal, votre nom sera sur mes lèvres... ne me maudissez pas. Gardez-moi une place dans votre souvenir... et n'oubliez jamais qu'au-dessus de tout il y a la justice et la bonté. Je vous aime. »

Pendant ce temps Jean Chêne avait lui-même écrit quelques mots.

— Un testament se respecte, dit-il. Souvenez-vous que vous êtes le frère de Marcelle.

Ils échangèrent les deux papiers.

Dix heures et demie sonnaient.

— Encore une demi-heure, dit Jean Chêne. Comme nous vieillissons vite ! Pour le coupable, ces dernières minutes doivent être affreuses. Je me sens calme. Et vous ?

— Je ne songe même pas à calculer le temps.

Puis il ajouta presque gaiement :

— Qui m'eût dit, il y a un mois, que je me ferais fusiller comme soldat de Buonaparte !

— Vous ne m'en voulez pas ?

— Allons donc ! Je meurs en soldat de la France, et j'en suis fier.

Ils causaient encore, lorsque la porte s'ouvrit.

Une escouade anglaise les attendait.

L'horloge de l'église sonnait onze heures.

A cette époque, la grille du parc ne se trouvait pas à la place qu'elle occupe actuellement. L'esplanade sur le bord de la Seine était beaucoup plus vaste, s'étendant presque jusqu'aux cascades.

Au milieu des soldats anglais, les deux hommes marchaient. Ils arrivèrent sur le quai.

Là, on les plaça dos à la rivière.

Trois compagnies faisaient le cercle ouvert seulement à l'issue du pont.

Un officier, l'épée nue, accompagnait les deux condamnés. Il parlait un mauvais français.

— Messieurs, dit-il, les lois de la guerre vous sont appliquées. Avez-vous quelque recommandation à faire? Je vous promets, sur ma parole de gentleman, que vos instructions, quelles qu'elles soient, seront fidèlement remplies.

— Monsieur, dit Jean Chêne, nous ne portons sur nous que des papiers inutiles et sans signification... Je vous demande de les prendre vous-même sur nos cadavres et de les brûler...

— Je vous le promets... Maintenant, messieurs, séparez-vous... vous n'ignorez pas que le lieutenant doit être fusillé le premier...

— Pourquoi pas le capitaine? s'écria Jean Chêne. C'est mon droit de supérieur...

— C'est la règle, dit l'officier. Monsieur de Lorys, êtes-vous prêt !

— A vos ordres.

Quelles que soient les rivalités de race, l'humanité a des droits contre lesquels rien ne prévaut. L'Anglais admirait ces deux hommes impassibles devant la mort.

L'Anglais, ayant de Lorys à côté de lui, revint vers la tête du pont, et à l'angle du parapet il invita le jeune homme à s'arrêter.

— C'est là, dit-il d'une voix étranglée. Je ne vous offre pas de vous bander les yeux !

— Merci, dit Lorys. Voulez-vous être généreux jusqu'au bout, je voudrais commander le feu.

— Accordé, maintenant, monsieur l'officier français, je souhaite pour mon pays beaucoup de défenseurs tels que vous.

Puis il tourna sur lui-même et marcha vers le peloton d'exécution.

Il leva son épée.

— Vive la France ! cria Lorys. Feu !

Que se passa-t-il alors ? Entre le moment où l'officier s'était retiré et celui où, faisant face à sa compagnie, il avait levé l'épée, sur le pont un tourbillon avait roulé.

Un homme se dressait sur le siège à côté d'un des postillons, agitant son chapeau.

Peut-être les soldats avaient-ils vu ? Mais la discipline les tenait immobiles.

Et la chaise de poste avait franchi le pont, puis des formes indistinctes s'en étaient élancées.

— Feu ! avait crié Lorys.

— *Ground arms !* avait crié lord Colville.

Trop tard. La crépitation avait éclaté, hésitante d'ailleurs.

Et une femme se tordait aux bras de Lorys, frappée, mais non morte !

C'était Reine de Luciennes. En un effort surhumain — elle l'aimait tant, elle avait si bien compris, maintenant qu'elle avait entendu Marcelle ! — elle avait couru jusqu'au jeune homme, elle s'était placée devant lui, l'étreignant contre son sein.

On avait tiré.

XXII

Dans la salle qui, tout à l'heure, avait servi de prison, Reine était étendue sur un lit de camp.

Lorys à genoux, Jean Chêne debout, Marcelle sur une chaise, affaissée.

L'abbé Blache relevait doucement la tête de la blessée.

— Mon enfant !...

Le chirurgien entra, lord Colville restant dehors.

Avec cette impudeur superbe que veut la lutte contre la mort, il découvrit le sein de la jeune femme, sein de vierge, cette merveille de la pureté humaine.

Deux taches noirâtres, navrantes.

Elle était immobile, les paupières closes.

Il secoua la tête et fit un signe négatif.

La science cédait le pas à la mort.

Tout à coup, Reine sanglota :

— Georges ! Georges !

Lorys se pencha vers elle, les yeux essuyés. Il ne faut pas que ceux qui meurent voient qu'on pleure.

— Reine ! Reine !

— Oh ! ta voix, je t'en prie ; dis « Je t'adore ! » Tu me l'as dit une fois, je voudrais l'entendre encore.

Et comme, lèvres à lèvres, il répétait le mot sacré, elle ouvrit les yeux, elle vit Marcelle.

Elle sourit... Oh ! si tristement, le sourire d'une morte.

— Marcelle ! viens... tu me pardonnes, n'est-ce pas ?... Ta mère était ma sœur... ce n'est pas ma faute à moi... j'aurais tant aimé être bonne... ma sœur, si tu savais comme je l'aimais... on m'a dit de la haïr... je n'ai pas osé résister... tu ne sais pas, toi, ce qu'étaient ces familles...

— Madame, taisez-vous... moi, Marcelle, je ne vous prie que de vivre, et, nous nous aimerons, à tout oublier !...

Il y eut un silence.

— Trop tard! murmura Reine. Georges, ton bras sous ma tête... Oh! tu peux bien me prendre... je suis à toi...

Jean Chêne s'approcha :

— Reine de Salestaines, dit-il, condamnés tous deux, nous avons échangé nos testaments, lisez ceci...

Il lui mit sous les yeux le papier sur lequel de Lorys avait écrit ses dernières volontés.

Et la moribonde, avec un glissement dans la suprême joie, lisait, épelant comme une enfant :

— « Reine, je vous aime... mon cœur ne bat que pour vous. »

Elle eut encore la force d'être coquette :

— Bien vrai ? fit-elle.

Georges la prit dans ses bras, et saintement, pieusement, il unit ses lèvres aux siennes.

Elle reçut le baiser et mourut.

— Je veux mourir ! cria Lorys.

Jean Chêne lui posa la main sur l'épaule :

— Il faut vivre pour faire le bien, dit-il. Bien d'autres vont souffrir... Nous aurons besoin de vous.

FIN

www.ingramcontent.com/pod-product-compliance
Lightning Source LLC
Chambersburg PA
CBHW062230180426
43200CB00035B/1454